공부
기본기

고등 국어
어휘력

공부기본기 **고등 국어 어휘력**

한자어 | 고유어 | 관용 표현

1판 1쇄 발행 2015년 3월 20일
1판 4쇄 발행 2021년 1월 20일

지은이 하희정
펴낸이 이재성
기획편집 김민희
디자인 나는물고기
마케팅 이상준

펴낸곳 북아이콘
등록 제313-2012-88호
주소 07228 서울시 영등포구 영신로 220 KnK디지털타워 1102호
전화 (02)309-9597(편집)
팩스 (02)6008-6165
메일 bookicon99@naver.com

ⓒ하희정, 2015
ISBN 978-89-98160-10-4 53710

공부
기본기

고등 국어
어휘력

한자어 | 고유어 | 관용 표현

글 하희정

북아이콘

01: 국어는 절대 만만하게 볼 과목이 아닙니다.

학생이나 부모들은 보통 국어를 쉽게 생각합니다. 일상생활에서 국어를 접하고 사용하고 있기 때문에 국어는 공부를 어느 정도만 해도 잘할 수 있다고 착각합니다. 하지만 학생들이 의외로 어려워하는 과목이 국어입니다. 막상 점수 받기 어려운 과목도 국어입니다. 이처럼 국어 점수가 잘 나오지 않는 것은 과목의 특성 때문입니다. 국어는 암기해서 성적을 올릴 수 있는 과목이 아닙니다. 그렇다고 정해진 공식이 있어 이를 적용하면 답이 나오는 과목도 아닙니다.

특히 고등학생이 되어서 부족한 어휘력으로 고생하는 학생들이 많습니다. 그런데도 대부분의 학생들이 어휘력을 기르는 노력을 거의 하지 않습니다. 어떻게 어휘력을 기를 수 있는지조차 알지 못합니다. 문제풀이 열심히 하면 어휘력도 따라서 늘 것이라고 생각하고, 대비하는 정도가 전부입니다.

02: 국어의 기본기는 모든 과목 학습의 밑바탕이 됩니다.

이렇듯 국어는 우리말이어서 쉬울 것 같지만 많은 생각과 공부가 필요한 과목입니다. 어휘를 많이 알아야 하고, 책도 많이 읽어 다양한 표현에도 익숙해져야 하며, 의미 파악을 위한 깊이 있는 생각도 요구됩니다. 국어 과목 학습에서 요구되는 기본기는 어휘력, 독해력, 문장력 등입니다. 특히 어휘력은 국어 과목뿐만 아니라 다른 과목의 학습에도 영향을 미쳐 성적을 좌우하는 요인으로 작용합니다. 국어 공부의 핵심은 주어진 지문과 문제에 대한 이해력입니다. 이러한 이해력과 밀접한 상관관계가 있는 것이 어휘력이고요. 어휘력의 강약은 독해력의 강약으로 연계되어 학습 능력을 좌우하게 되는 것입니다. 읽기 능력 또한 가장 기초적인 학습 능력으로 국어뿐 아니라 수학, 사회, 과학 등 모든 학습의 밑바탕이 됩니다.

03: 어휘별 특성에 따른 구성으로 학습 효과가 극대화 됩니다.

이 책은 고등학생들에게 꼭 필요한 한자어, 고유어, 관용 표현(연어, 관용구, 속담과 한자성어) 등 국어 어휘 영역 전반에 걸쳐 종합 학습이 이루어지도록 구성하였습니다. 특히 어휘 분야별로 그 특성에 근거해 가장 효과적인 분류 및 세부 학습 방법을 적용하여 구성함으로써, 최대의 학습 효과가 발생될 수 있도록 하였습니다. 즉, 어휘를 특성에 따라 묶고 효과적인 학습법을 접목해 체계적인 이해와 동시에 학습 효과가 배가되도록 한 것입니다.

국어의 한자어와 고유어는 단어를 개별적으로 익히는 것보다 성격이 유사한 것들을 연계해서 학습하면 훨씬 효과적인 습득이 가능합니다. 즉, 소리는 비슷하지만 뜻이 다른 말, 쓰임새가 다른 말, 뜻이 분화한 말 등을 기준으로 묶어서 체계적으로 학습하면 의미를 익히는 데도 수월할 뿐 아니라 그 의미 차이가 보다 명료해집니다. 관용 표현도 마찬가지입니다. 속담이나 한자성어를 그 쓰임새에 근거해 접근하고, 유사한 의미의 표현과 묶어서 학습하는 것이 효율적입니다.

04: 어휘를 학습하는 차별적인 세부 학습법을 적용하였습니다.

1부 '한자어의 이해'에서는 소리는 같거나 비슷해도 뜻은 다른 말, 뜻은 관련되나 쓰임새가 다른 말, 뜻이 분화한 말, 속뜻을 알아야 이해되는 말 등으로 구성하여 국어 어휘의 많은 부분을 차지하는 한자어 학습이 체계적으로 이루어질 수 있도록 하였습니다. 2부 '고유어의 이해'에서도 소리는 비슷하지만 뜻이 다른 말, 뜻은 비슷하지만 쓰임새가 다른 말 등으로 구성하여 고유어 학습이 효과적으로 이루어질 수 있도록 하였습니다. 3부 '관용 표현의 이해'에서는 연어, 관용구, 속담과 한자성어 등으로 구성하여 관용어에 대한 체계적인 이해가 가능하도록 하였습니다.

가공(加工) 무엇을 만들기 위해 천연의 것이나 완성되지 않은 것에 사람의 힘을 더함.

가공(架空) (주로 '가공의' 꼴로 쓰여) 실제로는 존재하지 않거나 근거가 없는 것을 지어냄.

가공(可恐) 두려워하거나 놀랄 만함.

가설(架設) 전깃줄이나 전화선, 교량 따위를 공중에 건너질러 설치함.

I 한자어의 이해

가설(假設) 임시로 설치함.

가장(假裝) 태도를 거짓으로 꾸밈.

가장(家長) 한 가정을 이끌어 나가는 사람.

가정(家庭) 가까운 혈연관계에 있는 사람들의 생활 공동체.

가정(假定) 사실이 아니거나 아직은 사실인지 아닌지 분명하지 아니한 것을 임시로 사실인 것처럼 정함.

감사(感謝) 고맙게 여김.

감사(監査) 감독하고 검사함.

감상(感想) 마음속에서 일어나는 느낌이나 생각.

감상(鑑賞) 주로 예술 작품을 이해하여 즐기고 평가함.

감수(甘受) 책망이나 괴로움 따위를 달갑게 받아들임.

감수(監修) 책의 저술이나 편찬 따위를 지도하고 감독함.

감정(感情) 어떤 현상이나 일에 대하여 일어나는 마음이나 느끼는 기분.

감정(憾情) 원망하거나 성내는 마음.

1. 소리는 같아도 뜻은 다른 말

단어는 소리와 뜻으로 이루어진다. 소리를 듣고 뜻을 떠올릴 수 있으면 그 단어를 안다고 말할 수 있다. 그런데 뜻이 다름에도 소리가 같다면 사정이 좀 복잡해진다. 다음 두 문장을 살펴보자.

가 이 집에는 일곱 **가구**가 살고 있다.

> 가구(家口) : 주거 및 생계를 같이하는 사람의 집단.

나 시집올 때 새댁은 **가구**를 새로 들여왔다.

> 가구(家具) : 집안 살림에 쓰는 기구. 주로 장롱·책상 따위와 같이 비교적 큰 물건.

위에서 보듯 소리는 같아도 뜻은 전혀 다르다. 이처럼 국어에는 소리는 같지만, 각 단어의 한자가 달라 뜻이 전혀 다른 단어가 많다.

그런데 다음은 사정이 좀 다르다.

다 돌아가신 친구 아버님을 **조문**하러 동창이 모였다.

> 조문(弔問) : 남의 죽음에 대하여 슬퍼하는 뜻을 드러내어 상주(喪主)를 위문함.

라 재단법인들은 로비를 통해서 불리한 **조문**을 삭제하려 했다.

> 조문(條文) : 규정이나 법령 따위에서 조목으로 나누어 적은 글.

두 단어의 소리가 완벽하게 같지는 않다. '조문(弔問)'은 [조:문]으로 발음하고, '조문(條文)'은 [조문]으로 발음한다. 소리의 장단(長短)이 다른 것이다. 그래서 음성 언어에서는 어느 정도 구별이 가능하다. 그러나 문자 언어에서는 이 역시 구별이 쉽지 않다. 글에서는 별도의 장음 표시를 하지 않기 때문이다. 한자어에는 이런 단어 역시 적지 않다.

가공(加工) | 무엇을 만들기 위해 천연의 것이나 완성되지 않은 것에 사람의 힘을 더함.
　　　　예 이 회사는 외국에서 수입한 재료를 가공하여 다시 수출하는 일을 한다.

가공(架空) | (주로 '가공의' 꼴로 쓰여) 실제로는 존재하지 않거나 근거가 없는 것을 지어냄.
　　　　예 전우치라는 가공의 인물은 실존했던 인물을 근거로 만든 것이라고 한다.

가공(可恐) | 두려워하거나 놀랄 만함.
　　　　예 핵무기는 가공할 만한 위력을 지녔다.

가설(架設) | 전깃줄이나 전화선, 교량 따위를 공중에 건너질러 설치함.
　　　　예 전화를 사무실에 가설하였다.

가설(假設) | 임시로 설치함.
　　　　예 권투 시합을 위해 운동장 한가운데에 가설 링을 만들었다.

가장(假裝) | 태도를 거짓으로 꾸밈.
　　　　예 그는 우연을 가장하여 나에게 접근했다.

가장(家長) | 한 가정을 이끌어 나가는 사람.
　　　　예 한 집안의 가장 노릇을 하기가 그리 쉬운 게 아니다.

가정(家庭) | 가까운 혈연관계에 있는 사람들의 생활 공동체.
　　　　예 너는 이제 한 가정의 가장이니 책임감을 지녀야 한다.

가정(假定) | 사실이 아니거나 아직은 사실인지 아닌지 분명하지 아니한 것을 임시로 사실인 것처럼 정함.
　　　　예 이것은 아직 사실 확인이 되지 않은 하나의 가정에 불과하다.

★일정한 보수를 받고 집안일을 해 주는 여자를 가리키는 말이 '가정부'다. '家庭婦(가정부)'라고 알기 쉽지만, '家政婦(가정부)'가 맞다. '가정(家政)'은 '집안 살림을 꾸려 나가는 일'을 이르는 말이다. '연일 이어지는 야근 때문에 가정을 돌볼 시간이 없다.'와 같이 쓴다. 한편 이때 '婦(부)'는 여자와 빗자루를 뜻하는 글자를 합해 만들어진 글자다. 곧 빗자루를 들고 집안 청소를 하는 여자라는 뜻이다. 요즘은 순화하여 '가사도우미'라고 한다.

감사(感謝) | 고맙게 여김.
예 베풀어 주신 은혜에 어떻게 감사를 표시해야 할지요?

감사(監査) | 감독하고 검사함.
예 국회는 국정을 감사하거나 특정한 국정 사안에 대하여 조사할 수 있는 특별한 권한을 가진다.

감상(感想) | 마음속에서 일어나는 느낌이나 생각.
예 그 책을 읽은 감상은 한마디로 '대단하다'였다.

감상(鑑賞) | 주로 예술 작품을 이해하여 즐기고 평가함.
예 관광객들은 한국의 고적을 감상하였다.

★'감상적(感傷的)'은 '지나치게 슬퍼하거나 쉽게 기뻐하는'의 뜻으로 쓰이는 말이다. 즉 '감상(感想)'과 '감상(感傷)'은 다른 단어다. 예 우리가 그 사건을 감상적 태도로 대해서는 안 된다.

감수(甘受) | 책망이나 괴로움 따위를 달갑게 받아들임.
예 어떠한 비난이라도 감수하겠다.

감수(監修) | 책의 저술이나 편찬 따위를 지도하고 감독함.
예 이 사전은 저명한 학자의 감수를 받았다.

감정(感情) | 어떤 현상이나 일에 대하여 일어나는 마음이나 느끼는 기분.
예 그는 자신의 감정을 좀처럼 드러내지 않았다.

감정(憾情) | 원망하거나 성내는 마음.
예 서로 감정을 풀고 화해해라.

감정(鑑定) | 사물의 특성이나 참과 거짓, 좋고 나쁨을 분별하여 판정함.
예 골동품의 감정을 의뢰하다.

★'감정(憾情)'은 '감정을 사다'와 같은 표현으로 흔히 쓰인다. 예 그녀는 그의 비밀을 누설해 결국 그의 감정을 사고 말았다.

강점(強占) │ 남의 물건, 영토, 권리 따위를 강제로 차지함.
　　　　　　 ㉔ 그들은 나라가 일제에 강점된 뒤에는 만주에서 항일 투쟁을 벌였다.

강점(強點) │ 남보다 우세하거나 더 뛰어난 점.
　　　　　　 ㉔ 그는 모든 일에 자신감이 있는 것이 강점이다.

결정(決定) │ 행동이나 태도를 분명하게 정함.
　　　　　　 ㉔ 이제 결정을 내릴 시간이다.

결정(結晶) │ 애써 노력하여 보람 있는 결과를 이루는 것을 비유적으로 이르는 말.
　　　　　　 ㉔ 이 작품은 화가의 오랜 노력의 결정이다.

경계(境界) │ 사물이 어떠한 기준에 의하여 분간되는 한계.
　　　　　　 ㉔ 박 선생은 인문학과 자연 과학의 경계를 넘나드는 글을 쓰는 것으로 유명하다.

경계(警戒) │ 뜻밖의 사고나 잘못되는 일이 일어나지 않도록 미리 조심하여 단속함.
　　　　　　 ㉔ 이곳은 경계가 삼엄하여 접근하기가 어렵다.

경기(競技) │ 일정한 규칙 아래 기량과 기술을 겨룸.
　　　　　　 ㉔ 규칙을 잘 지켜야만 흥미진진한 경기를 펼칠 수 있다.

경기(景氣) │ 매매나 거래에 나타나는 호황·불황 따위의 경제 활동 상태.
　　　　　　 ㉔ 경기가 회복되어 수출이 활기를 띠고 있다.

경위(涇渭) │ 사리의 옳고 그름이나 이러하고 저러함에 대한 분별.
　　　　　　 ㉔ 경위가 밝다./경위가 분명하다./경위가 바르다.

경위(經緯) │ 일이 진행되어 온 과정.
　　　　　　 ㉔ 그 경위는 알 수 없지만 결과만 놓고 본다면 우리에게 아주 유리하다.

★'경위(涇渭)'의 유래: 중국의 징수이[涇水] 강의 강물은 흐리고 웨이수이[渭水] 강의 강물은 맑아 뚜렷이 구별된다는 데에서 나온 말이나 건륭제 때 확인해 보니, 실제로는 징수이 강이 맑고 웨이수이 강이 흐렸다고 한다.

고문(拷問) | 숨기고 있는 사실을 강제로 알아내기 위하여 육체적 고통을 주며 신문함.
　　　　　　예 혹독한 고문을 당하다.

고문(顧問) | 어떤 분야에 대하여 전문적인 지식과 풍부한 경험을 가지고 자문에 응하여 의견을 제시하고 조언을 하는 직책.
　　　　　　예 아저씨 같은 **훌륭한** 분을 고문으로 모시고 싶어요.

고문(古文) | 옛날의 글이나 문장.
　　　　　　예 현대문과 달리 고문은 독해가 쉽지 않다.

공론(公論) | 공정하게 의논함.
　　　　　　예 공론에 따라 일을 처리하다.

공론(空論) | 실속이 없는 빈 논의를 함.
　　　　　　예 그것은 탁상의 공론에 불과한 것이다.

공사(工事) | 토목이나 건축 따위의 일.
　　　　　　예 그 아파트는 지금 한창 공사가 진행되고 있다.

공사(公私) | 공공의 일과 사사로운 일을 아울러 이르는 말.
　　　　　　예 공무원은 공사를 엄격히 구분해서 일을 해야 한다.

★'모든 분들이 공사다망에도 불구하고, 이렇게 찾아주셔서 감사합니다.'와 같은 표현을 흔히 쓴다. '공사다망(公私多忙)'은 '공적인 일 및 사적인 일로 겨를이 없을 만큼 바쁨'을 이르는 말이다. 이때 '망(忙)'은 '바쁘다, 일이 많다, 초조하다'의 뜻이다. 마음을 뜻하는 심방변(忄 = 心)에 여러 가지 방면으로 향한다는 뜻을 나타내는 '망(亡)' 자를 합해 만들어진 한자다. 여러 가지 일에 마음이 흩어져 안정되지 않는다, 즉 '분주하다'의 뜻이다. 그래서 '이래저래 바쁜 가운데 잠깐 얻어 낸 겨를'을 '망중한(忙中閑)'이라 한다.

공정(工程) | 한 제품이 완성되기까지 거쳐야 하는 하나하나의 작업 단계.
　　　　　　예 우리 공장은 생산성을 향상하기 위해 모든 공정을 기계화, 자동화하였다.

공정(公正) | 공평하고 올바름.
　　　　　　예 과세 당국의 조세 행정에 공정을 기해야 한다.

과실(果實) | 나무 따위를 가꾸어 얻는, 사람이 먹을 수 있는 열매.
　　　　　(예) 사과 하나를 꺼내고서 과실 바구니를 통째로 내맡긴다.

과실(過失) | 부주의나 태만 따위에서 비롯된 잘못이나 허물.
　　　　　(예) 자기의 과실을 인정하다.

- -

과정(課程) | 일정한 기간에 교육하거나 학습하여야 할 과목의 내용과 분량.
　　　　　(예) 오늘로 1학년 1학기 과정을 마치고 여름 방학에 들어간다.

과정(過程) | 일이 되어 가는 경로.
　　　　　(예) 모든 일은 결과만큼 과정도 중요하다.

- -

관상(觀賞) | 취미에 맞는 동식물 따위를 보면서 즐김.
　　　　　(예) 아버님께서는 당신이 난초를 키우는 것은 단순하게 관상이 목적이 아니라 난초의
　　　　　고고함 속에 들어 있는 정신적 강인함을 배우기 위해서라고 늘 말씀하셨다.

관상(觀相) | 생김새를 보고 그 사람의 운명이나 재수 따위를 판단함.
　　　　　(예) 그 친구 관상을 보아하니 말년에 고생깨나 하겠더군.

★ '관상(觀相)'에서 '상(相)'은 '서로'란 뜻이 아니라 '모습'이란 뜻으로 쓰인 것이다.

- -

구인(求人) | 어떤 일을 하는 데에 필요한 사람을 찾음.
　　　　　(예) 김 사장은 궁여지책으로 직업소개소에 구인을 의뢰했다.

구인(拘引) | 사람을 강제로 잡아서 끌고 감.
　　　　　(예) 그런 식의 구인은 절대 받아들일 수 없다.

★ 법률적으로 '구인(拘引)'은 법원이 신문하기 위하여 피고인이나 증인 등을 일정한 장소에
강제로 끌고 가는 처분을 말한다. 소환에 불응하는 경우에 한해 영장에 의하여 집행된다.
(예) 법원의 소환에 응하지 아니한 증인은 구인을 당하거나 과태료를 물게 된다.

- -

구조(救助) | 재난 따위를 당하여 어려운 처지에 빠진 사람을 구하여 줌.
　　　　　(예) 바다에서 표류하던 난민들이 지나가는 배에 구조를 요청했다.

구조(構造) | 부분이나 요소가 어떤 전체를 짜 이룸.

ㅤ例 이 제품은 구조가 간단하여 가격이 싸고 고장이 적다.

근간(根幹) | 사물의 바탕이나 중심이 되는 중요한 것.
ㅤ例 국가의 근간 사업이므로 투자를 아낄 수 없다.

근간(近刊) | 최근에 출판함. 또는 그런 간행물.
ㅤ例 이 서점에는 근간 서적이 거의 없다.

기호(記號) | 어떠한 뜻을 나타내기 위하여 쓰이는 부호, 문자, 표지 따위.
ㅤ例 컴퓨터에는 알아보기 쉽게 만든 많은 기호가 사용된다.

기호(嗜好) | 즐기고 좋아함.
ㅤ例 사람들은 각자의 기호에 따라 물건을 선택한다.

ㄴ

녹음(綠陰) | 푸른 잎이 우거진 나무나 수풀. 또는 그 나무의 그늘.
ㅤ例 6월은 녹음의 계절이다.

녹음(錄音) | 테이프나 판 또는 영화 필름 따위에 소리를 기록함.
ㅤ例 녹음이 잘 되어 소리가 선명하게 들렸다.

농담(弄談) | 실없이 놀리거나 장난으로 하는 말.
ㅤ例 지금은 우리가 이렇게 농담이나 하고 있을 때가 아니다.

농담(濃淡) | 색깔이나 명암 따위의 짙음과 옅음.
ㅤ例 하늘빛의 농담은 국도의 오른쪽과 왼쪽이 뚜렷이 달랐다.

ㄷ

대장(臺帳) | 어떤 근거가 되도록 일정한 양식으로 기록한 장부.
ㅤ例 이런 무기는 어느 무기 대장에도 올라 있지 않습니다.

대장(大將) | 한 무리의 우두머리.
ㅤ例 대장 노릇을 하다.

★군대의 장성 계급의 하나를 이르는 말은 '대장(大將)'이다. '거짓말 대장'처럼 '어떤 일을 잘 하거나 즐겨 하는 사람을 놀림조로 이르는 말'도 '대장(大將)'이다. 그러나 '선봉대 대장/소방

대 대장/유격대 대장'처럼 '한 대(隊)의 우두머리'를 이르는 말은 '대장(隊長)'이다. 당연히 한 부대를 지휘·통제하는 최고 지휘관을 이르는 말은 '부대장(部隊長)'이다.

도로(道路) | 사람, 차 따위가 잘 다닐 수 있도록 만들어 놓은 비교적 넓은 길.
　　　　예 교통사고로 시내로 통하는 도로가 막혔다.

도로(徒勞) | 헛되이 수고함.
　　　　예 열심히 한 것이지만 도로에 그치고 말았다.

동요(動搖) | 생각이나 처지가 확고하지 못하고 흔들림.
　　　　예 유혹에 조금도 마음이 동요되지 않았다.

동요(童謠) | 어린이를 위하여 동심(童心)을 바탕으로 지은 노래.
　　　　예 할머니는 손녀가 동요를 부르는 모습을 보고 퍽 기특하게 여기셨다.

동의(同意) | 다른 사람의 행위를 승인하거나 시인함.
　　　　예 기존 회원들의 동의가 있어야 새로운 회원을 받아들일 수 있다.

동의(動議) | 회의 중에 토의할 안건을 제기함. 또는 그 안건.
　　　　예 공로자를 포상할 것을 동의합니다.

매도(賣渡) | 값을 받고 물건의 소유권을 다른 사람에게 넘김.
　　　　예 토지를 매도하다.

매도(罵倒) | 심하게 욕하며 나무람.
　　　　예 우리를 그 일의 원인 제공자로 매도하는 것은 잘못이다.

맹아(盲兒) | 눈먼 아이.
　　　　예 모형 학습은 맹아 교육에 많은 도움을 준다.

맹아(萌芽) | 사물의 시초가 되는 것.
　　　　예 최근까지 근대 의식의 맹아를 조선 후기 실학사상에서 찾으려는 노력이 계속되고 있다.

면장(面長) | 면(面)의 행정을 맡아보는 으뜸 직위에 있는 사람.
> 예 그는 전에 면장을 지낼 때 면민을 위해서 무척 애를 썼다.

면장(面牆/面墻) | 담벼락을 마주 대하고 선 것 같이 앞이 내다보이지 않는다는 뜻으로, 견문이 좁음을 비유적으로 이르는 말.
> 속담 **알아야 면장을 하지** : 어떤 일이든 그 일을 하려면 그것에 관련된 학식이나 실력을 갖추고 있어야 함을 비유적으로 이르는 말.

- -

명문(名文) | 뛰어나게 잘 지은 글.
> 예 그의 글은 당대의 명문으로 이름나 있다.

명문(名門) | 이름난 좋은 학교.
> 예 그는 명문 대학 출신이다.

명문(明文) | 글로 명백히 기록된 문구. 또는 그런 조문(條文).
> 예 관례에 따를 뿐 명문 규정은 아직 없다.

★'명문화(明文化)'는 '문서로써 명백히 함' 또는 '법률의 조문에 명시함'이란 뜻으로 쓰인다.
> 예 현행 헌법은 국민의 알 권리를 명문화하고 있다.

- -

몽매(夢寐) | ('몽매에', '몽매에도' 꼴로 쓰여) 잠을 자면서 꿈을 꿈. 또는 그 꿈.
> 예 몽매에도 그리던 고향에 이제 곧 당도한다.

몽매(蒙昧) | 어리석고 사리에 어두움.
> 예 몽매한 저희들을 깨우쳐 주셔서 고맙습니다.

- -

무력(武力) | 때리거나 부수는 따위의 육체를 사용한 힘.
> 예 그는 말이 아니라 무력을 써서 나를 이기려 하였다.

무력(無力) | 힘이 없음.
> 예 이번의 실패로 내가 얼마나 무력한지 절감하게 되었다.

- -

ㅂ

반감(半減) | 절반으로 줆. 또는 절반으로 줄임.
> 예 참석자들의 소극적인 태도 때문에 행사의 의의가 반감됐다.

반감(反感) │ 반대하거나 반항하는 감정.
     예 상대를 너무 비방하면 반감을 산다.

반전(反轉) │ 일의 형세가 뒤바뀜.
     예 위기 상황을 반전의 기회로 삼다.

반전(反戰) │ 전쟁을 반대함.
     예 학생들이 반전을 외치며 시가행진을 하고 있다.

발광(發狂) │ 어떤 일에 몰두하거나 어떤 행동을 격하게 함을 낮잡아 이르는 말.
     예 그는 춤을 추고 싶어서 발광이 났다.

발광(發光) │ 빛을 냄.
     예 발광하는 네온사인/반딧불이 발광하다.

발전(發展) │ 더 낫고 좋은 상태나 더 높은 단계로 나아감.
     예 경제 발전이 국민 의식의 성장에 미치는 영향이 크다.

발전(發電) │ 전기를 일으킴.
     예 그 발전기의 최대 발전 용량이 얼마나 될까?

방위(方位) │ 공간의 어떤 점이나 방향이 한 기준의 방향에 대하여 나타내는 어떠한 쪽의 위치.
     예 지도에는 축척과 방위가 표시되어 있다.

방위(防衛) │ 적의 공격이나 침략을 막아서 지킴.
     예 철통같은 방위 태세를 갖추다.

방화(放火) │ 일부러 불을 지름.
     예 후퇴하던 적군은 도처에서 학살과 방화를 일삼았다.

방화(防火) │ 불이 나는 것을 미리 막음.
     예 겨울철에는 방화 대책에 만전을 기해야 한다.

★'방화(放火)'는 '발화(發火)'와 관련되는 것이고, '방화(防火)'는 '소화(消火)'나 '진화(鎭火)'와 관련되는 것이다. 불이 번지는 것을 막기 위하여 불에 타지 아니하는 재료로 만들어 세운 벽을 이르는 말은 '방화벽(防火壁)'이다.

배출(排出) | 안에서 밖으로 밀어 내보냄.
　　　　　　예 쓰레기 종량제가 실시되자 쓰레기의 배출이 크게 줄었다.

배출(輩出) | 인재(人材)가 계속하여 나옴.
　　　　　　예 이 고장에서는 많은 학자가 배출되었다.

★'배출(排出)'은 '안에서 밖으로 밀어 내보냄'의 뜻이고, '수거(收去)'는 '거두어 감'의 뜻이다. 그러니 생활 쓰레기를 배출하는 주체는 가정이고, 수거해 가는 주체는 구청 따위이다. 따라서 가정의 입장에서는 '쓰레기를 분리하여 배출'하는 것이지, '쓰레기를 분리수거'하는 것이 아니다. 즉 '쓰레기 따위를 종류별로 나누어서 늘어놓은 것을 거두어 감'의 뜻으로는 '분리수거(分離收去)'를 쓰는 것이다.

범인(凡人) | 평범한 사람.
　　　　　　예 그는 생각하는 것이 범인과 달랐다.

범인(犯人) | 범죄를 저지른 사람.
　　　　　　예 경찰이 범인을 체포했다.

보고(報告) | 일에 관한 내용이나 결과를 말이나 글로 알림.
　　　　　　예 사건에 대한 보고가 상부에 들어갔다.

보고(寶庫) | 귀중한 것이 많이 나거나 간직되어 있는 곳.
　　　　　　예 사전은 한마디로 지식의 보고다.

보상(補償) | 남에게 끼친 손해를 갚음.
　　　　　　예 유통업자는 소비자에게 유통 과정 중에 발생한 제품의 손실을 보상해 주어야 한다.

보상(報償) | 어떤 것에 대한 대가로 갚음.
　　　　　　예 그는 아무런 보상도 바라지 않고 나를 도와주었다.

보수(保守) | 새로운 것이나 변화를 적극적으로 받아들이기보다는 전통적인 것을 옹호하며 유지하려 함.
　　　　예 보수 세력이 정권을 잡자, 진보 세력에 대한 탄압이 시작되었다.

보수(報酬) | 일한 대가로 주는 돈이나 물품.
　　　　예 보수가 박해서 더 많은 보수를 받을 수 있는 직장을 찾고 있다.

- -

부양(扶養) | 생활 능력이 없는 사람의 생활을 돌봄.
　　　　예 부모님이 일찍 돌아가셔서 장남인 그가 동생들을 부양했다.

부양(浮揚) | 가라앉은 것이 떠오름. 또는 가라앉은 것을 떠오르게 함.
　　　　예 침체된 증권 시장을 부양하다.

- -

부인(夫人) | 남의 아내를 높여 이르는 말.
　　　　예 부인은 안녕하시지요?/저분이 부장님 부인이십니다.

부인(婦人) | 결혼한 여자.
　　　　예 중년 부인/동네 부인들이 공원에 모여 남편과 아이들에 대해 이야기를 하고 있다.

★'부인(夫人)'은 남의 아내를 높여 이르는 말이다. '김 사장님의 부인은 미인이시다.'와 같이 쓴다. 그러니 자기 아내를 소개하는 말로 '저의 부인(夫人)은 직장에 다닙니다.'와 같이 쓰면 안 된다.

- -

부정(不正) | 올바르지 아니하거나 옳지 못함.
　　　　예 부정 축재/입시 부정/부정을 방지하다./부정을 저지르다.

부정(否定) | 그렇지 아니하다고 단정하거나 옳지 아니하다고 반대함.
　　　　예 그녀는 긍정도 부정도 아닌 미소만 지었다.

부정(不淨) | 깨끗하지 못함. 또는 더러운 것.
　　　　예 임신 중에는 부정한 것을 멀리하는 것이 좋다.

부정(不貞) | 부부가 서로의 정조를 지키지 아니함.
　　　　예 외간 남자와 부정을 저지르다.

- -

분신(分身) | 한 몸체에서 갈라져 나온 또 다른 몸.
> (예) 영철이 그 사람은 나의 분신이나 마찬가지인 사람이네.

분신(焚身) | 자기의 몸을 스스로 불태움.
> (예) 그는 정권의 폭압적인 인권 탄압에 분신으로 항거하였다.

불사(不死) | 죽지 아니함.
> (예) 영원히 불사할 수 있게 하는 약은 없다.

불사(不辭) | 사양하지 아니함. 또는 마다하지 아니함.
> (예) 죽음을 불사하고 불구덩이에 뛰어들다.

비행(非行) | 잘못되거나 그릇된 행위.
> (예) 청소년 비행/비행을 저지르다./비행이 드러나다.

비행(飛行) | 공중으로 날아가거나 날아다님.
> (예) 그는 일만 시간의 무사고 비행 기록을 가지고 있다.

비화(飛火) | 어떠한 일의 영향이 직접 관계가 없는 다른 데에까지 번짐.
> (예) 그 사건은 걷잡을 수 없게 비화되었다.

비화(祕話) | 세상에 드러나지 아니한 이야기.
> (예) 궁중 비화/비화를 공개하다.

사각(四角) | 네 개의 각이 있는 모양.
> (예) 사각 탁자/사각의 링

사각(死角) | 어느 각도에서도 보이지 아니하는 범위.
> (예) 이 부분은 운전자의 눈이 미치지 못하는 사각이다.

사기(詐欺) | 나쁜 꾀로 남을 속임.
> (예) 그는 아무것도 모르는 아이들을 상대로 사기를 쳤다.

사기(士氣) | 의욕이나 자신감 따위로 충만하여 굽힐 줄 모르는 기세.
> (예) 그의 말은 사람들의 사기를 북돋아 주었다.

사기(邪氣) | 요사스럽고 나쁜 기운.
　　　　　예 이 부적은 사기를 쫓아 준다.

사례(事例) | 어떤 일이 전에 실제로 일어난 예.
　　　　　예 이런 사례는 없었기 때문에 어떻게 처리해야 할지 모르겠다.

사례(謝禮) | 언행이나 선물 따위로 상대에게 고마운 뜻을 나타냄.
　　　　　예 변변찮은 것이나마 사례의 표시이니 받아 주시길 바랍니다.

★'정한 인원이 다 참'의 뜻을 나타내는 말이 '만원(滿員)'이다. '만원을 이루다'와 같이 쓴다. 이와 관련하여 '만원사례(滿員謝禮)'는 만원을 이루게 해 주어서 고맙다는 뜻으로, 영화관 같은 곳이 만원이 되어 관객을 더 받지 못하겠다는 것을 완곡하게 이르는 말로, 흔히 매표소에 써서 붙여 놓는 말로 쓰인다.

사면(四面) | 전후좌우의 모든 방면.
　　　　　예 내 고향은 사면이 산으로 둘러싸인 산골이다.

사면(赦免) | 죄를 용서하여 형벌을 면제함.
　　　　　예 인권 단체에서는 그의 사면을 요구하는 성명을 발표했다.

사설(社說) | 신문이나 잡지에서, 글쓴이의 주장이나 의견을 써내는 논설.
　　　　　예 우리나라 신문 사설은 편향된 논조를 보이는 경우가 많다.

사설(辭說) | 잔소리나 푸념을 길게 늘어놓음. 또는 그 잔소리와 푸념.
　　　　　예 긴 사설 그만하고 어서 밥이나 잡수시오.

사전(事典) | 여러 가지 사항을 모아 일정한 순서로 배열하고 그 각각에 해설을 붙인 책.
　　　　　예 우리 지역의 민속을 체계적으로 정리한 사전이 출간되었다.

사전(辭典) | 어떤 범위 안에서 쓰이는 낱말을 모아서 일정한 순서로 배열하여 싣고 그 각각의 발음, 의미, 어원, 용법 따위를 해설한 책.
　　　　　예 우리 지역의 방언을 체계적으로 정리한 사전이 출간되었다.

사정(事情) | 일의 형편이나 까닭.
> 예 피치 못할 사정이 있어서 오늘은 조퇴를 했다.

사정(査定) | 조사하거나 심사하여 결정함.
> 예 오늘 졸업 사정 회의가 열릴 예정이다.

사정(司正) | 잘못된 일을 다스려 바로잡음.
> 예 새 정부는 각 분야에 걸친 대대적인 사정과 개혁을 추진하고 있다.

사주(四柱) | 사람이 태어난 연월일시의 네 간지(干支). 또는 이에 근거하여 사람의 길흉화복을 알아보는 점.
> 예 사주를 잘 타고나다.

사주(使嗾) | 남을 부추겨 좋지 않은 일을 시킴.
> 예 그는 적의 사주를 받아 내부의 기밀을 염탐했다.

상술(詳述) | 자세하게 설명하여 말함.
> 예 상부에 사건의 경위를 상술하다.

상술(商術) | 장사하는 재주나 꾀.
> 예 얄팍한 상술로 소비자를 속였다.

선전(宣傳) | 주의나 주장, 사물의 존재, 효능 따위를 많은 사람이 알고 이해하도록 잘 설명하여 널리 알림.
> 예 제조 회사들은 텔레비전 광고를 통해 소비자들에게 새 상품을 선전한다.

선전(善戰) | 있는 힘을 다하여 잘 싸움.
> 예 교민들이 선수단의 선전을 기대하며 열띤 응원을 펼치고 있다.

성인(成人) | 자라서 어른이 된 사람.
> 예 이제 성인이 되었으니 네 일은 스스로 결정해야 한다.

성인(聖人) | 지혜와 덕이 매우 뛰어나 길이 우러러 본받을 만한 사람.
> 예 공맹(孔孟)이나 노장(老莊)이 성인이라면 우리 석존(釋尊) 또한 성인이시오.

속성(速成) | 빨리 이루어짐. 또는 빨리 깨우침.
> (예) 미용 기술을 속성으로 배우다.

속성(屬性) | 사물의 특징이나 성질.
> (예) 금속의 속성을 잘 활용하여 자동차를 만들었다.

시사(示唆) | 어떤 것을 미리 간접적으로 표현해 줌.
> (예) 정부는 이번 발표를 통해 불법 상거래에 대한 단속 강화를 강력히 시사했다.

시사(時事) | 그 당시에 일어난 여러 가지 사회적 사건.
> (예) 신문을 며칠 못 보았더니 시사 문제에 대해 전혀 감이 없다.

시정(市井) | 인가가 모인 곳. 중국 상대(上代)에 우물이 있는 곳에 사람이 모여 살았다는 데서 유래한다.
> (예) 그는 시정의 무뢰배가 아니다.

시정(視程) | 목표물을 명확하게 식별할 수 있는 최대 거리. 대기의 혼탁도를 나타내는 척도로 쓰인다. 거리에 따라 0~9계급으로 나눈다.
> (예) 오전부터 해무가 짙게 끼어 시정이 300m에 불과해 항해가 어려웠다.

시정(是正) | 잘못된 것을 바로잡음.
> (예) 그녀는 고용 차별 대우에 대한 시정을 요구하였다.

신문(訊問) | 알고 있는 사실을 캐어물음.
> (예) 그가 신문하듯 나에게 물었다.

신문(新聞) | 사회에서 발생한 사건에 대한 사실이나 해설을 널리 신속하게 전달하기 위한 정기 간행물.
> (예) 그는 요즘 신문 한 장 읽을 시간이 없다.

★신문(訊問)은 '알고 있는 사실'을 캐묻고, 심문(審問)은 '자세히 따져' 묻는다는 점에서 기본 의미가 다르다. 법률 분야에서 '신문'은 어떤 사건에 대해 법원 등이 당사자에게 말로 물어 조사하는 일이라는 뜻으로 쓰인다. '심문'은 법원 등이 이해 관계자에게 서면이나 말로 하고 싶은 말이 있는지 묻는 일이다. 즉 진술 기회를 주는 행위다.

신원(身元) | 개인의 성장 과정과 관련된 자료. 곧 신분이나 평소 행실, 주소, 원적(原籍), 직업 따위를 이른다.
> 예 신원 조회/신원을 보장하다./신원을 파악하다./신원을 확인하다./신원을 확보하다./ 신원을 밝히기를 꺼리다.

신원(伸冤) | 가슴에 맺힌 원한을 풀어 버림.
> 예 도인 5백여 명을 모아 수운 선생의 신원을 관에 호소하였다.

양성(兩性) | 남성과 여성을 아울러 이르는 말.
> 예 일부일처의 혼인 제도라는 것은 남녀 양성의 결합하는 형식으로 가장 진화된 아름다운 형식일 것입니다.

양성(養成) | 가르쳐서 유능한 사람을 길러 냄.
> 예 후진 양성/인재 양성/전문 인력 양성/사범 대학은 교육자 양성을 목적으로 하는 학교이다.

양식(樣式) | 오랜 시간이 지나면서 자연히 정하여진 방식.
> 예 행동 양식/인간 활동의 양식은 일차적으로 자연환경의 영향을 받는다.

양식(糧食) | 지식이나 물질, 사상 따위의 원천이 되는 것을 비유적으로 이르는 말.
> 예 책을 읽어 마음의 양식을 쌓다.

양식(良識) | 도덕적으로 바른 판단력이나 식견.
> 예 그의 행동은 지도자로서 그의 양식과 신념을 의심케 하는 것이었다.

양약(洋藥) | 서양 의술로 만든 약.
> 예 이 병은 체질을 고쳐야지 양약으로 다스릴 병이 아니다.

양약(良藥) | 효험이 있는 좋은 약.
> 예 원래 양약은 입에 쓰고 좋은 말은 귀에 거슬리는 법이다.

★'양약고구(良藥苦口)'는 좋은 약은 입에 쓰다는 뜻으로, 충언(忠言)은 귀에 거슬리나 자신에게 이로움을 이르는 말이다.

역사(歷史) | 인류 사회의 변천과 흥망의 과정. 또는 그 기록.
> (예) 세종대왕은 역사에 길이 남을 많은 업적을 이루었다.

역사(役事) | 규모가 큰 토목이나 건축 따위의 공사.
> (예) 이 간척 공사는 한반도의 지도를 바꾸는 역사로 기록될 것이다.

역전(逆轉) | 형세가 뒤집힘. 또는 형세를 뒤집음.
> (예) 이러다가는 역전의 위기에 몰릴 것으로 보인다.

역전(驛傳) | 몇 사람의 경기자가 장거리를 몇 개 구간으로 나누어 달릴 때, 맡은 구간을 달려 다음 사람에게 배턴을 전하는 일.
> (예) 미국이나 유럽 여러 나라에는 크로스컨트리가 있으나, 이러한 릴레이 형식의 역전 경주는 거의 볼 수 없다.

예방(豫防) | 질병이나 재해 따위가 발생하지 않도록 미리 대비하여 막음.
> (예) 병은 치료보다 예방이 더 중요하다.

예방(禮訪) | 예를 갖추어 인사차 방문함.
> (예) 대통령은 태국 대통령의 예방을 받고 앞으로의 경제 협력에 대해 이야기했다.

용기(勇氣) | 씩씩하고 굳센 기운.
> (예) 그에게 사실대로 말할 용기가 생기지 않는다.

용기(容器) | 물건을 담는 그릇.
> (예) 남은 음식 재료를 용기에 담아 냉장고에 보관하였다.

운명(運命) | 인간을 포함한 모든 것을 지배하는 초인간적인 힘. 또는 그것에 의하여 이미 정하여져 있는 목숨이나 처지.
> (예) 사람이 늙어서 죽는 것은 피할 수 없는 운명이다.

운명(殞命) | 사람의 목숨이 끊어짐.
> (예) 할아버지께서는 80세를 일기로 운명하셨습니다.

원망(怨望) | 못마땅하게 여기어 탓하거나 불평을 품고 미워함.
> 예 가난한 집안에 태어났음을 원망해서는 안 된다.

원망(願望) | 원하고 바람. 또는 그런 것.
> 예 시험에 합격하기를 원망하다.

유서(由緖) | 예로부터 전하여 내려오는 까닭과 내력.
> 예 유서 깊은 고장/유서 있는 집안

유서(遺書) | 유언을 적은 글.
> 예 그는 양지바른 곳에 묻어 달라는 유서 한 장을 남기고 숨을 거두었다.

유세(遊說) | 자기 의견 또는 소속 정당의 주장을 선전하며 돌아다님.
> 예 요즘은 텔레비전을 통한 유세가 지지율에 상당한 영향을 미친다.

유세(有勢) | 사회적 지위나 권세가 있음을 자랑스레 떠벌리거나 과장된 행동을 함.
> 예 왜 그렇게 유세가 대단한가 했더니 그 처조카 되는 사람이 서울에서 권력깨나 쥐고 있는 모양이더군.

★ '위세(威勢)'는 '다른 사람을 통솔하거나 이끄는 힘이나 기세'라는 뜻으로, '위력(威力)'과 비슷한 말이다. 예 그 시기에는 강권(强權) 통치(統治)가 위세를 떨쳤다

유용(有用) | 쓸모가 있음.
> 예 도서 목록은 책을 찾는 데 아주 유용하다.

유용(流用) | 금전이나 물품 따위를 정해지지 않은 곳에 돌려씀.
> 예 공금이 정치 자금으로 유용되다.

응시(應試) | 시험에 응함.
> 예 이번 시험에는 모든 사람에게 응시의 기회를 줄 예정이다.

응시(凝視) | 눈길을 모아 한 곳을 똑바로 바라봄.
> 예 그녀는 한참 동안 천장의 한 곳을 응시만 하고 있었다.

의식(意識) | 깨어 있는 상태에서 자기 자신이나 사물에 대하여 인식하는 작용.
   예 마취가 덜 깼는지 의식이 몽롱하다.

의식(儀式) | 행사를 치르는 일정한 법식. 또는 정하여진 방식에 따라 치르는 행사.
   예 성대한 의식을 거행하다.

이성(理性) | 개념적으로 사유하는 능력을 감각적 능력에 상대하여 이르는 말.
   예 그는 감성보다는 이성이 발달한 사람이다.

이성(異性) | 성(性)이 다른 것. 남성 쪽에선 여성을, 여성 쪽에선 남성을 가리킨다.
   예 그는 이성에 대한 호기심이 많다.

이해(理解) | 깨달아 앎. 또는 잘 알아서 받아들임.
   예 따지고 보면 실은 충분히 이해가 가는 일이기도 했다.

이해(利害) | 이익과 손해를 아울러 이르는 말.
   예 이제 노사 간의 이해를 떠나 단결할 때이다.

★'이해상반(利害相反)'은 '이해관계가 서로 어긋남'의 뜻이고, '이해상반(利害相半)'은 '이익과 손해가 반반씩 어슷비슷함'의 뜻이다. 한편 '이해관계(利害關係)'는 '서로 이해가 걸려 있는 관계'의 뜻이고, '이해타산(利害打算)'은 '이해관계를 이모저모 모두 따져 봄'의 뜻이다.

이행(移行) | 다른 상태로 옮아감.
   예 시장 경제 체제로의 이행 과정/독재 정치에서 민주적 정권으로의 이행이 순조롭게 진행됐다.

이행(履行) | 실제로 행함.
   예 후보자들은 당선된 뒤에도 선거 공약들을 충실히 이행하겠다고 다짐했다.

ㅈ

자문(諮問) | 어떤 일을 좀 더 효율적이고 바르게 처리하려고 그 방면의 전문가나, 전문가들로 이루어진 기구에 의견을 물음.
   예 그 회사는 유명한 경제 전문가에게 매사를 자문하고 있다.

자문(自問) | 자신에게 스스로 물음.

(예) 내가 과연 옳은 일을 했는가에 대하여 자문해 보곤 한다.

★어떤 일로 전문가나 전문가들로 이루어진 기구에 의견을 묻게 될 때가 있다. 이때 '자문(諮問)'이란 단어를 사용한다. '자문(諮問)'이 묻는다는 의미이니 '자문을 하다'처럼 쓴다. '구하다'는 '양해를 구하다', '조언을 구하다'와 같이 쓰인다. 상대가 어떻게 하여 주기를 청한다는 의미를 가졌다. 따라서 '자문을 구하다'는 적절한 표현이 아니다.

자세(姿勢) | 사물을 대할 때 가지는 마음가짐.
　　　　　　(예) 일하는 데에 있어서는 적극적인 자세가 중요하다.

자세(藉勢) | 어떤 권력이나 세력 또는 특수한 조건을 믿고 세도를 부림.
　　　　　　(예) 똑같이 물려받은 재산을 부성이보다 몇 배로 불리자 그게 다 자기처럼 복 있는 아내를 얻은 덕이라고 그 자세가 대단했다.

재가(在家) | 집에 머물러 있음.
　　　　　　(예) 최근 재가 근무하는 사람들이 늘고 있다.

재가(裁可) | 안건을 결재하여 허가함.
　　　　　　(예) 그런 계획은 사장의 재가를 받기 어렵다.

재가(再嫁) | 결혼하였던 여자가 남편과 사별하거나 이혼하여 다른 남자와 결혼함.
　　　　　　(예) 어머니는 아버지의 폭력에 시달리다 이혼하고, 곧 재가했다.

재단(裁斷) | 옳고 그름을 가려 결정함.
　　　　　　(예) 자기의 신념에 근거해 남의 행동을 멋대로 재단하는 건 결코 좋은 일이 아니다.

재단(財團) | 재단법인(財團法人). 일정한 목적에 바친 재산을, 개인 소유로 하지 아니하고 독립된 것으로 운영하기 위하여 법률적으로 구성된 법인.
　　　　　　(예) 물류산업진흥재단 출범은 국내 대기업 물류사가 중소 물류기업과 종사자를 직접 지원하기 위해 기금을 출연해 재단을 설립한 첫 사례다.

재색(才色) | 여자의 재주와 아름다운 용모.
　　　　　　(예) 재색을 겸비한 규수라 며느리로 삼는 데 부족함이 없을 듯합니다.

재색(財色) ｜ 재물과 여색(女色)을 아울러 이르는 말.

　　　 예 세상에는 재색을 좋아하지 않는 사내가 없지만, 너무 재색을 탐하면 끝이 좋지 않다.

재연(再演) ｜ 한 번 하였던 행위나 일을 다시 되풀이함.

　　　 예 현장 검증에 나선 범인은 태연히 범행을 재연했다.

재연(再燃) ｜ 한동안 잠잠하던 일이 다시 문제가 되어 시끄러워짐.

　　　 예 소강상태에 빠져 있던 중동 두 나라 간의 분쟁이 재연되어 국제적으로 긴장 상태가 되었다.

★'소강상태(小康狀態)'는 '소란이나 분란, 혼란 따위가 그치고 조금 잠잠한 상태'를 이르는 말이다. '소강상태에 빠지다/소강상태에 들다/소강상태에 놓이다'와 같이 쓴다. 그러니 '소강상태(小康狀態)를 재연(再燃)하다'와 같이 쓰면 뜻이 아리송해진다.

적자(赤字) ｜ 지출이 수입보다 많아서 생기는 결손액. 장부에 기록할 때 붉은 글자로 기입한 데서 유래한다.

　　　 예 지난달의 적자를 메우려면 이번 달은 긴축해야 한다.

적자(嫡子) ｜ 정실(=본처)이 낳은 아들.

　　　 예 왕의 적자에게 왕권을 물려주다.

적자(適者) ｜ 적당한 사람.

　　　 예 적자가 아직 없어 물건을 팔지 못했다.

전기(傳記) ｜ 한 사람의 일생 동안의 행적을 적은 기록.

　　　 예 그들은 돌아가신 스승을 추모하는 마음에서 스승의 문집을 만들고 전기를 적었다.

전기(轉機) ｜ 전환점이 되는 기회나 시기.

　　　 예 새로운 치료법의 발견으로 암 치료에 전기가 마련되었다.

전도(前途) ｜ 앞으로의 가능성이나 전망.

　　　 예 기왕이면 전도가 밝은 사람으로 선택해라.

전도(顚倒) ｜ 차례, 위치, 이치, 가치관 따위가 뒤바뀌어 원래와 달리 거꾸로 됨.

　　　 예 지금 상황은 목적이 수단과 전도된 느낌을 준다.

전문(專門) | 어떤 분야에 상당한 지식과 경험을 가지고 오직 그 분야만 연구하거나 맡음. 또는 그 분야.
(예) 이 음식점에서는 불고기를 전문으로 한다.

전문(傳聞) | 다른 사람을 통하여 전하여 들음. 또는 그런 말.
(예) 내가 온다는 전문을 듣고 동구에는 솔문을 세우고 길닦이까지 하였다.
솔문(-門) 경축하거나 환영하는 뜻으로 나무나 대로 기둥을 세우고 푸른 솔잎으로 싸서 만든 문.

전용(專用) | 특정한 목적으로 일정한 부문에만 한하여 씀.
(예) 이 도시에는 야구 전용 구장이 없다.

전용(轉用) | 예정되어 있는 곳에 쓰지 아니하고 다른 데로 돌려서 씀.
(예) 예산이 본래 책정되었던 항목에서 다른 목적으로 전용되었다.

전임(前任) | 이전에 그 임무를 맡음. 또는 그런 사람이나 그 임무.
(예) 부정비리로 전임 시장은 임기도 채우지 못한 채 물러났다.

전임(專任) | 어떤 일을 전문적으로 맡거나 맡김. 또는 그런 사람.
(예) 어떤 직책을 전임한다는 것은 그에 따른 일체의 일에 대하여 책임을 진다는 의미이기도 하다.

전임(轉任) | 맡아보던 일이나 지역을 옮김.
(예) 그는 지방 영업소로의 전임이 결정되자, 항의 표시로 회사에 사표를 냈다.

전철(電鐵) | 전기를 동력으로 하여 궤도 위의 차량을 움직이는 철도.
(예) 요즘은 전철로 통근하는 사람이 많다.

전철(前轍) | 앞에 지나간 수레바퀴의 자국이라는 뜻으로, 이전 사람의 그릇된 일이나 행동의 자취, 또는 이전에 이미 실패한 바 있는 일을 비유적으로 이르는 말.
(예) 네 아버지가 했던 한탕주의의 전철을 되풀이하지 마라.

★'전철(前轍)'과 비슷한 말이 '복철(覆轍)'이다. 엎어진 수레바퀴라는 뜻으로, 앞서 가던 사람이 실패한 자취를 이르는 말이다. 이로부터 나온 속담이 '복철을 밟지 말라'이다. 엎어진 수레바퀴의 자취를 그대로 밟지 말라는 뜻으로, 앞서 한 사람의 잘못을 보고 그것을 거울삼아

그와 같은 실패를 하지 않도록 조심하라는 말이다.

접수(接受) │ 신청서나 신고 따위를 일정한 형식 요건 아래 받음.
　　　　　　　(예) 그는 마감 일자가 지났다며 서류의 접수를 거부했다.

접수(接收) │ 어떤 대상을 기존의 권리 소유자의 의지와는 상관없이 권력이나 무력으로 인
　　　　　　　수함.
　　　　　　　(예) 사령부의 사전 승인 없는 개별 부대의 민간 가옥 접수를 금한다.

정리(整理) │ 흐트러진 것이나 어수선한 것을 한데 모으거나 둘 자리에 두어서 질서 있는
　　　　　　　상태가 되게 함.
　　　　　　　(예) 아직 방이 정리가 덜 된 상태여서 그 책을 찾을 수가 없다.

정리(情理) │ 인정과 도리를 아울러 이르는 말.
　　　　　　　(예) 그동안의 정리를 봐서라도 나를 좀 도와줄 수 없겠나?

정수(精髓) │ 사물의 중심이 되는 골자 또는 요점.
　　　　　　　(예) 민족 문화의 정수랄 수 있는 고려청자를 모아 놓았다.

정수(淨水) │ 물을 깨끗하고 맑게 함.
　　　　　　　(예) 이 물은 정수 과정을 거친 것이다.

정전(停戰) │ 교전 중에 있는 양방이 합의에 따라 일시적으로 전투를 중단하는 일.
　　　　　　　(예) 한국 전쟁은 아직도 정전 상태에 있다.

정전(停電) │ 공급되던 전기가 일시적으로 끊어짐.
　　　　　　　(예) 지하철이 서울역으로 진입하는 순간 정전이 일어났다.

제재(制裁) │ 습관이나 규정에 어그러짐이 있을 때에 그것을 금지하고 나무람.
　　　　　　　(예) 수업 시간에 떠드는 사람에게는 제재가 필요하다.

제재(題材) │ 예술 작품 등에서 주제를 효과적으로 표현하기 위해 선택되는 이야기의 재료.
　　　　　　　(예) 그 연극은 남녀의 애정을 제재로 한 작품이다.

조사(調査) | 어떤 일이나 사실 또는 사물의 내용 따위를 명확하게 알기 위하여 자세히 살펴보거나 밝힘.
> (예) 경찰은 현장 조사를 통해 사건의 실마리를 풀 수 있는 증거를 발견했다.

조사(弔詞) | 죽은 사람을 슬퍼하고 생전의 업적을 기려서 조상(弔喪)의 뜻을 나타내는 글.
> (예) 조사를 읽는 동안 그는 계속해서 울먹였다.

존속(存續) | 어떤 대상이 그대로 있거나 어떤 현상이 계속됨.
> (예) 출산은 인류의 존속을 위한 가장 기본적인 사회적 조건이다.

존속(尊屬) | 부모 또는 그와 같은 항렬 이상에 속하는 친족.
> (예) 존속범죄는 말 그대로 직계 가족을 대상으로 하는 반인륜적인 행위이다.

주문(注文) | 상품 또는 서비스의 제공을 수요자가 공급자에게 신청하는 일.
> (예) 신제품에 대한 주문이 쇄도하고 있다.

주문(呪文) | 어떤 바람이나 원망을 실현시킨다고 믿으며 외는 글귀.
> (예) 그는 날마다 이상한 주문을 외고 다녔다.

중용(重用) | 중요한 자리에 임용함.
> (예) 친인척의 중용에 대한 비판의 목소리가 높다.

중용(中庸) | 과하거나 부족함이 없이 떳떳하며 한쪽으로 치우침이 없는 상태나 정도.
> (예) 나는 어느 쪽에도 치우치지 않고 중용을 견지하는 것이 제일 좋다고 생각한다.

지각(知覺) | 사물의 이치나 도리를 분별하는 능력.
> (예) 그는 지각이 없는 사람으로 정평이 나 있다.

지각(遲刻) | 정한 시각보다 늦게 옴.
> (예) 철수는 운동장 조회가 있으면 지각을 하거나 아예 결석을 한다.

진정(眞正) | 참으로 틀림없이.
> (예) 그대는 진정 나를 잊으셨나요?

진정(陳情) | 사정을 진술하여 보살펴 줄 것을 청함. 또는 그 사정이나 청.
  예 주민들은 관할 구청에 골프장 설치 반대에 대한 진정을 냈다.

★'진정서(陳情書)'는 실정이나 사정을 진술하여 적은 글을 이르는 말이다. 주로 문제 해결을 위하여 관공서나 공공기관 등에 낸다. '진정서를 내다'와 같이 쓴다. 한편 '진술서(陳述書)'는 '피의자가 경찰이나 검찰 등에서 진술한 내용을 적은 문서'를 이르는 말이다. 둘은 뜻하는 바가 다르며, 쓰임도 다르다.

차도(車道) | 자동차가 다니는 길.
  예 내가 좌회전하는 순간 갑자기 한 아이가 차도로 뛰어들었다.

차도(差度) | 병이 조금씩 나아가는 정도.
  예 아버님 병환은 차도가 있으신지요?

채광(採光) | 건물에 창 따위를 내서 햇빛이 들도록 함.
  예 이 방은 채광이 좋아서 아이들 방으로 적합하다.

채광(採鑛) | 땅을 파고 광물을 캐냄.
  예 갱내 채광을 할 때에는 굴이 무너지지 않도록 주의를 기울여야 한다.

추상(抽象) | 구체성이 없이 사실이나 현실에서 멀어져 막연하고 일반적임.
  예 그의 말은 언제나 그렇게 추상적이고 애매하다.

추상(秋霜) | 꾸중 따위가 기세등등하고 엄함을 비유적으로 이르는 말.
  예 장군의 추상같은 호령에 모두들 사색이 되었다.

★'추상(秋霜)'은 본디 '가을의 찬 서리'라는 뜻이다.

치사(致謝) | 고맙고 감사하다는 뜻을 표시함.
  예 그들 부부는 결혼식에 참석한 하객들에게 일일이 치사하는 일을 잊지 않았다.

치사(恥事) | 행동이나 말 따위가 쩨쩨하고 남부끄러움.
  예 치사하게 살려달라고 매달려 빌고 싶지는 않았다.

치사(致死) | 죽음에 이름. 또는 죽게 함.

> 예 그는 약물 과용으로 치사할 뻔했다.

침식(侵蝕) | 외부의 영향으로 세력이나 범위 따위가 점점 줄어듦.

> 예 국적 불명의 외래문화에 우리의 전통문화가 침식을 당하고 있다.

침식(寢食) | 잠자는 일과 먹는 일.

> 예 그는 침식을 잊고 밤늦도록 불을 밝히며 공부에 전념했다.

ㅌ

탄성(彈性) | 물체가 외부로부터 힘을 받아 그 부피와 모양이 일정한 정도로 바뀌었다가 그 힘이 없어지면 다시 본디의 모양으로 되돌아가려는 성질.

> 예 화장품을 과다하게 사용하면 피부의 탄성이 없어지면서 노화 현상이 빨리 온다.

탄성(歎聲) | 감탄하는 소리.

> 예 산꼭대기에 오른 순간 나도 모르게 탄성이 나왔다.

투기(投機) | 기회를 틈타서 큰 이익을 얻으려 함.

> 예 그는 투기 혐의를 받고 공직에서 물러났다.

투기(投棄) | 내던져 버림.

> 예 어업 관련 폐기물의 불법 투기가 늘어나자 당국이 단속에 나서기 시작했다.

특사(特使) | 특별한 임무를 띠고 파견되는 외교 사절.

> 예 대통령은 그를 특사로 미국에 파견하였다.

특사(特赦) | 특정한 죄인에 대하여, 형의 집행을 면제하는 조치.

> 예 그는 이번 광복절에 특사로 석방되었다.

ㅍ

파장(罷場) | 여러 사람이 모여 하던 판이 끝남. 또는 끝날 무렵.

> 예 참가자들의 무거운 침묵으로 모임은 시작부터 파장 분위기였다.

파장(波長) | 어떤 일이 끼치는 영향 또는 그 영향이 미치는 정도나 동안.

> 예 인기 스타들의 자살 사건은 청소년들 사이에 많은 파장을 일으킨다.

★극장, 해수욕장 따위의 영업이 끝나는 것을 두고는 '파장(罷場)'이 아니라 '폐장(閉場)'이라고 하는 것이 일반적이다.

패자(敗者) | 싸움이나 경기에서 진 사람.
    예 패자가 구차하게 변명을 늘어놓는 것은 더욱 볼썽사납다.

패자(覇者) | 어느 분야에서 가장 뛰어난 사람.
    예 이번 결승전에서 진정한 패자를 가려보자.

편재(偏在) | 한곳에 치우쳐 있음.
    예 부가 일부 계층에 편재되어 있다.

편재(遍在) | 널리 퍼져 있음.
    예 이러한 현상은 어느 지역만의 문제가 아니라 전국적으로 편재해 있다.

★고유어 '겅성드뭇하다'는 '많은 수효가 듬성듬성 흩어져 있다'의 뜻이다. '밤하늘에 별들이 겅성드뭇하더니 이내 날이 밝아 왔다.'와 같이 쓴다. 그러니 '겅성드뭇하다'의 유의어는 '편재(偏在)하다'가 아니라, '편재(遍在)하다'이다. '편(偏)'은 '치우치다'의 뜻으로, '편(遍)'은 '두루'의 뜻으로 쓰이는 한자다.

편집(編輯) | 일정한 방침 아래 여러 가지 재료를 모아 신문, 잡지, 책 따위를 만드는 일.
    예 내 친구는 참고서 편집하는 일을 하다가 출판사를 차려 사업에 크게 성공했다.

편집(偏執) | 편견을 고집하고, 남의 말을 듣지 않음.
    예 나는 어떤 일에 그처럼 편집하는 사람은 본 적이 없다.

★'편집광(偏執狂)'은 어떤 사물에 집착하여 상식에서 벗어난 행동을 아무렇지도 않게 하는 정신 장애인을 이르는 말이다. 또 '편집증(偏執症)'은 체계적이고 논리적인 망상을 지속적으로 고집하는 병적 상태를 이르는 말이다.

폐사(斃死) | (가축 따위가) 쓰러져 죽음.
    예 질병으로 이 지역의 소, 돼지를 비롯한 가축들이 집단으로 폐사하였다.

폐사(弊社/敝社) | 상대를 높이는 뜻에서 말하는 이가 자기 회사를 겸손하게 이르는 말.

⟨예⟩ 연말을 맞아 폐사에서 조그만 선물을 준비했습니다.

★전쟁 따위에 나가 싸우다 죽은 것을 '전사(戰死)'라고 하는데, 싸움에서 져서 죽는 것을 두고는 '패사(敗死)'라고 한다.

표지(表紙) | 책의 앞뒤 겉장.

⟨예⟩ 그 책의 표지를 보니 요즘에 나온 것이 아니었다.

표지(標識) | 다른 사물과 구별하여 알 수 있도록 한 표시나 특징.

⟨예⟩ 통행금지 표지를 무시하고 달리던 자동차가 강으로 추락했다.

★'識'은 '알 식' 또는 '적을 지'이다. 뜻과 음이 다름에 유의해야 한다.
★인식(認識), 지식(知識), 표지(標識), 관지(款識)

풍미(風味) | 음식의 고상한 맛.

⟨예⟩ 입에 씹히는 그 연하면서도 쫄깃쫄깃한 풍미를 무엇에 비할까.

풍미(風靡) | 바람에 초목이 쓰러진다는 뜻으로, 어떤 사조나 사회적 현상 등이 널리 사회를 휩쓰는 것을 비유적으로 이르는 말.

⟨예⟩ 김 시인은 30년대 후반을 풍미한 모더니즘 운동의 선구자였다.

필적(匹敵) | 능력이나 세력이 엇비슷하여 서로 맞섬.

⟨예⟩ 지금까지 그의 작품에 필적할 만한 작품은 나오지 않았다.

필적(筆跡) | 글씨의 모양이나 솜씨.

⟨예⟩ 필적을 보니 그 사람이 쓴 것이 분명하다.

ㅎ

한식(寒食) | 동지로부터 105일째 되는 날. 조상의 산소를 찾아 제사를 지내고 사초(莎草)하는 등 묘를 돌아본다.

⟨예⟩ 삼월 삼짇날에는 화전을, 청명 한식에는 떡과 빚은 술을 즐기는 풍습이 있다.

한식(韓食) | 우리나라 고유의 음식.

⟨예⟩ 외국인들이 가장 좋아하는 한식으로는 불고기가 대표적이다.

해독(解讀) | 어려운 문구나 문장 따위의 뜻을 풀어서 읽음.
　　　　例 향가의 해독은 언어학이라는 근대 학문의 승리라 할 수 있다.

해독(解毒) | 독기를 풀어 없앰.
　　　　例 간 기능이 저하되어 이제는 술을 마셔도 간에서 알코올의 해독을 못 시키는 것 같아.

해산(解散) | 모였던 사람들이 따로따로 흩어짐.
　　　　例 시위대가 시내로 진입하려고 하자 경찰은 시위대의 해산에 나섰다.

해산(解産) | 아이를 낳음.
　　　　例 오늘 새벽에 진통이 시작되면서 해산 기미가 보였습니다.

★ '출산(出産)'은 일본어 투의 한자어다. 그 순화어가 '해산(解産)'이다. '몸을 풀다'와 그 뜻이 같다. 예스러운 표현에서는 '생산(生産)'을 쓴다.

행사(行事) | 많은 사람이 특정한 목적이나 계획을 가지고 정해진 절차에 따라 조직적으로 진행하는 일.
　　　　例 올해 있을 가장 큰 정치적 행사는 대통령 선거이다.

행사(行使) | 힘이나 권력 따위를 부려서 씀.
　　　　例 조합원들 간의 폭력 행사로 인하여 협상은 파국으로 치달았다.

행장(行裝) | 길을 떠나거나 여행할 때에 사용하는 물건과 차림.
　　　　例 그는 행장을 갖추고 어디론가 떠나려고 서둘러 집을 나섰다.

행장(行狀) | 사람이 죽은 뒤에 그 사람의 평생의 행적을 기록한 글.
　　　　例 옛 선인들의 행장을 보면 그들의 삶 면면을 자세히 살필 수 있다.

향수(鄕愁) | 사물이나 추억에 대한 그리움.
　　　　例 그 옛날 흑백 영화는 내게 과거에 대한 향수를 불러일으켰다.

향수(享受) | 어떠한 혜택을 받아 누림.
　　　　例 지방 도시에서도 문화적 향수의 기회가 확대되어야 한다.

현상(現象) | 사물이나 어떤 작용이 드러나는 바깥 모양새.
　　　　　　 예 지구 온난화로 기후에 이상 현상이 일어나고 있다.

현상(現狀) | 나타나 보이는 현재의 상태.
　　　　　　 예 이 현상대로 몇 년을 유지할지, 혹은 몇백 년을 유지할지?

현상(懸賞) | 무엇을 모집하거나 구하거나 사람을 찾는 일 따위에 현금이나 물품 따위를 내
　　　　　　 걺.
　　　　　　 예 중편 소설 현상 공모에 응모하는 것을 고려하고 있다.

★'현(懸)'은 '매달다, 걸다'의 뜻으로 쓰이는 한자다. 그래서 '선전문·광고문 따위를 적어 걸
어 놓은 막'을 '현수막(懸垂幕)'이라 한다. 예 선거철이라 거리 곳곳에 현수막이 쳐져 있다.
또 흔히 절이나 누각, 사당, 정자 따위의 들어가는 문 위, 처마 아래에 글자나 그림을 새겨
다는 널조각을 '현판(懸板)'이라 한다. 예 박 판서는 강가에 화려한 정자를 짓고 번듯한 현판을 걸
었다.

화병(花瓶) | 관상을 위해 꽃을 꽂아 놓을 수 있게 만든 병.
　　　　　　 예 그녀는 친구가 선물한 장미를 화병에 꽂았다.

화병(火病) | 억울한 마음을 삭이지 못해서 생긴 병. 홧병(×).
　　　　　　 예 부친은 맏이인 그가 노름으로 가산을 탕진한 것 때문에 화병을 얻어 세상을 떠났다.

화병(畫瓶) | 겉면에 그림을 그린 병.
　　　　　　 예 꽃무늬가 예쁜 이 화병은 매우 비싸게 팔린다.

화장(化粧) | 화장품 따위를 얼굴에 바르고 곱게 꾸밈.
　　　　　　 예 아무리 화려한 치장과 고운 화장을 했어도 그녀는 꽤나 나이가 들어 보였다.

화장(火葬) | 시체를 불에 살라 장사(葬事)를 지냄.
　　　　　　 예 망자(亡者)의 유언에도 불구하고 가족들은 완강하게 화장을 거부하고 묘를 쓰기로
　　　　　　 결정하였다.

환기(喚起) | 주의나 여론, 생각 따위를 불러일으킴.
　　　　　　 예 당국은 새 정책에 대한 여론의 환기를 위해 대대적인 홍보 행사를 마련했다.

환기(換氣) | 탁한 공기를 맑은 공기로 바꿈.

⟨예⟩ 그는 매일 아침 일어나자마자 환기를 위해 창문을 활짝 연다.

회의(會議) | 여럿이 모여 의논함. 또는 그런 모임.

⟨예⟩ 임시 회의의 회기는 30일을 초과할 수 없다.

회의(懷疑) | 의심을 품음.

⟨예⟩ 주위 사람들의 불행이 계속되자 그는 자신의 판단과 결정을 회의하기 시작하였다.

----

2 소리는 비슷해도 **뜻**은 다른 말

학창 시절 '지연'이라는 학생과 '지현'이라는 학생이 있었다. 둘은 이름이 분명히 달랐다. 그러나 발음이 비슷하여 혼동을 일으키는 경우가 많았다. 한자어에는 사정이 비슷한 단어가 많다. 아래의 경우가 그러하다.

㉮ **지양(止揚)** : 더 높은 단계로 오르기 위하여 어떠한 것을 하지 아니함.
  예 지나치게 사변적인 교육과정을 지양하고 실천적인 교육과정을 개발할 필요가 있다.

㉯ **지향(指向)** : 정한 방향으로 나아감. 또는 그 방향.
  예 우리는 자본주의의 모순을 넘어서 복지 국가를 지향해야 한다.

그런가 하면 '민재'와 '민제'처럼 표기는 달라도 소리가 비슷하거나 같은 경우도 많다. 다음의 예를 살펴보자.

㉰ **게시(揭示)** : 여러 사람에게 알리기 위하여 내붙이거나 내걸어 두루 보게 함.
  예 합격자 명단을 교문 옆 알림판에 게시했다.

㉱ **계시(啓示)** : 깨우쳐 보여 줌.
  예 이 영화의 마지막 장면은 현대 사회가 얼마나 이기적인가를 계시하고 있다.

(라)는 [계:시]로 발음하는 것이 원칙이나 [게:시]로 발음하는 것도 표준 발음으로 인정한다. 후자로 발음할 경우 '계시'와 '게시'는 표기상으로만 구별이 될 뿐, 발음상으로는 구별이 되지 않는다. 한자어에는 이런 단어가 적지 않다.

가시적(可視的) | 눈으로 볼 수 있는.
>예 가시적 성과 / 내 작품은 가시적 아름다움보다 내면의 아름다움을 추구한다.

가식적(假飾的) | 말이나 행동 따위를 거짓으로 꾸미는. 또는 그런 것.
>예 가식적 행동 / 그의 말은 늘 가식적이기 때문에 사람들이 믿지 않는다.

거시적(巨視的) | 사물이나 현상을 전체적으로 분석·파악하는.
>예 너무 눈앞의 일만 챙기지 말고 사태를 거시적으로 보고 훗날에 대비하도록 하여라.

각별(各別) | 어떤 일에 대한 마음가짐이나 자세 따위가 유달리 특별함.
>예 그는 사진에 대한 관심이 각별하였다.

특별(特別) | 보통과 구별되게 다름.
>예 특별히 어디가 아픈 건 아니지만 기운이 없다.

★'각별하다'는 '각별하다니, 우린 아무 사이도 아니야.'와 같이도 쓰인다. 이와 관련하여 '자별(自別)하다'는 '친분이 남보다 특별하다.'의 뜻이다. '조카라지만 정이 자별하여 친자식이나 다름없는 조카였었다.'와 같이 쓴다.

간격(間隔) | 그다지 멀리 떨어져 있지 않은 두 대상 사이의 거리.
>예 책상 사이의 간격이 너무 좁아서 지나갈 수가 없네요.

간극(間隙) | 관계 속에서 생기는 입장이나 의견의 차이.
>예 그 사건 이후 두 사람 사이에는 보이지 않는 간극이 생긴 듯하다.

간주(看做) | 그렇다고 여김.
>예 오늘날 과학은 의심할 바 없는 진리로 간주되고 있다.

간주(間奏) | 한 악곡의 도중에 어떤 기분을 나타내기 위하여 연주하는 부분. 협주곡의 독주부에 끼인 관현악의 합주 부분이나 노래가 잠시 그친 사이에 연주되는 기악 반주 따위.
>예 노래의 일 절과 이 절 사이에 간주가 있다.

간조(干潮) | 바다에서 조수가 빠져나가 해수면이 가장 낮아진 상태.
>예 간조 때면 펼쳐지는 끝없이 넓은 백사장이 참 아름다운 곳이다.

간파(看破) | 드러나지 않은 일이나 숨겨진 마음 따위를 눈치나 짐작으로 앎.

예 최 부장의 수상쩍은 행동으로 나는 그가 산업 스파이임을 간파하게 되었다.

간과(看過) | 큰 관심 없이 대강 보아 넘김.

예 아무리 중요하고 좋은 일이라고 하여도 그에 따를 부작용이 간과될 수는 없다.

- -

개발(開發) | 자원 따위를 개척하여 유용한 것으로 만듦.

예 이 지역에서는 온천 개발이 한창이다.

개척(開拓) | 아무도 손대지 않은 분야의 일을 처음 시작하여 새로운 길을 닦음.

예 각국의 자본 규모가 일정 수준에 이르자 선진 자본주의 국가들은 적극적인 해외 시장 개척에 나섰다.

★'개발'은 '지식이나 재능 따위를 발달하게 함'의 뜻으로도 쓰인다. 한편 '계발(啓發)'은 '슬기나 재능, 사상 따위를 일깨워 줌'의 뜻을 나타내는 말이다. 결국 둘은 약간의 차이가 있지만 비슷한 말이다. 그러나 '개발'은 '지식이나 재능 따위를 발달하게 함'이라는 뜻 외에 '토지나 천연자원 따위를 유용하게 만듦'의 뜻으로도 쓰인다. '계발(啓發)'은 그렇지 않다. 그러니 '유전 개발/수자원 개발'과 같은 표현을 '유전 계발/수자원 계발'과 같이 쓸 수는 없다. '신제품 계발/핵무기 계발'도 마찬가지다.

- -

갱신(更新) | 계약이나 서류의 유효 기간이 만료되었을 때, 그 기간을 연장함.

예 불법 취업자들은 비자의 갱신을 위하여 6개월에 한 번씩 출국을 하곤 한다.

경신(更新) | 기록경기에서, 종전의 기록을 깨뜨리고 더 좋은 기록을 냄.

예 이번 올림픽 대회는 어느 해보다도 기록 경신이 두드러졌다.

★옷을 갈아입는 방을 의미하는 '경의실(更衣室)'의 경우 사람들이 '更' 자가 가진 두 가지의 음과 훈, 즉 '다시 갱, 고칠 경'을 혼용하여 '갱의실'이라고 하나 잘못된 말이다. '경의실'만 표준어로 삼는다. 쉽게 말하면 '경의실'은 옷을 '다시 입는 곳'이 아니고 '고쳐 입는(=갈아입는) 곳'이다. 한편 '갱생(更生)'은 '마음이나 생활 태도를 바로잡아 본디의 옳은 생활로 되돌아가거나 발전된 생활로 나아감'의 뜻이다. '갱생을 꾀하다/갱생의 길을 걷다'와 같이 쓴다.

- -

결단(決斷) | 결정적인 판단을 하거나 단정을 내림. 또는 그 판단이나 단정.

예 이윽고 그녀는 결단을 내린 듯 단호하게 "아뇨"라고 말했다.

결딴 | 살림이 망하여 거덜 난 상태.
예 이젠 집안을 아주 결딴을 내려고 하는군.

결벽(潔癖) | 유별나게 깨끗한 것을 좋아하는 성질이나 버릇.
예 그녀는 결벽이 심해 하루에 수십 번씩 손을 씻는다.

결백(潔白) | 행동이나 마음씨가 깨끗하여 아무 허물이 없음.
예 너는 결백을 주장하지만 나는 믿을 수가 없다.

결재(決裁) | 결정할 권한이 있는 상관이 부하가 제출한 안건을 검토하여 허가하거나 승인함.
예 이번 사안에 대해서는 충분한 논의가 있었고 이제 사장님의 결재만 남았다.

결제(決濟) | 대금을 주고받아 매매 당사자 사이의 거래 관계를 끝맺음.
예 그 회사는 어음을 결제하지 못해 부도 처리가 됐다.

계제(階梯) | 어떤 일을 할 수 있게 된 형편이나 기회.
예 내 처지가 이것저것 가릴 계제가 아니다.

개재(介在) | 어떤 것들 사이에 끼여 있음. '끼어듦', '끼여 있음'으로 순화.
예 이번 협상에는 수많은 변수가 개재되어 있다.

★계제(階梯)'는 본디 '계단과 사닥다리'라는 뜻이다, 이로부터 '일이 계단이나 사닥다리 밟듯이 차차 진행되는 순서'라는 뜻이 나왔다.

고식적(姑息的) | 근본적인 대책을 세우지 아니하고 임시변통(臨時變通)으로 하는.
예 여당은 이번 사태에 대해 지극히 고식적 태도를 취하고 있다.

도식적(圖式的) | 모든 사물을 일정한 형식이나 틀에 기계적으로 맞추려는 경향이 있는.
예 인간의 행위를 선과 악이라는 도식적 이분법으로 재단하는 것은 매우 위험한 사고가 아닐 수 없다.

고압적(高壓的) │ 위압적인 행동이나 태도로 남을 억누르려고 하는.

> **예** 이번 기회에 공무원들이 고압적 자세에서 벗어나 국민의 심복으로 거듭나야 한다.

고답적(高踏的) │ 현실과 동떨어진 것을 고상한 것으로 여기는 것.

> **예** 비평가들은 그의 시가 고답적인 관념의 유희에 빠져 있다고 비판했다.

고정(固定) │ 한번 정한 대로 변경하지 아니함.

> **예** 고정 인원/고정 수입/고정 출연

교정(矯正) │ 틀어지거나 잘못된 것을 바로잡음.

> **예** 말더듬이 교정/척추 교정

고취(鼓吹) │ 의견이나 사상 따위를 열렬히 주장하여 불어넣음.

> **예** 체육대회를 통해서 학생들에게 공동체 의식이 고취되었다.

고무(鼓舞) │ 힘을 내도록 격려하여 용기를 북돋움.

> **예** 조합은 회사 측의 발언을 무척 고무적으로 받아들였다.

★'고취(鼓吹)'는 '북을 치고 피리를 붊'의 뜻에서 온 말이며, '고무(鼓舞)'는 '북을 치고 춤을 춤'의 뜻에서 온 말이다. 둘은 '격려'라는 의미를 공유한다.

곤욕(困辱) │ 심한 모욕. 또는 참기 힘든 일.

> **예** 그 인기 가수는 엉뚱한 구설수에 올라 곤욕을 치렀다.

곤혹(困惑) │ 곤란한 일을 당해 어찌할 바를 모름.

> **예** 사생활에 대한 질문이 나오자 그의 얼굴에는 곤혹해 하는 표정이 역력했다.

곤경(困境) │ 어려운 형편이나 처지.

> **예** 그 친구가 곤경에 처했는데 내가 앉아만 있을 수 없지.

공중(公衆) │ 사회의 일반 사람들.

> **예** 공중을 위하여 개인을 희생하다.

공증(公證) │ 국가나 공공 단체에 의해 공적으로 증명됨.

> **예** 서류에 공증을 받는 것은 행정적 신뢰성을 확보하기 위한 절차이다.

공항(空港) | 항공 수송을 위하여 사용하는 공공용 비행장.
> **예** 공항에서 시내 호텔로 가실 때는 버스를 이용하면 편리합니다.

공황(恐慌) | 놀라움이나 두려움으로 갑자기 일어나는 심리적 불안 상태.
> **예** 그녀는 갑자기 해직 통보를 받고 나서 공황 상태에 빠졌다.

교목(喬木) | 줄기가 곧고 굵으며 높이 자란 나무. 줄기와 가지의 구별이 뚜렷하고, 줄기는 한 개이며, 땅에서부터 가지 밑동에 이르는 줄기의 높이가 높다. 소나무, 향나무, 감나무 따위가 있다.
> **예** 이 집의 정원수로는 교목이 적합하다고 생각된다.

고목(古木) | 오래 묵어 나이가 많고 키가 큰 나무.
> **예** 이 마을에는 몇백 년 묵은 고목이 몇 그루 있다.

★'교목(喬木)'에 상대되는 개념은 '관목(灌木)'이다. '관목(灌木)'은 키가 작고 원줄기와 가지의 구별이 분명하지 않으며 밑동에서 가지를 많이 치는 나무, 즉 무궁화, 진달래, 앵두나무 따위를 이르는 말이다.

구명(究明) | 사물의 본질, 원인 따위를 깊이 연구하여 밝힘.
> **예** 여기 아직 구명되지 않은 몇 가지 문제가 있어, 좀 더 깊은 연구가 필요하다.

규명(糾明) | 어떤 사실을 자세히 따져서 바로 밝힘.
> **예** 주민들은 사건의 원인 규명을 촉구하였다.

귀로(歸路) | 돌아오거나 돌아가는 길.
> **예** 그 길에는 귀로에 오른 장꾼들이 몇 있을 뿐이었다.

기로(岐路) | 어느 한쪽을 선택해야 할 상황을 비유적으로 이르는 말. 갈림길.
> **예** 우리는 성공과 실패의 기로에 있다.

기획(企劃) | 일을 꾀하여 계획함.
> **예** 이 영화의 기획을 맡은 사람은 우리 영화사 소속의 김 부장이다.

계획(計劃) | 장차 벌일 일에 대해 구체적인 절차나 방법, 규모 따위를 미리 헤아려 구상

함.

예 이번 휴가 기간 동안 무슨 계획이라도 있습니까?

★'기획(企劃)'이 일의 '무엇'에 초점을 맞춘다면, '계획(計劃)'은 일의 '어떻게'에 초점을 맞추는 것이 보통이다. 즉 새로운 사업으로 무엇을 할 것인가를 먼저 '기획'하고, 그것을 달성하기 위해 어떤 순서와 방법으로 일을 해나갈 것인지를 '계획'하게 되는 것이다. 한편 '계획'이 개인적인 일이나 조직적인 일에 두루 쓰이는 것과 달리, '기획'은 개인적인 일을 도모하는 것에는 잘 쓰이지 않는다.

ㄴ

노출(露出) │ 겉으로 드러나거나 드러냄.

예 작은 바람결에도 실내복의 앞자락이 벌어지며 그녀의 가느다란 허벅지가 그대로 노출되곤 했다.

누출(漏出) │ 비밀이나 정보 따위가 밖으로 새어 나감.

예 직원들이 정보를 밖으로 누출하지 않도록 교육을 하였다.

노정(露呈) │ 겉으로 다 드러나 보임.

예 이와 같은 분류에는 갖가지 한계가 노정되어 있다.

농단(壟斷/隴斷) │ 이익이나 권력 따위를 교묘한 수단으로 독점함.

예 한정된 사람들만이 자유와 부의 혜택을 농단해서는 안 된다.

농락(籠絡) │ 새장과 고삐라는 뜻으로, 사람을 교묘한 꾀로 속여 제 마음대로 놀림.

예 그 탈옥수는 경찰들을 농락이라도 하듯 신출귀몰하며 전국을 누비고 다녔다.

★'농단(壟斷)'은 《맹자》에 등장하는 말이다. "옛날에는 시장에서 자기에게 남는 물건을 가지고 와서 자기에게 필요한 물건과 바꾸었으며, 시장을 다스리는 관리가 있어 부정한 거래 행위를 단속하였습니다. 그러나 세금을 징수하지는 않았습니다. 그런데 그중에 한 욕심 많은 장사치가 있어 '높이 솟은 언덕(=농단)'을 차지하고는 시장 전체를 둘러보고 이리저리 뛰어다니며 시장의 모든 이익을 독차지하였습니다. 그래서 사람들이 그자를 비난하였으며 관리도 이 장사치로부터 세금을 징수하게 되었는데, 그것이 상인에게서 세금을 징수하게 된 시초였습니다."

대처(對處) | 어떤 정세나 사건에 대하여 적당한 조치를 취함.

예 이렇게 나라 경제가 어려울 때 국민이 어떻게 대처를 하는 것이 합당한 것인지 잘 모르겠다.

대체(代替) | 대신할 만한 것으로 바꿈.

예 이 선수가 부상을 입으면 대체를 할 사람이 없으니 우승이 힘들어진다.

조처(措處) | 제기된 문제나 일을 잘 정돈하여 처리함.

예 다시는 같은 일이 재발하지 않도록 단단히 조처해 주십시오.

동정(同情) | 남의 어려운 처지를 자기 일처럼 딱하고 가엾게 여김.

예 해고된 사람들에 대하여 동정적 여론이 일고 있다.

동조(同調) | 남의 주장에 자기의 의견을 일치시키거나 보조를 맞춤.

예 마을 사람들은 이장의 의견에 동조를 했다.

막역(莫逆) | 허물이 없이 아주 친함.

예 이 친구와 나는 아주 막역한 사이이다.

막연(漠然) | 갈피를 잡을 수 없게 아득함.

예 앞으로 살아갈 길이 막연하다.

망연(茫然) | 방안이나 수단 등이 떠오르지 않아 막막함.

예 아무리 생각해도 이 상황을 벗어날 길이 망연하다.

만료(滿了) | 기한이 다 차서 끝남.

예 도서 대출 기간이 만료되다.

만류(挽留) | 붙들고 못 하게 말림.

예 나는 술에 취한 친구가 운전하려는 것을 만류했다.

맹랑(孟浪) | 하는 짓이 만만히 볼 수 없을 만큼 똘똘하고 깜찍함.

예 그 꼬마는 아이답지 않게 아주 맹랑하다.

명랑(明朗) | 유쾌하고 활발함.

예 그녀는 명랑히 웃으며 아침 인사를 한다.

모사(模寫) | 사물을 형체 그대로 그림.

　　　　　　예 문학은 현실에 바탕을 두고 있지만 사실 그대로의 모사는 아니다.

묘사(描寫) | 어떤 대상이나 현상 따위를 있는 그대로 언어로 서술하거나 그림으로 그려서 나타냄.

　　　　　　예 이 소설에는 당시의 농촌 정경이 작가의 특유한 필치로 잘 묘사되었다.

★자신의 목소리로 다른 사람의 목소리나 새, 짐승 따위의 소리를 흉내 내는 일을 두고 '성대묘사'라고 하는 사람들이 있으나, '성대모사(聲帶模寫)'가 맞는 말이다. 한편 '성격묘사(性格描寫)'는 문예 작품에서 등장인물의 성격을 그려 내는 일을, '심리묘사(心理描寫)'는 소설 따위에서, 작중 인물의 심리 상태나 심리의 변화를 그려 내는 일을 이르는 말이다.

무뢰한(無賴漢) | 일정하게 하는 일도 없이 떠돌아다니며 나쁜 짓을 하는 사람.

　　　　　　예 그런 무뢰한은 한번 된통 혼이 나야 해요.

문외한(門外漢) | 어떤 일에 전문적 지식이나 조예가 없는 사람.

　　　　　　예 그들이 산삼이라고 가져온 것들은 문외한의 눈으로도 가짜처럼 보였다.

무리(無理) | 이치에 맞지 않거나 알맞은 정도에서 벗어남.

　　　　　　예 이번 사업은 우리의 힘으론 무리인 것 같다.

물의(物議) | 여러 사람이 어떤 사람이나 단체에 대해 이러니저러니 하는 논의나 평판.

　　　　　　예 다른 사람에 대하여 쓸데없는 말을 하여 물의를 자아내다.

묵살(默殺) | 남의 말이나 요청, 의견 따위를 듣고도 일부러 무시하고 받아들이지 않거나 문제시 않음.

　　　　　　예 그녀의 새로운 계획은 사장의 일방적인 묵살로 채택되지 않았다.

몰살(沒殺) | 모조리 다 죽임.

　　　　　　예 한국 전쟁 당시 분이네 가족은 몰살을 당하고 그녀만 겨우 살았다.

미력(微力) | '적은 힘' 또는 '힘이 적다'는 뜻으로, 남을 위하여 애쓴 자신의 힘을 겸손하게 이르는 말.

⟨예⟩ 미력이나마 내가 도움을 줄 수 있어서 또한 기쁘다.

미련(未練) | 깨끗이 잊지 못하고 끌리는 데가 남아 있는 마음.

⟨예⟩ 아이는 동생에게 물려준 장난감에 미련이 남은 듯 자꾸 그 장난감을 넘어다보았다.

반포(頒布) | 세상에 널리 퍼뜨려 모두 알게 함.

⟨예⟩ 세종대왕은 1443년에 한글을 창제하였으며 3년 후에 이를 반포하였다.

발표(發表) | 어떤 사실이나 결과, 작품 따위를 세상에 널리 드러내어 알림.

⟨예⟩ 소비자 보호 단체의 발표에 따르면, 식품 유통 기한 위반 사례가 늘고 있다고 한다.

배포(配布) | 신문이나 책자 따위를 널리 나누어 줌.

⟨예⟩ 합법적인 선거 홍보물은 각 가정으로 배포될 수 있다.

발송(發送) | 물건, 편지, 서류 따위를 우편이나 운송 수단을 이용하여 보냄.

⟨예⟩ 시사회 초청장을 회원들에게 발송했다.

반송(返送) | 도로 돌려보냄.

⟨예⟩ 친구에게 보낸 편지가 주소 불명이란 도장이 찍혀서 집으로 반송되었다.

발호(跋扈) | 권세나 세력을 제멋대로 부리며 함부로 날뜀.

⟨예⟩ 다시는 외척 세력이 발호하지 못하도록 조치했다.

발효(發效) | 조약, 법, 공문서 따위의 효력이 나타남.

⟨예⟩ 새 국제법이 발효됨으로써 국제적 갈등을 해소하고 협력을 촉진할 수 있게 되었다.

방자(放恣) | 어려워하거나 조심스러워하는 태도가 없이 무례하고 건방짐.

⟨예⟩ 어른 앞에서 방자하게 굴지 마라.

빙자(憑藉) | 말막음을 위하여 핑계로 내세움.

⟨예⟩ 범인은 사기 및 혼인 빙자 간음 혐의로 구속됐다.

방증(傍證) | 사실을 직접 증명할 수 있는 증거가 되지는 않지만, 주변의 상황을 밝힘으로써 간접적으로 증명에 도움을 줌.

⟨예⟩ 그녀가 이번에 발견한 자료는 독도가 우리 땅이라는 사실을 방증해 줄 만하다.

반증(反證) | 어떠한 주장에 대해 반대되는 논거를 들어 증명함.
　　　　　　(예) 그 결론은 과학적 방법에 의해 반증이 가능합니다.

- -

번복(飜覆) | 진술이나 주장, 입장 따위를 이리저리 고쳐 뒤집음.
　　　　　　(예) 팬들은 그 선수의 은퇴 번복에 대해 싸늘한 태도를 보였다.

반복(反復) | 거듭해서 되풀이함.
　　　　　　(예) 안무에 반복이 되는 동작이 많아서 크게 어렵진 않을 겁니다.

- -

병력(兵力) | 군대의 힘.
　　　　　　(예) 병력을 증강하다./막강한 병력의 군대

병역(兵役) | 국민으로서 법률에 의해 군인으로 종사해야 하는 의무.
　　　　　　(예) 병역의 의무를 다하다.

- -

보상(補償) | 국가 또는 공공 단체가 적법한 행위에 의하여 국민이나 주민에게 가한 재산상
　　　　　　의 손해나 손실을 보충하기 위하여 제공하는 대가.
　　　　　　(예) 도로 확장으로 인한 손해에 대해 보상이 이루어졌다.

배상(賠償) | 적법하지 않게 남의 권리를 침해한 사람이 그 손해를 물어 줌.
　　　　　　(예) 나는 잃어버린 그의 만년필을 돈으로 배상할 수밖에 없었다.

- -

보우(保佑) | 보호하고 도와줌.
　　　　　　(예) 천지신명이시여, 저희를 길이 보우해 주심을 바라나이다.

보호(保護) | 위험이나 곤란 따위가 미치지 아니하도록 잘 보살펴 돌봄.
　　　　　　(예) 국민의 생명과 재산을 보호하다.

★애국가 '동해물과 백두산이 마르고 닳도록 하느님이 보우하사 우리나라 만세. 무궁화 삼
천리 화려 강산 대한 사람 대한으로 길이 보전하세.'에서 '보우(保佑)하사'를 '보호(保護)하
사'로 잘못 알고 있는 이들이 있다. '보우(保佑)'가 맞는다. 보호하고 도와준다는 뜻이다.

- -

보전(保全) | 온전하게 잘 지키거나 유지함.
　　　　　　(예) 우리 고장의 문화재는 주민들의 노력으로 잘 보전되고 있다.

보존(保存) | 잘 간수하여 남아 있게 함.
> (예) 장기간 보존을 하시려면 반드시 냉장 보관을 하십시오.

본의(本意) | 본래의 의도나 생각.
> (예) 그녀는 본의 아니게 이 일에 말려들게 되었다.

본위(本位) | 판단이나 행동의 기본으로 삼는 표준.
> (예) 요즘 인사 평가는 점점 능력 본위로 되어 가고 있다.

번의(飜意/翻意) | 먹었던 마음을 뒤집음.
> (예) 하루에도 몇 번씩 번의를 거듭하다.

부흥(復興) | 쇠퇴하였던 것이 다시 일어남.
> (예) 휴전이 성립된 후, 대한민국은 황폐한 국토의 재건과 부흥에 전력을 기울였다.

부응(副應) | 어떤 요구나 기대 따위에 좇아서 응함.
> (예) 기대에 부응하다./시대적 요청에 부응하다.

분화(分化) | 사물이 단순하거나 같은 성질을 지닌 것에서 복잡하거나 이질적인 것으로 갈려 나감.
> (예) 산업이 전문화되면서 직업의 분화는 자연스러운 추세가 되었다.

분할(分割) | 둘 또는 그 이상으로 나누어 쪼갬.
> (예) 이 회사는 신입 사원을 상반기에 50퍼센트, 하반기에 50퍼센트씩 분할 모집을 한다.

불고(不顧) | 돌아보지 않음.
> (예) 내가 염치 불고하고 또 이렇게 자네에게 부탁을 하게 됐구먼그래.

불구(不拘) | 얽매여 거리끼지 아니함.
> (예) 몸살에도 불구하고 출근하다.

★흔히 '염치 불구하고'라고 하지만, '염치 불고하고'가 올바른 표현이다. '불구(不拘)하다'는 '얽매여 거리끼지 아니하다'는 뜻의 동사다. '그런 엄청난 비리를 저질렀는데도 불구하고 의원면직 처리되는 데 그쳤다.'와 같이 주로 '–에도/–음에도/ㄴ데도 불구하고' 형태로 사용된다. '염치 불구하고', '체면 불구하고'처럼 명사 바로 뒤에 쓰이는 일은 없다. 한편 '불고(不顧)

하다'는 '돌아보지 아니하다'는 뜻의 단어다. '염치 불고하고'는 '염치를 돌아보지 않는다'는 뜻이다. '불고하고'는 문어적인 표현이므로 일상생활에서는 '염치없지만' '염치없는 줄 알지만' 등으로 사용하는 게 자연스럽다.

불리(不利) | 이롭지 아니함.
　　　　　　예 일이 우리에게 불리하게 되었다.

분리(分離) | 서로 나뉘어 떨어짐. 또는 그렇게 되게 함.
　　　　　　예 소유와 경영을 분리하다.

불의(不意) | 미처 생각하지 않았던 판.
　　　　　　예 불의의 습격을 받아 대응이 쉽지 않았다.

불의(不義) | 의리, 도의, 정의 따위에 어긋남.
　　　　　　예 그는 불의한 방법으로 재산을 쌓았다.

불손(不遜) | 말이나 행동 따위가 버릇없거나 겸손하지 못함.
　　　　　　예 그는 손님들을 불손히 맞이했다.

불순(不純) | 딴 속셈이 있어 참되지 못함.
　　　　　　예 그 사람, 어쩐지 마음이 불순해 보여서 가까이 올 때마다 불쾌하다.

불경(不敬) | 경의를 표해야 할 자리에서 무례함.
　　　　　　예 그 신하는 왕 앞에서 칼을 차고 큰소리를 치는 불경을 저질렀다.

비고(備考) | 문서 따위에서, 그 내용에 참고가 될 만한 사항을 보충하여 적는 것.
　　　　　　예 비고란은 그냥 비워 두셔도 괜찮습니다.

비교(比較) | 둘 이상의 사물을 견주어 유사점, 차이점 따위를 고찰하는 일.
　　　　　　예 능력 면에서 그 두 사람은 서로 비교되기 어렵다.

ㅅ

사사(師事) | 스승으로 섬김. 또는 스승으로 삼고 가르침을 받음.
　　　　　　예 그는 김 선생에게서 판소리를 사사하였다.

사숙(私淑) | 직접 가르침을 받지는 않았으나 마음속으로 그 사람을 본받아서 도나 학문을 닦음.

예) 톨스토이를 사숙했던 그녀는 정통 교리에서 탈피한 신앙을 갖게 되었다.

상보(相補) | 서로 모자란 부분을 보충함.
예) 창작과 비평은 서로 상보적인 관계에 놓여 있다.

상부(相扶) | 서로 도움.
예) 학교와 기업이 상부하면 일의 효율을 높일 수 있다.

상영(上映) | 영화나 영상을 영사기나 비디오 등을 통해서 영사(映寫)하여 보여 줌.
예) 이 영화는 심야 상영으로 인기를 끌었다.

상연(上演) | 연극 따위를 무대에서 실행하여 관객에게 보이는 일.
예) 희곡은 무대 상연을 전제로 하는 문학이다.

선망(羨望) | 부러워하여 바람.
예) 컴퓨터 프로그래머는 많은 젊은이가 선망하는 직업이다.

선방(善防) | 잘 막아 냄.
예) 골키퍼가 상대의 슛을 선방했으니 망정이지 하마터면 질 뻔했다.

섭력(涉歷) | 물을 건너고 산을 넘는다는 뜻으로, 여러 경험을 많이 함을 이르는 말.
예) 여러 가지 일을 섭력해서 경험이 풍부하다.

섭렵(涉獵) | 물을 건너 찾아다닌다는 뜻으로, 많은 책을 널리 읽거나 여기저기 찾아다니며 경험함을 이르는 말.
예) 언니가 그 기간 동안 섭렵한 책들만 해도 300권이 넘는다.

★여러 가지 경험을 많이 한다는 의미로 '섭력'과 '섭렵'을 모두 쓸 수 있다. 하지만 "그는 재무부 관료 출신으로서 은행, 증권, 보험 등을 섭력하면서 금융 전반에 관한 전문지식과 다양한 경험을 갖춘 사람이다."처럼 '경력이 많음'의 뜻으로는 주로 '섭력'을 쓴다. 한편 "그는 어지간한 국어학 논문은 거의 다 섭렵했다."처럼 '독서량이 많음'의 뜻으로는 주로 '섭렵'이 쓰인다.

성가(聲價) | 세상의 좋은 소문이나 평판.
　　　　　예 그 감독은 국제 영화제에서 상을 받은 뒤로 더욱 성가가 높아졌다.

성과(成果) | 일이 이루어진 결과.
　　　　　예 우리들은 이번 행사에서 기대 이상의 성과를 올렸다.

성수기(盛需期) | 상품이나 서비스의 수요가 많은 시기.
　　　　　예 음료수와 빙과의 성수기는 여름이다.

성숙기(成熟期) | 사람의 정신과 육체의 발육이 한창인 때.
　　　　　예 성숙기의 청소년은 영양분을 충분히 섭취해야 한다.

★'성수기(盛需期)'의 상대 개념, 즉 상품이나 서비스의 수요가 많지 않은 시기를 이르는 말은 '비수기(非需期)'이다. 또 '성숙기(成熟期)'의 상대 개념, 즉 완전히 무르익는 시기를 이르는 말은 '완숙기(完熟期)'이다.

성패(成敗) | 일의 성공과 실패.
　　　　　예 광고의 성패는 매출액 변화의 중요한 원인으로 작용할 수가 있다.

승패(勝敗) | 승리와 패배를 아울러 이르는 말.
　　　　　예 선거에서의 승패는 후보자 자신의 지도자로서의 역량과 경륜에 달려 있다.

소산(所産) | 어떤 사건이나 물질적, 정신적 활동의 결과로 생겨나는 바.
　　　　　예 이번 논문은 그녀의 기나긴 노력의 소산이다.

소생(所生) | 자기가 낳은 아들이나 딸.
　　　　　예 그 부부는 결혼한 지 10년이 다 되도록 소생이 없었다.

소지(所持) | 물건 따위를 가지고 있는 일.
　　　　　예 신용 카드는 현금 소지에 따른 불편과 분실 위험을 덜어 준다.

소진(消盡) | 점점 줄어들어 다 없어짐. 또는 다 써서 없앰.
　　　　　예 하루 종일 청소를 하고 나니 힘이 다 소진되었다.

소집(召集) | 단체나 조직체의 구성원을 불러서 모음.
　　　　　예 회장은 즉시 이사들을 소집하여 대책을 의논하였다.

수집(蒐集) | 취미나 연구를 위하여 여러 가지 물건이나 재료를 찾아 모음.

　　　　예 동생은 그림을 공부하면서도 음반을 수집하는 취미가 있다.

소화물(小貨物) | 여객 열차로 신속히 운송되는, 수하물 이외의 작고 가벼운 화물.

　　　　예 기차에서는 소화물에 특별한 요금을 부과하지 않는다.

수하물(手荷物) | 손에 간편하게 들고 다닐 수 있는 정도의 작고 가벼운 짐.

　　　　예 더 큰 혼잡은, 이들이 양손에 잔뜩 들고 온 엄청나게 많은 수하물들이다.

시찰(視察) | 직접 돌아다니며 둘러보고 실제의 사정을 살핌.

　　　　예 그 도시는 산업 시찰로 처음 그곳에 갔을 때와는 비교도 안 될 만큼 발전해 있었다.

사찰(査察) | 조사하여 살피는 일.

　　　　예 북한은 국제 원자력 기구의 사찰을 거부했다.

순시(巡視) | 돌아다니며 사정을 보살핌.

　　　　예 대통령이 지방 도시를 순시하였다.

시체(屍體) | 죽은 사람의 몸을 이르는 말.

　　　　예 시체 다섯 구를 매장하다.

사체(死體) | 사람 또는 동물 따위의 죽은 몸뚱이.

　　　　예 'TV 동물농장'에서 고양이 사체를 지키는 한 새끼 고양이의 뭉클한 사연이 소개됐다.

★죽은 사람의 몸을 이르는 말로는 '시체' 말고도 '주검'과 '송장'이 더 있다. '주검'과 '송장'을 점잖게 이르는 말은 '시신(屍身)'이다. 한편 시체나 시신을 세는 단위어는 '구(具)'이다.

실색(失色) | 놀라서 얼굴빛이 바뀜.

　　　　예 그녀는 전보(電報)를 보자마자 실색하여 주저앉았다.

질색(窒塞) | 몹시 싫어하거나 꺼림.

　　　　예 잔소리는 질색이야.

★'대경실색(大驚失色)'은 '몹시 놀라 얼굴빛이 하얗게 질림'의 뜻으로 쓰는 말이다. '도둑놈이 밤새 감쪽같이 줄행랑을 쳤으니 경찰은 대경실색할 노릇이었다.'와 같이 쓴다. '대경질색'으로 잘못 쓰는 사람들도 있다.

심정(心情) | 사람의 내면으로부터 일어나는 감정이나 심리.
> 예 그녀는 괴로운 심정을 친구에게 털어놓았다.

심증(心證) | 주관적 의식 상태나 확신의 정도.
> 예 심증만 있을 뿐 물증이 없다.

안심(安心) | 모든 걱정을 떨쳐 버리고 마음을 편히 가짐.
> 예 여행 가는 데에 선생님이 따라가신다니 안심이다.

안식(安息) | 편히 쉼.
> 예 도시 생활로 찌들었던 그는 고향에서 안식을 찾았다.

안이(安易) | 너무 쉽게 여기는 태도나 경향.
> 예 일을 너무 안이하게 생각한다.

안일(安逸) | 무엇을 쉽고 편안하게 생각하여 관심을 적게 두는 태도.
> 예 작업 현장에서의 안일한 자세는 자칫하면 안전사고를 일으킬 수 있다.

여과(濾過) | 거름종이나 여과기를 써서 액체 속에 들어 있는 침전물이나 입자를 걸러 내는 일.
> 예 정수기의 여과 필터는 일정 기간마다 교체해야 한다.

여가(餘暇) | 일이 없어 남는 시간.
> 예 일이 바빠서 여가가 없다.

여부(與否) | 그러함과 그러하지 아니함.
> 예 사실 여부를 확인하다./생사 여부를 묻다.

여하(如何) | 그 형편이나 정도가 어떠한가의 뜻을 나타내는 말.
> 예 성공은 노력 여하에 달려 있다./반성 여하에 따라 형량을 조절할 수 있다.

★흔히 '진위 여부를 밝히다'와 같은 표현을 쓴다. 하지만 '진위 여부'는 너더분한 표현이다. '진위(眞僞)'에 이미 '여부(與否)'란 의미가 내포되어 있으므로 '진위를 밝히다'로 족하다. 비슷한 이치로 '성패 여부를 떠나'는 '성패를 떠나' 또는 '성공 여부를 떠나'라고 해야 자연스럽다. '여부' 앞에 상반(相反)되는 의미를 내포하는 단어가 오면 간결한 표현이 되기 어려운 것이다.

역설(逆說) | 어떤 주장이나 이론이 겉보기에는 모순되는 것 같으나 그 속에 중요한 진리가 함축되어 있음.

> 예 영어 공부를 하면 할수록 역설적으로 우리말을 연구해야겠다는 생각이 더 든다.

역설(力說) | 자기의 뜻을 힘주어 말함.

> 예 선생님은 어휘력의 중요성에 대하여 역설했다.

억설(臆說) | 근거도 없이 억지로 고집을 세워서 우겨 댐. 또는 그런 말.

> 예 아니, 그런 억설이 어디 있습니까? 제가 선생님을 이용해 먹었다니요.

연결(連結) | 사물과 사물 또는 현상과 현상이 서로 이어지거나 관계를 맺음.

> 예 도서관은 지하철과 바로 연결되어 있어서 찾기 쉬웠다.

영결(永訣) | 죽은 사람과 산 사람이 서로 영원히 헤어짐.

> 예 부친을 영결하다.

영속(永續) | 영원히 계속함.

> 예 그는 그의 권력을 영속할 수 있는 것으로 생각했다.

연속(連續) | 끊이지 아니하고 죽 이어지거나 지속함.

> 예 비슷한 사건이 연속으로 일어났다.

왜적(倭敵) | 적으로서의 일본이나 일본인.

> 예 모두들 얼굴엔 한번 죽어 왜적을 무찔러 버리자는 굳은 결심이 서려있다.

외적(外敵) | 외국으로부터 쳐들어오는 적.

> 예 외적을 물리치다.

우월(優越) | 다른 것보다 나음.

> 예 경제적 우월/신체적인 우월/우월 의식

우열(優劣) | 나음과 못함.

> 예 실력의 우열/두 사람의 국어 실력은 우열을 가리기가 어렵다.

운영(運營) | 조직이나 기구, 사업체 따위를 운용하고 경영함.

> 예 언니는 학원을 운영하여 나온 수익금으로 불우 이웃을 도왔다.

운용(運用) | 무엇을 움직이게 하거나 부리어 씀.
　　　　　　 예 그는 적은 사업 자금이지만 잘 운용하여 갑부가 되었다.

유명(有名) | 이름이 널리 알려져 있음.
　　　　　　 예 진도군은 진돗개로 유명하다.

유망(有望) | 앞으로 잘될 것 같은 희망이나 전망이 있음.
　　　　　　 예 전도가 유망한 회사에 취직하다.

★'유명세(有名稅)'는 세상에 이름이 널리 알려진 탓으로 겪게 되는 어려움이나 불편을 세금에 비유하여 이르는 말이다. 예 영화배우 김 씨는 이번 스캔들로 유명세를 톡톡히 치렀다.

유래(由來) | 사물이나 일이 생겨남. 또는 그 사물이나 일이 생겨난 바.
　　　　　　 예 이 민속 행사의 유래는 신라 때로 거슬러 올라간다.

유례(類例) | (주로 없거나 적다는 뜻의 서술어와 함께 쓰여) 같거나 비슷한 예.
　　　　　　 예 그들의 잔혹한 통치 정책은 세계에서 유례를 찾기 힘든 것이다.

의견(意見) | 어떤 대상에 대하여 가지는 생각.
　　　　　　 예 의견을 주고받다./부모님의 의견에 따르다.

이견(異見) | 어떠한 의견에 대한 다른 의견. 또는 서로 다른 의견.
　　　　　　 예 그의 말에는 이견을 달 여지가 없었다.

의논(議論) | 어떤 일에 대하여 서로 의견을 주고받음. 의론(×).
　　　　　　 예 그는 한마디 의논도 없이 제멋대로 결정했다.

이론(異論) | 다른 이론(理論)이나 의견.
　　　　　　 예 그에게 이론을 제기할 사람은 아무도 없었다.

인척(姻戚) | 혼인 관계를 통하여 맺어진 친척.
　　　　　　 예 일제는 친일파 외에도 왕가의 모든 인척에게 작위를 수여하였다.

친척(親戚) | 자기의 혈족이나 혼인 관계를 통해 혈연적으로 관계가 있는 일정한 범위의 사람들.
　　　　　　 예 최고 권력자의 친척이 정부의 요직을 차지하고 있는 경우가 아직도 있단 말이냐?

★'인척'은 결혼의 유대에 의해 발생하는 친족 관계이다. 예를 들어 아버지와 아들의 관계가 혈통의 관계임에 비해, 장인과 사위는 인척 관계인 것이다. 한편 '일가(一家)'는 성과 본이 같은 겨레붙이를 이르는 말이다.

일탈(逸脫) | 정해진 영역 또는 본디의 목적이나 길, 사상, 규범, 조직 따위로부터 빠져 벗어남.
> 예 원래의 목표에서 일탈된 행위가 생겨나고 있다.

이탈(離脫) | 어떤 범위나 대열 따위에서 떨어져 나오거나 떨어져 나감.
> 예 부대를 이탈한 군인들은 군법에 따라 처벌을 받는다.

임산부(妊産婦) | 아이를 뱄거나 갓 낳은 여자.
> 예 임산부로 북적이는 산부인과.

임신부(妊娠婦) | 아이를 밴 여자. =임부(妊婦).
> 예 임신부는 태교를 위해 말과 행동, 마음가짐, 음식 등을 조심해야 한다.

임차(賃借) | 돈을 내고 남의 물건을 빌려 씀. '세냄'으로 순화.
> 예 은행 돈을 빌려 사무실을 임차하였다.

임대(賃貸) | 돈을 받고 자기의 물건을 남에게 빌려 줌.
> 예 건물주는 건물 전체를 은행에 임대하였다.

★전세나 월세와 관련하여 집이나 방을 빌려주는 입장인 '집주인'을 이르는 말은 '임대인(賃貸人)'이고, 세 들어 사는 입장인 '세입자'를 이르는 말은 '임차인(賃借人)'이다. 그러니 셋집살이를 하는 것은 남의 집을 '임차'해서 사는 것이지 '임대'해서 사는 것이 아니다.

ㅈ

자부(自負) | 자기 자신 또는 자기와 관련되어 있는 것에 대하여 스스로 그 가치나 능력을 믿고 마음을 당당히 가짐.
> 예 그는 자신이 개혁의 선봉임을 자부하고 있다.

자처(自處) | 자기를 어떤 사람으로 여겨 그렇게 처신함.
> 예 그는 자신을 세상을 구원할 유일한 구세주라고 자처하고 다녔다.

자인(自認) 스스로 인정함.
> **예** 그는 그 일에 대하여 자신의 실수를 자인하였다.

자임(自任) 어떤 일에 대하여 자기가 적임이라고 자부함.
> **예** 그는 자신만이 그 일을 할 수 있다고 자임하고 있다.

자칭(自稱) (신분, 직함, 이름 따위를 나타내는 명사나 명사구 앞에 쓰여) 실제로 어떻든지 상관하지 아니하고 집단으로 어떤 신분, 직함, 이름을 가지고 있다고 자기가 스스로 이르는 말.
> **예** 자칭 도사라는 사람의 터무니없는 말에 모두들 속아 넘어갔다.

사칭(詐稱) 이름, 직업, 나이, 주소 따위를 거짓으로 속여 이름.
> **예** 김 씨는 공무원을 사칭한 죄로 구속되었다.

자학(自虐) 자기를 스스로 괴롭히거나 가혹하게 대함.
> **예** 그는 자신이 아무 쓸모도 없는 놈이라고 자학하며 괴로워했다.

자해(自害) 자기 몸을 스스로 다치게 함.
> **예** 그들은 팔을 자해를 하며 협박하였다.

작렬(炸裂) 운동 경기에서, 골이나 홈런 따위가 통쾌하게 성공함을 비유적으로 이르는 말.
> **예** 후반전 십 분을 남겨 두고 두 골을 거푸 작렬을 시킨 우리 선수단이 자랑스러웠다.

작열(灼熱) 태양이나 불 따위가 몹시 뜨겁게 타오름.
> **예** 우리는 태양이 작열하는 바닷가에 누워 모래찜질을 즐겼다.

잠재적(潛在的) 겉으로 드러나지 않고 숨은 상태로 존재하는.
> **예** 구경만 하고 나가는 손님도 잠재적 고객인 만큼 좋은 인상을 심어 주어야 한다.

잠정적(暫定的) 우선 임시로 정한.
> **예** 회의에 참석한 사람은 잠정적 합의에 따르기로 했다.

잡념(雜念) 여러 가지 잡스러운 생각.
> **예** 잡념을 떨쳐 버리다./잡념이 사라지다.

집념(執念) | 한 가지 일에 매달려 마음을 쏟음.
　　　　예 그는 꼭 이기고야 말겠다는 집념에 불타올랐다.

장애(障礙) | 신체 기관이 제대로 기능하지 못하거나 정신 능력에 결함이 있는 상태.
　　　　예 봄에는 황사 때문에 호흡기 장애를 겪는 사람들이 많다.

장해(障害) | 어떤 일을 하는 데 거치적거리며 방해함.
　　　　예 우리 둘 사이엔 장해될 게 아무것도 없다.

재고(再考) | 어떤 일이나 문제 따위에 대하여 다시 생각함.
　　　　예 그 계획에 대해 재고해 달라는 요청을 받았다.

제고(提高) | 쳐들어 높임.
　　　　예 회사에서 생산성을 제고하기 위하여 여러 가지 아이디어를 모았다.

재물(財物) | 돈이나 값나가는 물건을 통틀어 이르는 말.
　　　　예 도적들은 마구잡이로 백성들을 죽이고 재물을 빼앗아 가곤 하였다.

제물(祭物) | 희생이 되는 물건이나 사람 따위.
　　　　예 마치 그들의 시련을 제물로 하여 우리의 현재를 축복하는 듯하다.

적응(適應) | 일정한 조건이나 환경 따위에 맞추어 응하거나 알맞게 됨.
　　　　예 그 사람은 새로운 환경에 적응을 잘한다.

적용(適用) | 알맞게 이용하거나 맞추어 씀.
　　　　예 새로 발견한 원리를 신제품 개발에 적용했다.

전가(轉嫁) | 잘못이나 책임을 다른 사람에게 넘겨씌움.
　　　　예 자신의 잘못을 하수인에게 전가하려고 했다.

전과(轉科) | 병과(兵科)나 학과 따위를 옮김.
　　　　예 국문학과에서 철학과로 전과하다.

전형적(典型的) | 어떤 부류의 특징을 가장 잘 나타내는. 또는 그런 것.
　　　　예 여인은 흑발에 연갈색 피부의 몸집이 자그마한 전형적인 동양인이었다.

전향적(前向的) | 어떤 대상에 대한 태도가 긍정적인.
> 예 국민들의 여론을 감안한 정부의 전향적 자세가 요구되는 바입니다.

전횡(專橫) | 권세를 혼자 쥐고 제 마음대로 함. '독선적 행위', '마음대로 함'의 뜻.
> 예 황제께 아부하고 아첨하여 국가의 권력을 전횡하던 간신들의 말로는 비참했다.

종횡(縱橫) | (주로 '종횡으로' 꼴로 쓰여) 거침없이 마구 오가거나 이리저리 다님.
> 예 도우미인 캐디는 골퍼가 필요로 하는 채를 들고 골프장을 종횡으로 누빕니다.

정실(情實) | 사사로운 정이나 관계에 이끌리는 일.
> 예 관리의 임명은 정실이 아니라 재능에 따라 해야 한다.

내실(內實) | 내적인 가치나 충실성.
> 예 지금은 규모를 키울 때가 아니라 내실을 다져야 하는 시기다.

조악(粗惡) | 제품의 품질 따위가 거칠고 나쁨.
> 예 품질이 조악한 중국산 컴퓨터가 시장을 잠식해 들어오고 있다.

조잡(粗雜) | 말이나 행동, 솜씨 따위가 거칠고 잡스러워 품위가 없음.
> 예 플라스틱으로 조잡하게 만든 장난감이라 별로 안 비싸다.

조정(調整) | 어떤 기준이나 실정에 맞게 정돈함.
> 예 등교 시간을 아침 9시로 조정했다.

조종(操縱) | 비행기나 선박, 자동차 따위의 기계를 다루어 부림.
> 예 현대의 첨단 무기들은 컴퓨터에 의해 제어되고 조종된다.

조절(調節) | 균형이 맞게 바로잡음. 또는 적당하게 맞추어 나감.
> 예 그 선수는 컨디션 조절에 실패하여 중도에서 탈락했다.

조찬(朝餐) | 손님을 초대하여 함께 먹는 아침 식사.
> 예 대통령이 야당 지도자들을 초청하여 조찬을 함께 하며 간담회를 가졌다.

조반(朝飯) | 아침에 끼니로 먹는 밥.
> 예 그는 아침 일찍 조반을 지어 먹고 출근을 했다.

조반(早飯) | 아침밥을 먹기 전에 간단하게 먹는 음식.

예 조반으로 죽을 좀 먹고 일찍 집을 나섰다.

★'자릿조반(——早飯)'은 아침에 잠에서 깨어나는 대로 그 자리에서 먹는 죽이나 미음 따위의 간단한 식사를 이르는 말이다. 또 '조반상(朝飯床)'은 '아침밥을 차린 상'을 이르는 말이다. 한편 손님을 초대하여 함께 먹는 점심 식사는 '오찬(午餐)'이라 하고, 손님을 초대하여 함께 먹는 저녁 식사는 '만찬(晚餐)'이라 한다.

존영(尊影) | 남의 화상(畫像)이나 사진을 높여 이르는 말.
　　　　　예 군사정권 시절에는 단군 존영이 철폐되고 단군기원 연호도 사라졌다.

존안(尊顔) | 남의 얼굴을 높여 이르는 말.
　　　　　예 다시 이 세상에서 그 자애가 깊으신 존안을 뵈올 수 없으니 아아 슬프고 아프다.

종용(慫慂) | 잘 설득하고 달래어 권함.
　　　　　예 회사에서는 결혼한 여직원들에게 퇴직을 종용하고 있습니다.

중용(重用) | 중요한 자리에 임용함.
　　　　　예 고려 시대에는 문신을 요직에 중용하였다.

종주(縱走) | 능선을 따라 산을 걸어, 많은 산봉우리를 넘어가는 일.
　　　　　예 지리산의 노고단과 천왕봉을 종주하다.

종단(縱斷) | 남북의 방향으로 건너가거나 건너옴.
　　　　　예 그들은 온갖 고생을 겪으며 대륙을 종단했다.

좌천(左遷) | 낮은 관직이나 지위로 떨어지거나 외직으로 전근됨.
　　　　　예 내가 왜 지방으로 좌천됐는지 알아?

자천(自薦) | 스스로 자기 자신을 추천함.
　　　　　예 선거철이 되면 자천 또는 타천으로 나서는 사람들이 많다.

주관(主管) | 어떤 일을 책임을 지고 맡아 관리함.
　　　　　예 구청에서는 이번 연말에 구민들을 위한 음악회를 주관하였다.

주최(主催) | 행사나 모임을 주장하고 기획하여 엶.

> 예) 구청에서 불우 이웃 돕기 바자회를 주최했다.

★'주관(主管)'과 '주최(主催)'는 그 뜻을 변별하기가 쉽지 않다. 대체로 '주최'는 어떤 일 또는 행사에 대하여 계획하거나 최종 결정을 하며 이에 따르는 책임을 질 때 쓴다. '주관'은 어떤 일 또는 행사에 대하여 집행(실무 처리)할 때 쓴다.

주재(主宰) | 어떤 일을 중심이 되어 맡아 처리함.
> 예) 이번 회의는 대통령이 직접 주재할 것이다.

주재(駐在) | 어떤 곳에 직무상으로 파견되어 머물러 있음.
> 예) 미국 지사에 주재하였던 최 부장이 이번 발령으로 귀국할 예정이다.

중재(仲裁) | 분쟁에 끼어들어 쌍방을 화해시킴.
> 예) 그는 늘 논쟁을 중재하는 역할을 맡았다.

주효(奏效) | 어떤 일에 효과를 나타냄.
> 예) 그의 전략은 야간 전투에 주효했다.

주요(主要) | 주되고 중요함.
> 예) 그 백화점의 주요 고객은 주부이다.

즉효(卽效) | 곧바로 나타나는 효력. 직효(×).
> 예) 감기에는 이 약이 즉효랍니다.

준동(蠢動) | 벌레 따위가 꿈적거린다는 뜻으로, 불순한 세력이나 보잘것없는 무리가 법석을 부림을 이르는 말.
> 예) 변방의 무리들이 준동하여 왕권을 침탈하려 하였다.

주동(主動) | 주체가 되어 어떤 일을 일으키거나 능동적으로 행함.
> 예) 네가 이번 집단행동을 주동하였다는 게 사실이냐?

준족(駿足) | 빠르게 잘 달리는 사람.
> 예) 그는 10개 구단 선수 중에서 주력만 놓고 보면 '톱 5'에 들 정도로 준족이다.

준척(準尺) | 낚시에서, 길이가 거의 한 자에 가까운 물고기를 이르는 말.
> 예) 올해 FA 시장에서는 대어급 선수는 없으나 준척 수준의 선수는 제법 있다는 게 야구계의 평가다.

즉결(卽決) | 그 자리에서 곧 결정함. 또는 그런 결정에 따라 마무리를 지음.
> 예 즉결 심의/즉결 즉행/만약 지휘관의 명령에 불복종하거나 대열에서 이탈하는 자는 즉결 총살이다.

직결(直結) | 사이에 다른 것이 개입되지 아니하고 직접 연결됨. 또는 사이에 다른 것을 개입하지 않고 직접 연결함.
> 예 환경 문제는 인간의 생존과 직결된다.

질정(叱正) | 꾸짖어 바로잡음.
> 예 책이 출판된 뒤 그는 독자들로부터 많은 격려와 질정을 받았다.

질책(叱責) | 꾸짖어 나무람.
> 예 아버지는 제멋대로 행동하는 동생을 호되게 질책하셨다.

힐책(詰責) | 잘못된 점을 따져 나무람.
> 예 선생님의 힐책이 두려워 언제까지 진실을 숨기고 있을 수는 없다.

견책(譴責) | 잘못을 꾸짖고 나무람.
> 예 초과 근무 수당을 편법으로 챙긴 공무원들에게 견책 처분이 내려졌다.

질투(嫉妬) | 부부 사이나 사랑하는 이성(異性) 사이에서 상대되는 이성이 다른 이성을 좋아할 경우에 지나치게 시기함.
> 예 질투가 나다./질투를 부리다.

질시(嫉視) | 남이 잘되는 것을 샘하여 미워하여 봄.
> 예 그들은 많은 사람들로부터 선망과 질시를 동시에 받는 금실 좋은 부부였다.

징발(徵發) | 남에게 물품을 강제적으로 모아 거둠.
> 예 반군은 점령지 주민들로부터 각종 물자의 징발을 시작했다.

징벌(懲罰) | 옳지 아니한 일을 하거나 죄를 지은 데 대하여 벌을 줌.
> 예 부정 축재자를 징벌하다.

증발(蒸發/烝發) | 사람이나 물건이 갑자기 사라져 행방을 알지 못하게 됨.
> 예 부도난 회사 사장의 증발로 인해 피해를 본 사람이 수백 명이었다.

징계(懲戒) | 부정이나 부당한 행위에 대하여 제재를 가함.
> 예 경기 중 심판에게 대든 선수가 한 경기 출장 정지라는 징계를 받았다.

징구(徵求) | 돈, 곡식, 서류 따위를 내놓으라고 요구함.

> 예 군에서는 공직사회의 부패를 척결하고 청렴의식을 높이기 위해 전 직원에 대한 청렴서약서를 징구하는 등 다양한 시책을 추진하고 있다.

징역(懲役) | 죄인을 교도소에 가두어 노동을 시키는 형벌.

> 예 그는 절도죄로 징역 2년을 선고받았다.

징용(徵用) | 전시·사변 또는 이에 준하는 비상사태에, 국가의 권력으로 국민을 강제적으로 일정한 업무에 종사시키는 일.

> 예 홍수로 무너진 다리와 도로 보수 사업에 국민을 징용했다.

ㅊ

찬탈(簒奪) | 임금의 자리나 국가 권력, 정권 등을 반역을 하여 빼앗음.

> 예 그는 찬탈을 한 반역자를 섬길 수 없다며 벼슬을 버리고 고향으로 은거하였다.

침탈(侵奪) | 남의 영역에 강제로 침범하여 빼앗음.

> 예 약소국에 대한 서구 열강들의 침탈이 끊이지 않고 있다.

침략(侵略) | 정당한 이유 없이 남의 나라에 쳐들어감.

> 예 적의 침략에 대비하여 국방을 튼튼히 해야 한다.

약탈(掠奪) | 폭력을 써서 남의 것을 억지로 빼앗음.

> 예 그들은 야밤을 이용하여 서슴없이 약탈을 감행했다.

겁탈(劫奪) | 위협하거나 폭력을 써서 성관계를 맺음.

> 예 그녀는 그 사나이에게 그날 밤 틀림없이 겁탈되었을 것이었다.

참언(讒言) | 거짓으로 꾸며서 남을 헐뜯어 윗사람에게 고하여 바침.

> 예 간언(諫言)을 좇고 참언을 멀리하라.

첨언(添言) | 덧붙여 말함.

> 예 첨언하건대, 이 법의 제정에 저는 관여하지 않았습니다.

처결(處決) | 결정하여 조처함.

> 예 그는 일선 사령관으로서 웬만한 일은 단독으로 처결한다.

체결(締結) | 계약이나 조약 따위를 공식적으로 맺음.

> 예 두 나라 사이에 조약이 체결되다.

청산(淸算) │ 과거의 부정적 요소를 깨끗이 씻어 버림.
　　　　　　 예 여자를 속박하는 과거의 인습은 반드시 청산되어야 한다.

정산(精算) │ 정밀하게 계산함.
　　　　　　 예 연말에 세금을 정산하다.

청탁(請託) │ 청하여 남에게 부탁함.
　　　　　　 예 그는 담당 공무원에게 빨리 처리해 줄 것을 청탁했다.

칭탁(稱託) │ 사정이 어떠하다고 핑계를 댐.
　　　　　　 예 그가 바쁘다는 말은 칭탁이 아니다.

추돌(追突) │ 자동차나 기차 따위가 뒤에서 들이받음.
　　　　　　 예 우회전하는 차가 직진하는 차를 추돌하는 사고가 발생했다.

충돌(衝突) │ 서로 맞부딪치거나 맞섬.
　　　　　　 예 길 한가운데에서 화물차가 버스와 충돌하였다.

★만약 두 차량이 정면으로 부딪친다면 '충돌사고'라고 하고, 뒤차가 앞차를 들이받는다면 '추돌사고'라고 한다.

추세(趨勢) │ 어떤 현상이 일정한 방향으로 나아가는 경향.
　　　　　　 예 이런 추세라면 올해 무역 흑자가 200억 달러를 넘을 전망이다.

추이(推移) │ 일이나 형편이 시간의 경과에 따라 변하여 나감.
　　　　　　 예 노조는 협상의 추이에 따라 파업 여부를 결정하기로 했다.

추정(推定) │ 미루어 생각하여 판정함.
　　　　　　 예 이 작품은 조선 후기의 것으로 추정되고 있다.

추종(追從) │ 남의 뒤를 따라서 좇음.
　　　　　　 예 그는 컴퓨터 분야에서는 타의 추종을 불허한다.

추태(醜態) │ 더럽고 지저분한 태도나 짓.
　　　　　　 예 그날 밤 난생처음 고주망태가 되어 나는 별의별 추태를 다 벌였다.

추파(秋波) | 이성의 관심을 끌기 위하여 은근히 보내는 눈길.
　　　　　　　例 그가 추파를 보내는데도 그녀는 못 본 체하고 그대로 앉아 있었다.

★'추파(秋波)'는 가을철의 잔잔하고 아름다운 물결과 사람이 이성에게 곁눈질하는 모양이 비슷해 보인다는 유추적 사고의 결과로 생긴 말이다.

출연(出捐) | 금품을 내어 도와줌.
　　　　　　　例 장학 재단에 기금을 출연하다.

출원(出願) | 청원이나 원서를 냄.
　　　　　　　例 그는 자동차 부품을 개발하여 특허청에 특허를 출원하려고 한다.

★사회적 공익이나 자선을 위하여 내는 돈(=출연한 돈)은 '연금(捐金)' 또는 '의연금(義捐金)'이라 한다. 또 국가나 사회에 특별한 공로가 있거나 일정 기간 국가기관에 복무한 사람에게 해마다 주는 돈은 '연금(年金)'이라 한다. '국민연금(國民年金)'은 '연금(年金)'의 일종이다.

취임(就任) | 새로운 직무를 수행하기 위하여 맡은 자리에 처음으로 나아감.
　　　　　　　例 그녀는 우리 회사의 사장으로 취임할 예정이다.

취입(吹入) | 레코드나 녹음기의 녹음판에 소리를 넣음.
　　　　　　　例 무명의 코미디언인 그가 이 노래를 취입한 후에 인기가 급상승했다.

취한(醉漢) | 술에 취한 사람을 낮잡아 이르는 말.
　　　　　　　例 아무리 취한이기로 이 무슨 망언인가?

치한(癡漢) | 여자를 괴롭히거나 희롱하는 남자.
　　　　　　　例 그녀는 으슥한 골목길에서 치한을 만나자 소리부터 질렀다.

ㅌ

타개(打開) | 매우 어렵거나 막힌 일을 잘 처리하여 해결의 길을 엶.
　　　　　　　例 그에겐 경제적인 어려움을 타개할 수 있는 능력이 없다.

타계(他界) | 인간계를 떠나서 다른 세계로 간다는 뜻으로, 사람의 죽음 특히 귀인(貴人)의 죽음을 이르는 말.
　　　　　　　例 정정하시던 선생님의 갑작스러운 타계로 우리들은 큰 충격을 받았다.

특수(特殊) | 특별히 다름.
> 예 방음을 위해 특수하게 만들어진 창문이다.

특유(特有) | ('특유의' 꼴로 쓰여) 일정한 사물만이 특별히 갖추고 있음.
> 예 온돌은 한국 특유의 난방 방식이다.

특장(特長) | 특별히 뛰어난 장점.
> 예 이 책의 특장은 예문이 살아있다는 것이다.

특징(特徵) | 다른 것에 비하여 특별히 눈에 뜨이는 점.
> 예 존댓말의 발달은 우리말의 두드러진 특징이다.

파란(波瀾) | 생활 또는 일 따위가 순조롭지 못하고 기복이 심하거나 상황이 곤란함.
> 예 정부가 노동법을 개정함으로써 노동계에 파란이 일고 있다.

파문(波紋) | 어떠한 일이 다른 데에 미치는 영향을 비유적으로 이르는 말.
> 예 파문이 가라앉으려면 오랜 시간이 필요할 것이다.

파랑(波浪) | 작은 물결과 큰 물결.
> 예 갑자기 날이 어두워지고 파랑이 일면서 배가 심하게 흔들렸다.

파상적(波狀的) | 어떤 일이 물결 모양으로 일정한 간격을 두고 차례로 되풀이되는.
> 예 이번 파업은 파상적으로 이달 말까지 지속될 것이다.

파생적(派生的) | 사물이 어떤 근원으로부터 갈려 나와 생기는.
> 예 많은 질병이 환경오염으로부터 파생적으로 나타난다.

피상적(皮相的) | 사물이나 일 따위의 본질보다는 겉으로 나타나 보이는 현상에만 관계하는.
> 예 단순한 수치만으로 경제를 논의하는 것은 현재의 상황에 대한 피상적 이해에 불과하다.

파업(罷業) | 노동자들이 노동 조건의 유지 및 개선이나 정치적 목적 달성을 위하여 일제히 작업을 거부함으로써 사업자나 정부에 타격을 주려는 행위.
> 예 사업자 측은 노조가 파업하면 직장을 폐쇄하겠다고 경고했다.

태업(怠業) | 노동자가 일터에서 일을 하면서 일부러 작업 능률을 저하시켜 사용자에게 손해를 주는 행위.

예 본사는 월요일 아침에 찬반 투표를 거쳐 태업에 들어갈지를 결정하기로 했다.

폐물(廢物) | 쓸모가 다하여 못 쓰게 된 물건.
　　　예 이 자전거는 너무 낡아 폐물이 되어 버렸다.

패물(佩物) | 금, 은, 옥 따위로 만들어 사람의 몸에 차거나 달거나 끼는 장식물.
　　　예 그 집은 결혼 예물로 받은 패물까지 팔아야 할 정도로 가세가 기울었다.

★결혼 때 가져오는 물건은 '감사의 뜻이나 예의의 표시로 주는 물품'이라는 뜻으로 '폐물(幣物)'이라 한다.

한담(閑談) | 심심하거나 한가할 때 나누는 이야기. 또는 별로 중요하지 아니한 이야기.
　　　예 노인네들이 그늘 밑에서 한담을 하거나 장기를 두고 있었다.

환담(歡談) | 정답고 즐겁게 서로 이야기함. 또는 그런 이야기.
　　　예 정상 회담에 앞서 잠시 환담이 오고 갔다.

한심(寒心) | 정도에 너무 지나치거나 모자라서 딱하거나 기막힘.
　　　예 일이 터진 뒤에야 우왕좌왕하는 꼴이란 참으로 한심한 노릇이다.

환심(歡心) | 기쁘거나 흐뭇하게 여기는 마음.
　　　예 싹싹한 이웃집 여자는 이사 온 지 얼마 되지 않아 동네 사람들의 환심을 얻었다.

한화(閑話/閒話) | 심심풀이로 한가롭게 얘기를 나눔.
　　　예 아주머니들의 한화를 듣고 있으려니 가정주부의 무료함이 어느 정도인지 알 것 같았다.

훤화(喧譁) | 마구 지껄여 시끄럽게 떠듦.
　　　예 부장이 직접 숙직하면서 포교들로 하여금 잡인과의 훤화를 일절 엄금시켰다.

합병(合倂) | 둘 이상의 국가나 단체, 기업 따위를 하나로 합침.
　　　예 이 신문사와 방송국의 합병은 언론계에 큰 변화를 가져올 것이다.

합방(合邦) | 둘 이상의 나라를 하나로 합침.
　　　예 남궁억은 우리나라가 일본에 합방되던 해에 배화 학당에 초빙되어 교편을 잡았다.

합의(合意) | 어떤 문제나 일에 대해 서로의 의견이 일치함.
　　　　例 오늘은 기본적인 원칙에만 합의를 하고 세부적인 사항들은 내일 결정하기로 하였다.

협의(協議) | 여러 사람이 모여 의논함.
　　　　例 이 문제는 이해 당사자 간의 진지한 협의가 필요한 사안이다.

★'협의(狹義)'는 '어떤 말의 개념을 정의할 때의 좁은 의미'라는 뜻으로 쓰는 말이다. 반대말은 '광의(廣義)'이다.

해제(解除) | 규제나 금지 따위를 풀어서 자유롭게 함.
　　　　例 주민들은 정부에 그린벨트의 전면 해제를 요구했다.

해체(解體) | 단체나 조직 등을 흩어지게 하거나 없어지게 함.
　　　　例 그 단체는 회원들의 무관심과 재정 부족으로 해체의 위기에 놓여 있다.

행보(行步) | 어떤 목표를 향하여 나아감.
　　　　例 그 기업은 유통업체 가운데 가장 빠른 행보를 보여 왔다.

횡보(橫步) | 모로 걸음. 또는 그런 걸음.
　　　　例 문자 그대로 횡보하는 횡보(=염상섭)를 부축하고 전찻길로 나와 차를 잡아탔다.

혼돈(混沌) | 마구 뒤섞여 있어 갈피를 잡을 수 없음.
　　　　例 외래문화의 무분별한 수입은 가치관의 혼돈을 초래하였다.

혼동(混同) | 구별하지 못하고 뒤섞어서 생각함.
　　　　例 친구 아버지의 전화 음성은 친구의 음성으로 혼동될 정도로 거의 유사하다.

혼성(混成) | 성질 따위가 서로 다른 둘 이상의 것이 한데 섞여 이루어짐.
　　　　例 이번에는 각 조별로 남녀 혼성 한 팀이 나와야 합니다.

혼선(混線) | 말이나 생각, 일 따위가 앞뒤가 바뀌고 뒤섞여 종잡을 수 없음.
　　　　例 그 일을 처리하는 문제를 두고 두 부서의 의견이 서로 달라 혼선을 빚고 있다.

----

3 뜻은 관련되나 **쓰임새가** 다른 말

'아 해 다르고 어 해 다르다.'는 말도 있고, '에 해 다르고 애 해 다르다.'는 말도 있다. 둘 다 같은 내용의 이야기라도 이렇게 말하여 다르고 저렇게 말하여 다르다는 의미이다. 단어도 그렇다. 단어의 뜻이 비슷해도, 그 단어가 뜻하는 바가 다른 경우가 많다. 여기서 뜻하는 바가 다르다는 것은 해당 단어가 쓰이는 상황이 다르다는 말이다.

가 대부분의 의사들은 산모에게 모유를 먹이도록 적극 **권장(勸獎)**한다.
   권장(勸獎) : 권하여 장려함.

나 바람직하지 못한 소비문화를 **조장(助長)**하는 허위 광고는 규제되어야 한다.
   조장(助長) : **일이나 경향이 더 심해지도록 도움.**

'권장(勸獎)'과 '조장(助長)'을 구성하는 한자의 자의(字義) 자체만 보면 그 뜻이 크게 다르지 않다. 그러나 전자는 긍정적인 문맥에 쓰이고, 후자는 주로 부정적인 문맥에 쓰인다. 그러니 '학생들에게 독서를 권장하다'는 자연스럽지만, '학생들에게 독서를 조장하다'는 그렇지 않다.

다 그 처녀는 이 지방에서 이름난 **재원(才媛)**이다.
라 그 청년은 이 지방에서 이름난 **재원(才媛)**이다.

'재원(才媛)'은 '재주가 뛰어난 젊은 여자'를 이르는 말이다. '재원(才員)' 쯤으로 알고 남자에게 쓰면 뜻이 이상해진다. (다)와 달리 (라)는 적절한 표현이 아니다. 이처럼 한자어에는 특정한 맥락에서만 쓰이는 단어가 적잖다. 단어의 뜻이 비슷해도 그 쓰임새가 다른 경우가 많은 것이다.

가능성(可能性) 앞으로 실현될 수 있는 성질.
예 오늘 밤에는 비가 올 가능성이 높은 편이다.

'그렇다고 여길 만함'이라는 의미가 기본이다. 확실성이나 실현 가능성의 정도와 관련된 단어다. 그러므로 원인과 결과의 관계에 대한 추론이 자연스럽게 개입된다. 특히 '개연성(蓋然性)'은 허구적인 이야기를 대상으로 해서도 잘 어울려 쓰인다. 예컨대 영화나 소설의 이야기가 그럴듯할 때 우리는 '개연성이 높은 이야기'라고 한다.

│ 관련 단어 │

개연성(蓋然性) │ 절대적으로 확실하지 않으나 아마 그럴 것이라고 생각되는 성질.
예 이 교통사고는 운전자의 부주의로 일어났을 개연성이 높다.

공산(公算) │ 어떤 상태가 되거나 어떤 일이 일어날 수 있는 확실성의 정도.
예 지금 가 보았댔자 그를 만날 공산은 없다.

기미(幾微/機微) │ 어떤 일을 알아차릴 수 있는 눈치. 또는 일이 되어 가는 야릇한 분위기.
예 주인 사내는 말을 하면서 왠지 이쪽 표정을 무척이나 세심하게 살피고 있는 기미가 역력해 보였다.

기색(氣色) │ (동사의 관형사형 어미 '─을' 뒤에 쓰여) 앞으로 일어날 현상이나 행동 따위를 미리 알 수 있게 해 주는 눈치나 낌새.
예 그녀는 양보할 기색이 조금도 없었다.

동정(動靜) │ 일이나 현상이 움직이거나 벌어지는 낌새.
예 약소국은 강대국의 동정에 민감하다.

신빙성(信憑性) │ 믿어서 근거나 증거로 삼을 수 있는 정도나 성질.
예 그 남자의 증언은 신빙성이 전혀 없다.

징조(徵兆) │ 어떤 일이 생길 낌새.
예 사람들이 이 마을을 떠난 것은 불길한 징조를 느꼈기 때문이다.

징후(徵候) │ 겉으로 나타나는 낌새.
예 정전 합의로 양국 관계에 평화의 징후가 보인다.

확률(確率) │ 일정한 조건하에서 하나의 사건이 일어날 수 있는 가능성의 정도.
예 이 병은 사망 확률이 높다.

현실성(現實性) │ 현재 실제로 존재하거나 실현될 수 있는 성질.
예 실업 문제에 대한 현실성 있는 대안이 나와야 한다.

개조(改造) 사고방식이나 시설, 조직 등을 고쳐 새롭게 만듦.
예 개조 전에는 집 전체가 무척 어두웠다.

> '새롭게 고침'이라는 의미가 기본이다. '변경'이 변화하는 양상에 대해 비교적 중립적인 어감을 내포한다면, '개조, 개량, 개선, 개수' 등은 긍정적인 어감을 내포한다. 즉 좋은 방향으로의 변화라는 의미를 내포한다. 예컨대 '헌법 개정'은 결과적으로 '개선(改善)'이 아니라 '개악(改惡)'인 경우도 적지 않다. 그럼에도 '개정(改正)'이라고 쓴다. '고쳐 바르게 함'이라는 뜻이다. '고치다'가 긍정적인 의미를 내포하기 때문일 것이다. 다만 '개전(改悛)'은 '행실이나 태도의 잘못을 뉘우치는 마음'을 전제한다는 점에서 사용이 매우 제한적이다.

┃ 관련 단어 ┃

개량(改良) ┃ 나쁜 점을 보완하여 더 좋게 고침.
예 재래식 화장실이 수세식으로 개량되었다.

개선(改善) ┃ 부족하거나 잘못된 것을 고치어 나아지게 함.
예 여러 차례 개선을 요구했지만 국회 도서관의 도서 대출 방식은 바뀌지 않고 있다.

개수(改修) ┃ 고쳐서 바로잡거나 다시 만듦.
예 우리는 그 건물을 30년 동안 개수하지 않고 써 왔는데 올해 지하실을 증축하고 현관을 변경했다.

개전(改悛) ┃ 잘못을 뉘우치고 마음을 바르게 고쳐먹음.
예 그 죄수는 개전의 정(情)이 뚜렷하다고 하여 특별히 감형이 되었다.

개종(改宗) ┃ 믿던 종교를 바꾸어 다른 종교를 믿음.
예 그는 개신교에서 가톨릭으로 개종하였다.

개편(改編) ┃ 조직이나 기구 따위를 고쳐 편성함.
예 경제 구조의 개편 없이는 우리나라가 직면하고 있는 경제 위기를 극복할 수 없다.

개혁(改革) ┃ 제도나 기구 따위를 새롭게 뜯어고침.
예 교육 제도를 학생 중심 교육으로 개혁하여야 한다.

변경(變更) ┃ 다르게 바꾸어 새롭게 고침. ≒변개(變改).
예 비로 인해 출발 날짜가 내일로 변경되었다.

거부(拒否)　요구나 제의 따위를 받아들이지 않고 물리침.
　　예 노동자들의 작업 거부로 회사가 큰 손실을 입었다고 한다.

'받아들이지 않음'이 기본 의미이다. '뇌물을 물리치다'의 '물리침'과 의미가 비슷하다. 거절을 하더라도 예의를 깍듯이 갖추는 경우에는 '사절(謝絶)하다'를 쓴다. 예컨대 결혼식에서 혼주가 화환을 '거절'하는 것과 '사절'하는 것은 전혀 다른 의미를 갖게 된다.

▌관련 단어 ▌

거절(拒絶) │ 남의 제의나 요구, 금품 따위를 받아들이지 않고 물리침.
　　　　예 나의 제안은 그에 의해 보기 좋게 거절을 당했다.

사절(辭絶) │ 사양하여 받아들이지 않음.
　　　　예 그 재벌 회장은 결혼식장에서 축하 화환이나 축의금 등을 일절 사절했다.

배척(排斥) │ 반대하거나 거부하여 밀어 내침.
　　　　예 조선 시대에는 불교가 사회, 정치적으로 극도의 배척을 받았다.

퇴박(退—) │ 마음에 들지 아니하여 물리치거나 거절함.
　　　　예 어제 올린 기획안이 퇴박을 맞아서 지금 과장님의 기분이 영 아니야.

퇴짜(退字) │ 바치는 물건을 물리치는 일.
　　　　예 그는 사귀던 여자에게 청혼을 했다가 보기 좋게 퇴짜를 맞았다.

　　　　★'퇴짜'는 '퇴짜를 맞다, 퇴짜를 놓다'와 같이 쓰이는 것이 보통이다.

일축(一蹴) │ 제안이나 부탁 따위를 단번에 거절하거나 물리침.
　　　　예 그들은 우리의 제안을 거짓말이라고 일축해 버리고는 회담장을 빠져나갔다.

부결(否決) │ 의논한 안건을 받아들이지 아니하기로 결정함.
　　　　예 그 안건은 과반수의 찬성을 얻지 못하여 부결되고 말았다.

고루(固陋) │ 낡은 관념이나 습관에 젖어 새로운 것을 잘 받아들이지 아니함.
　　　　예 고루한 사고방식으로 옛것을 좇아 따르는 것이 능사가 아니다.

항의(抗議) │ 못마땅한 생각이나 반대의 뜻을 주장함.
　　　　예 그 뉴스가 나간 후 방송사에 항의가 빗발쳤다.

불용(不容) │ 용서하지 아니하거나 용납하지 아니함.
　　　　예 앞으로 교내에서의 폭력 행위는 절대 불용할 것이다.

게재(揭載) 글이나 그림 따위를 신문이나 잡지 따위에 실음.
(예) 그의 칼럼을 일주일에 한 번 신문에 게재하기로 했다.

'재(載)'는 '싣다'가 기본 의미이다. '무엇'을 '어디'에 '어떻게' 싣는가에 따라 사용하는 단어가 다르다. 예컨대 소설을 조금씩 써서 신문에 '연재(連載)'할 수도 있고, 소설을 한꺼번에 다 써서 잡지에 '전재(全載)'할 수도 있다. 이는 '어떻게'의 차원이다. 그런가 하면 장부나 대장에 올리면 '등재(謄載)'라 하고, 신문이나 잡지에 올리면 '게재(揭載)'라 한다. 이는 '어디(=매체)'의 차원이다. '게(揭)'는 '높이 들다, 걸다'가 기본 의미다. 예컨대 '기(旗) 따위를 높이 거는 것'은 '게양(揭揚)'이라 한다.

┃ 관련 단어 ┃

등재(登載) | 일정한 사항을 장부나 대장에 올림.
(예) 사망 사실을 아직 호적에 등재하지는 않았다.

연재(連載) | 신문이나 잡지 따위에, 긴 글이나 만화 따위를 여러 차례로 나누어서 계속하여 실음.
(예) 이번 소설은 신문에 먼저 연재한 다음에 책으로 출판할 계획이다.

전재(全載) | 소설이나 논문 따위의 글을 출판물에 실을 때에 전체를 다 실음.
(예) 신문에 신춘문예에 당선된 작품을 전재하였다.

기재(記載) | 문서 따위에 기록하여 올림.
(예) 지원서의 기재 내용이 사실과 다를 경우에는 합격이 취소된다.

탑재(搭載) | 배, 비행기, 차 따위에 물건을 실음.
(예) 잠수함에 미사일을 탑재하다.

상재(上梓) | 책 따위를 출판하기 위하여 인쇄에 부침.
(예) 친구의 출판사를 통해 이 책을 상재하게 되니 한량없이 기쁘다.

기입(記入) | 수첩이나 문서 따위에 적어 넣음.
(예) 장부에 기입된 것은 전부 외상 거래를 한 거야.

수록(收錄) | 책이나 잡지에 실음.
(예) 당대 민중의 민요를 채집하여 수록한 것이 이 책의 특징이다.

계기(契機) 어떤 일이 일어나거나 변화하도록 만드는 결정적인 원인이나 기회.
예 올림픽을 계기로 하여 사회 체육에 대한 관심이 높아졌다.

'계기나 이유'와 관련되는 말들이다. 철학 용어로서 '계기'는 사물의 운동·변화·발전의 과정을 결정하는 본질적인 요소를 이르는 말이다. 그러니까 '계기'는 변화의 부차적인 원인을 가리키는 말로는 적절하지 않다. 즉 '구실, 핑계'의 뜻으로는 잘 쓰지 않는다. 한편 '기화(奇貨)'는 긍정적인 문맥에는 거의 쓰지 않는다. 그 순화어가 '핑계'인 것인 그런 이유 때문이다.

| 관련 단어 |

원인(原因) 어떤 사물이나 상태를 변화시키거나 일으키게 하는 근본이 된 일이나 사건.
예 그의 의학적인 사망 원인은 뇌일혈이었다.

동기(動機) 어떤 일이나 행동을 일으키게 하는 계기.
예 학습자에게 먼저 학습 동기를 부여하는 것이 중요하다.

발단(發端) 어떤 일의 계기가 됨. 또는 그 계기가 되는 일.
예 그의 문제 제기가 치열한 토론의 발단이 되었다.

기폭제(起爆劑) 큰일이 일어나는 계기가 된 일.
예 도쿄 유학생들의 2·8 독립 선언은 3·1 운동의 기폭제 역할을 하였다.

촉매제(觸媒劑) 어떤 일을 유도하거나 변화하게 하는 계기를 비유적으로 이르는 말.
예 이 특강이 지루한 채집 때에나 여행 중에 기분을 전환시켜주는 일품 촉매제인 것만은 틀림이 없다.

전기(轉機) 전환점이 되는 기회나 시기.
예 새로운 치료법의 발견으로 암 치료에 전기가 마련되었다.

기화(奇貨) ('~을 기화로' 꼴로 쓰여) 뜻밖의 이익을 얻을 수 있는 물건. 또는 그런 기회. '핑계'로 순화.
예 결국 나와 동생은 엄마의 불행을 기화로 힘 안 들이고 엄마의 돈을 받아낼 수 있었던 것이다.

연유(緣由) 일의 까닭이나 이유.
예 무당이 푸대접을 받아 온 데도 그 연유가 있는 것이 아닌가 한다.

소이(所以) 어떤 일을 하게 된 이유.
예 내가 개미 새끼 하나라도 죽이지 않는 것은 생명이 귀중한 소이이다.

고시(告示) | 글로 써서 게시하여 널리 알림. **예** 노동부가 고시한 최저 임금은 5년 전에 시행된 금액보다 20퍼센트 오른 금액이다.

'고(告)'는 '알림'이 기본 의미이다. '고시(告示)'는 주로 행정 기관에서 일반 국민들을 대상으로 어떤 내용을 알리는 경우를 이를 때 쓰인다. '통지(通知)'의 경우는 알리는 수단이나 방법이 '전언(傳言)'의 형식을 취할 때 쓰는 말이다. 즉 전화나 편지 등을 통해 다른 곳에 있는 사람에게 소식을 전하는 방식을 취할 때, '통지'라 한다.
'시(示)'는 '보이다, 보여주다'가 기본 의미다. 이로부터 '깨우쳐 주다, 알려 주다'의 뜻이 나왔다. 예컨대 '과시(誇示)'는 '자랑하여 보이는' 것이고, '암시(暗示)'는 '넌지시 알려 주는' 것이다.

▎관련 단어 ▎

공시(公示) | 국가나 공공 단체가 일정한 사항을 일반인에게 널리 알림.
예 법원은 공매(公賣) 일정을 일간지에 공시했다.

공지(公知) | 일반 사람들에게 널리 알림.
예 각 시청에서는 쓰레기 수거에 대한 새로운 제도를 여러 차례 공지하였다.

고지(告知) | 게시나 글을 통하여 알림.
예 학교 측은 학생들에게 이번 학기에 등록금을 10% 올릴 것이라고 고지하였다.

공포(公布) | 일반 대중에게 널리 알림.
예 김 감독은 앞으로의 팀 운영 방안을 공포했다.

통지(通知) | 기별을 보내어 알게 함.
예 세입자에게 방을 비우라고 통지하기로 했다.

통첩(通牒) | 문서로 알림.
예 그는 적장에게 조용히 이 땅에서 물러날 것을 최후로 통첩하고 전열을 가다듬었다.

판시(判示) | 어떤 사건 따위를 판결하여 그 결과를 보임.
예 법원은 복제 과정에서 피고인의 역할이 침해 행위가 된다고 판시하였다.

훈시(訓示) | 상관이 하관에게 집무상의 주의 사항을 일러 보임.
예 김 과장은 부하 직원들에게 업무 시간에 외출을 삼가라고 훈시했다.

묵시(默示) | 직접적이고 명료한 말이나 행동이 없이 은근히 자신의 뜻을 나타내 보임.
예 그들은 말없이 묵시에 의해 동의를 하였다.

구설수(口舌數) 남과 시비하거나 남에게서 헐뜯는 말을 듣게 될 운수.

예) 구설수가 들다./구설수가 있다./구설수에 오르다./구설수에 휘말리다.

> '사람의 말'과 관련되는 말들이다. 예나 지금이나 말밥에 오르는 일이나 말밥에 얹히는 일은 기분 좋지 않은 일이다. 좋지 못한 이야기의 대상이 되는 것을 두고 '말밥에 오르다'라고도 하고, '남의 구설(口舌)에 오르다'라고도 한다. 이와 관련하여 '화제(話題)에 오르다'는 중립적인 말이라 할 수 있다. 그렇긴 해도 대체로 긍정적인 상황에서 쓰인다. '회자(膾炙)하다'나 '회자(膾炙)되다'는 더욱 그렇다. 칭찬을 받으며 사람의 입에 자주 오르내리는 경우에만 쓴다.

┃관련 단어┃

구설(口舌) │ 시비하거나 헐뜯는 말.

예) 총각 선생이 밤중에 처녀 선생이 묵고 있는 집에 발걸음한다고 남의 구설에 오를 수도 있는 일이었다.

설화(舌禍) │ 연설이나 강연 따위의 내용이 법률에 저촉되거나 타인을 노하게 하여 받는 재난.

예) 상대방을 비난한 김 후보는 공천이 취소되는 설화를 자초했다.

회자(膾炙) │ 회와 구운 고기라는 뜻으로, 칭찬을 받으며 사람의 입에 자주 오르내림을 이르는 말.

예) 그 노래는 오늘날까지 많은 사람 사이에 널리 회자되고 있다.

화제(話題) │ 이야기할 만한 재료나 소재. =이야깃거리.

예) 그의 무용담(武勇談)은 우리 사무실에서 화제가 되었다.

자자(藉藉) │ 여러 사람의 입에 오르내려 떠들썩함.

예) 그는 인근에 소문이 자자할 만큼 지독한 구두쇠였다.

중구난방(衆口難防) │ 뭇사람의 말을 막기가 어렵다는 뜻으로, 막기 어려울 정도로 여럿이 마구 지껄임을 이르는 말.

예) 중구난방으로 저마다 한마디씩 떠들어대니 회의 진행이 안 된다.

낭설(浪說) │ 아무 근거 없이 널리 퍼진 소문.

예) 소문의 당사자들은 그 소문이 낭설에 불과하다고 일축하였다.

유언비어(流言蜚語) │ 아무 근거 없이 널리 퍼진 소문.

예) 사회가 혼란할 때에는 유언비어가 많이 떠돈다.

구조(救助) 재난 따위를 당하여 어려운 처지에 빠진 사람을 구하여 줌.
예 바다에서 표류하던 난민들이 지나가는 배에 구조를 요청했다.

'구(救)'는 '위태롭거나 어려운 지경에서 벗어나게 해주다'가 기본 의미이다. '구조(救助)'든 '구출(救出)'이든 대상은 스스로 헤어나기 어려운 처지에 놓여 있음을 전제로 한다. 그런데 '포로를 구출하다'라고 하지, '포로를 구조하다'라고는 잘 하지 않는다. 재난, 즉 '어려운 처지'일 경우는 '구조'를 쓰고, 위험한 처지인 경우는 '구출'을 쓴다고 할 수도 있다. 물론 '구조'가 좀 더 폭넓게 쓰인다. 화재 현장의 사람들은 '구출'의 대상인데, '구조'의 대상이라고 해도 무방한 것을 봐도 그렇다.

┃ 관련 단어 ┃

구출(救出) 위험한 상태에서 구하여 냄.
예 인질범들로부터 아이를 구출했다.

구원(救援) 어려움이나 위험에 빠진 사람을 구하여 줌.
예 이 성금이 구원의 손길이 절실히 필요한 불우 이웃에게 쓰여 따뜻하고 정이 많은 사회가 될 수 있었으면 좋겠다.

구제(救濟) 자연적인 재해나 사회적인 피해를 당해 어려운 처지에 있는 사람을 도와줌.
예 부당하게 좌천된 공무원들이 소청 심사에서 구제되었다.
★'구제(驅除)'는 '해충 따위를 몰아내어 없앰'의 뜻이다. 예 솔잎혹파리를 구제하지 않으면 산림의 반 이상이 사라질 것이다.

구호(救護) 재해나 재난 따위로 어려움에 처한 사람을 도와 보호함.
예 굶주림에 허덕이는 난민을 구호하기 위해 식량을 마련했다.

구휼(救恤) 사회적 또는 국가적 차원에서 재난을 당한 사람이나 빈민에게 금품을 주어 구제함.
예 곡식을 풀어 가난한 사람들을 구휼하는 것이 좋겠다.

부조(扶助) 잔칫집이나 상가(喪家) 따위에 돈이나 물건을 보내어 도와줌.
예 지폐가 흔하지 않던 시절에는 이웃에게 주로 쌀을 부조했다.
★'부조로 내는 돈은 '부조금(扶助金)' 또는 '부좃돈'이다. 부줏돈(×).

찬조(贊助) 어떤 사람이나 모임 따위의 견해나 행동이 옳거나 좋다고 판단하여 도움.
예 이번 공연은 잘 아는 사업가의 찬조를 얻은 덕택으로 재정적 어려움 없이 무사히 치를 수 있었다.

귀감(龜鑑) 거울로 삼아 본받을 만한 모범.
예 귀감이 되다./귀감으로 삼다.

'본받는 것'과 관련되는 말들이다. '타산지석(他山之石)'은 긍정적인 맥락에서 쓰면 뜻이 아리송해진다. '다른 사람의 하찮은 언행 또는 허물과 실패'라는 뜻이 전제되는 말이기 때문이다. 그러니 '선생님을 타산지석으로 삼아 열심히 노력하겠습니다.'와 같은 표현은 성립하기 어렵다. 아니 실례가 되는 말이다. 타의 모범이 되는 대상이라면 당연히 '귀감(龜鑑)'이라 해야 온당하다. 물론 학덕이 높아 모범이 되는 경우에 한정한다면 '사표(師表)'를 쓴다.

▌관련 단어 ▌

감계(鑑戒) │ 지나간 잘못을 거울삼아 다시는 그런 잘못을 저지르지 않도록 조심함.
예 후손들의 감계를 위해서도 독립운동의 구심점이 됐던 임시 정부 요인들에 대한 재평가와 정당한 예우가 필요하다.

사표(師表) │ 학식과 덕행이 높아 남의 모범이 될 만한 인물.
예 그 선생님이야말로 우리의 사표가 될 만한 분이다.

모범(模範) │ 본받아 배울 만한 대상.
예 윗물이 맑아야 아랫물이 맑듯 위부터 모범을 보이면 아랫것들은 자연 따라감이 당연한 이치였다.

타산지석(他山之石) │ 남의 산에 있는 돌이라도 나의 옥을 다듬는 데에 소용이 된다는 뜻으로, 다른 사람의 하찮은 언행 또는 허물과 실패까지도 자신을 수양하는 데 도움이 된다는 말.
예 선희는 지혜의 행동을 타산지석 삼아 자신은 절대 그러지 않겠다고 결심하였다.

반면교사(反面敎師) │ 본이 되지 않는 남의 말이나 행동이 도리어 자신의 인격을 수양하는 데 도움을 주는 경우를 이르는 말.
예 그녀는 반면교사로 삼을 수 있는 소비 생활을 예로 들어 소비자 교육을 실시하였다.

표상(表象) │ 본을 받을 만한 대상.
예 신체의 장애에 굴하지 않고 성공한 그는 모든 장애인들의 표상이 되었다.

전범(典範) │ 본보기가 될 만한 모범.
예 오늘날 수학은 명확성을 지향하는 여러 다른 학문의 전범으로 인식되고 있다.

솔선수범(率先垂範) │ 남보다 앞장서서 행동해서 몸소 다른 사람의 본보기가 됨.
예 사장이 먼저 솔선수범해서 열심히 하니까 직원들도 모두 열심히 일한다.

날조(捏造) 사실이 아닌 것을 사실인 것처럼 거짓으로 꾸밈.
> 예 그의 정보 가공 방식은 단순히 살을 붙이는 것을 넘어서 날조 수준이다.

'거짓으로 꾸미는 것'과 관련되는 말들이다. '날조(捏造)'는 무(無)에서 유(有)를 창조하는 것처럼 전혀 없던 것을 새롭게 만들어 낸 경우를 두고 쓰는 것이 보통이다. 이미 있지만 진짜가 아닌 것을 진짜인 것처럼 꾸미는 경우는 '위조(僞造)'라 한다. 예컨대 남들을 속일 목적으로 다른 사람의 작품을 흉내 내어 비슷하게 만든 작품은 '위작(僞作)'이라 한다.

┃ 관련 단어 ┃

변조(變造) ┃ 이미 이루어진 물체 따위를 다른 모양이나 다른 물건으로 바꾸어 만듦.
> 예 도굴된 그 왕관의 장식은 새 모양에서 꽃 모양으로 변조되었다.

위조(僞造) ┃ 어떤 물건을 속일 목적으로 꾸며 진짜처럼 만듦.
> 예 그는 족보를 위조하여 양반 행세를 한다.

위폐(僞幣) ┃ 거짓으로 꾸며 만든 화폐.
> 예 이들은 검거되기 전까지 이미 상당량의 위폐를 유통시킨 것으로 밝혀졌다.

위선(僞善) ┃ 겉으로만 착한 체를 하거나 거짓으로 꾸밈.
> 예 사촌의 위선적인 친절은 언제나 나를 숨 막히게 하였다.

급조(急造) ┃ 급히 만듦.
> 예 공장에서는 촉박한 마감 날짜 때문에 물품을 급조해야 했다.

조작(造作) ┃ 어떤 일을 사실인 듯이 꾸며 만듦.
> 예 그의 수상 경력은 모조리 조작된 것으로 밝혀졌다.

모조(模造) ┃ 이미 있는 것을 그대로 따라하거나 본떠서 만듦.
> 예 그 사기꾼은 유명 상표를 모조한 가짜 상품을 진짜로 속여 팔았다.

모작(模作) ┃ 남의 작품을 본떠서 만듦.
> 예 모작 행위는 영혼이 없는 예술가들이나 하는 짓이다.

무고(誣告) ┃ 사실이 아닌 일을 거짓으로 꾸미어 해당 기관에 고소하거나 고발하는 일.
> 예 누군가 이 씨의 아들을 간첩이라고 무고하는 바람에 이 씨는 하루아침에 자식도 잃고 재산도 잃어 버렸다.

남발(濫發) 어떤 말이나 행동 따위를 자꾸 함부로 함.
예 공약의 남발은 정치권 전체에 대한 국민들의 불신만 가져왔다.

'지나침'과 관련되는 말들이다. '하는 짓이 분수에 넘치는 것'을 두고 흔히 '외람(猥濫)되다'라고 한다. '람(濫)'은 '넘치다'가 기본 의미이다. 이로부터 '마구 하다, 함부로 하다'의 뜻이 나왔다. 그러니 '짐승이나 물고기를 잡음'을 '포획(捕獲)'이라 하고, '짐승이나 물고기를 마구 또는 함부로 잡음'을 '남획(濫獲)'이라 한다. 과유불급(過猶不及)이라는 말도 있거니와 '지나침'을 경계하는 말들이 많다. 그래서인지 '남발, 남획, 만연, 팽배, 범람'과 같은 말이 긍정적으로 맥락에서 쓰이는 경우는 거의 없다. '창궐(猖獗)'은 더 말할 것도 없다.

│ 관련 단어 │

남용(濫用) │ 사물을 정해진 규정이나 기준을 넘어서 함부로 사용함.
예 약의 남용은 오히려 건강을 해친다.

남획(濫獲) │ 동물을 함부로 마구 잡음.
예 이 지역에서 야생 동물이 남획되고 있다는 주민들의 신고가 들어와 경찰이 사실 확인에 나섰다.

범람(汎濫) │ 바람직하지 못한 것들이 마구 쏟아져 돌아다님.
예 불량 식품의 범람으로 국민의 건강이 크게 위협받고 있다.

참람(僭濫) │ 분수에 넘쳐 너무 지나치다.
예 나이가 어린 국왕이 등극하자 참람하게도 그는 역심을 품었다.

빈발(頻發) │ 어떤 일이나 현상이 자주 일어남.
예 당국에서 사고의 빈발을 막기 위해 대책을 마련했다.

만연(蔓延/蔓衍) │ 식물의 줄기가 널리 뻗는다는 뜻으로, 전염병이나 나쁜 현상이 널리 퍼짐을 비유적으로 이르는 말.
예 요즘 범죄가 급증하고 있는 것은 향락 풍조의 만연 때문이다.

팽배(澎湃/彭湃) │ 어떤 기세나 사조 따위가 매우 거세게 일어남.
예 "정부돈은 먼저 차지하는 사람이 임자다."라는 인식이 팽배한 가운데 정부가 국고보조금에 대한 관리를 크게 강화한다.

창궐(猖獗) │ 못된 세력이나 전염병 따위가 세차게 일어나 걷잡을 수 없이 퍼짐.
예 퇴폐 향락 사업의 창궐에 대해 정부는 긴급 대책을 마련하였다.

단념(斷念) 품었던 생각을 아주 끊어 버림.
예 엄마가 돌아올 것이라는 생각은 이제 그만 단념하는 게 좋겠다.

'어떤 일을 이루고자 하는 생각을 그만두거나 뛰어넘는 것'과 관련되는 말들이다. 일의 실현 가능성에 대한 부정적인 판단이 개입되는 경우가 대부분이다. 즉 피치 못할 상황이나 어려운 상황에 처하게 된 것에 대한 반응임을 전제로 한다. 특히 '체념(諦念)'에는 그러난 상황이나 처지를 소극적이나마 감수(甘受)한다는 의미가 내포되어 있다. 즉 상황의 개선에 대한 희망이 없어 어쩔 수 없이 현실을 수용한다는 의미가 내포되어 있다.

| 관련 단어 |

체념(諦念) | 품었던 생각이나 기대, 희망 등을 아주 버리고 더 이상 기대하지 않음.
예 힘없이 고개를 젓는 그녀의 얼굴에는 체념의 빛이 역력했다.

포기(抛棄) | 하려던 일을 도중에 그만두어 버림.
예 그는 고시에 열 번 떨어지더니 결국은 포기하고 말았다.

자포자기(自暴自棄) | 절망 상태에 빠져 스스로 자신을 내버리고 돌보지 않음.
예 그는 치료를 받아도 완치될 수 없을 것이라고 자포자기하면서 퇴원을 요청했다.

작파(作破) | 어떤 계획이나 일을 중도에서 그만두어 버림.
예 그는 생업을 작파하고 잃어버린 자식을 찾아 전국 구석구석을 다녔다.

파기(破棄) | 계약, 조약, 약속 따위를 깨뜨려 버림.
예 선거 때의 약속은 시간이 지나면서 하나둘 파기되어 버렸다.

방기(放棄) | 어떤 책임과 의무 따위를 내버리고 돌보지 않음.
예 개혁의 과제를 방기하면 국민이 강력하게 대응할 것이다.

달관(達觀) | 인생의 진리를 꿰뚫어 보아 사소한 일에 집착하지 않고 넓고 멀리 바라봄.
예 김 과장은 세상을 달관했거나 체념한 사람처럼 보였다.

해탈(解脫) | 속박이나 번뇌 따위의 굴레에서 벗어나 편안한 경지에 도달함.
예 그는 죽으면 지상의 그림자에 불과한 육신의 구속에서 해탈된다고 믿는다.

초탈(超脫) | 세속적인 것이나 일반적인 한계를 벗어남.
예 그는 모든 것을 초탈한 사람처럼 대답했다.

초월(超越) | 일정한 한계나 표준에서 벗어나 뛰어넘음.
예 과거나 전통은 그 자체로 가치가 있지만 동시에 초월해야 하는 것이기도 하다.

당사자(當事者) 어떤 일이나 사건에 직접 관계가 있거나 관계한 사람.
예 그 문제는 당사자들 간의 합의하에 조용히 해결되었다.

'당사자(當事者)'의 상대 개념은 '제삼자(第三者)'이다. 또 '본인(本人)'은 본디 어떤 일에 직접 관계가 있거나 해당되는 사람을 이르는 말이다. 그러니 '대리인(代理人)'의 상대 개념이다. 그러다가 공식적인 자리에서 '나'를 문어적으로 이르는 말로도 쓰이게 되었다. 스스로를 가리켜 '나'나 '저'라고 할 자리에서 '본인'이라고 하면 분위기가 딱딱해지는 이유다. 한편 '장본인(張本人)'은 긍정적인 맥락에서는 잘 쓰이지 않는다.

| 관련 단어 |

장본인(張本人) | 어떤 일을 꾀하여 일으킨 바로 그 사람.
예 그 이듬해 봄, 다시 또 험한 일이 벌어졌는데 마을을 이토록 쑥밭을 만든 장본인인 그 대학생은 그 돈을 쥐고 한번 마을을 나간 뒤 전혀 소식이 없었다.

이해관계인(利害關係人) | 일정한 사실 행위나 법률 행위의 당사자는 아니지만, 그것에 의해서 자기의 권리나 이익에 영향을 받는 사람.
예 공정하고 객관성 있는 조사가 이뤄지기 위해서는 토지소유자 및 이해관계인의 적극적인 관심과 협조가 필요하다.

해당자(該當者) | 무엇에 관계되는 사람.
예 봄 학기에는 해당자가 없어 장학금을 수여하지 못했다.

★'당사자'가 어떤 일에 직접적으로 관계가 있는 사람을 가리키는 개념이라면, '해당자'는 직접적이지 않지만 관계가 있는 사람도 포함하는 개념이다. 따라서 '해당자'는 '관계자'와 가까운 개념이다.

제삼자(第三者) | 일정한 일에 직접 관계가 없는 사람.
예 그는 우리와 아무런 상관도 없는 제삼자이니 이 문제에 끌어들이지 마시오.

국외자(局外者) | 일이 벌어진 테두리에서 벗어나 그 일에 관계가 없는 사람.
예 그녀는 철저한 국외자로 아무 일에도 관심을 두지 않았다.

방관자(傍觀者) | 어떤 일에 자신은 직접 참여하지 않은 채 곁에서 바라보기만 하는 사람.
예 누구도 이번 일에 방관자가 되어서는 안 된다.

참관인(參觀人) | 어떤 자리에 직접 나아가서 보는 사람.
예 지금까지 진행된 토론을 지켜보신 참관인 중에서 질문이 있으신 분은 손을 들고 의사 표시를 해 주십시오.

명언(名言) 사리에 맞는 훌륭한 말. **예** '나의 언어의 한계는 나의 세계의 한계를 의미한다.' 비트겐슈타인이 한 명언이다.

'금언(金言)'이나 '격언(格言)'은 대체로 작자가 불분명한 경우가 대부분이다. 그러나 '명언(名言)'은 대체로 작자가 밝혀져 있는 경우가 많다. 물론 '명언'은 사리에 맞는 훌륭한 말이면서 동시에 널리 알려진 말이어야 한다. 또 '공든 탑이 무너지랴'와 같은 속담을 격언으로 분류하기도 한다. 그렇지만 속담을 명언으로 분류하는 일은 드물다.

▎관련 단어 ▎

금언(金言) ▎삶에 본보기가 될 만한 귀중한 내용을 담고 있는 짧막한 어구.
예 옛날부터 큰 부자는 하늘에 달렸지마는 작은 부자는 부지런에 달렸다는 금언이 있으니, 한번 잘 씹어 봄직한 말이다.

격언(格言) ▎사리에 꼭 맞아 인생의 교훈이 될 만한 짧은 말.
예 아버지께서는 나에게 도움이 될 만한 격언을 말씀해 주시곤 했다.

잠언(箴言) ▎사람이 살아가는 데 훈계가 되는 짧은 말.
예 오늘 할 일을 내일로 미루지 마라. 이 말은 누구나가 다 항상 명심하고 경계해야 할 잠언이 아닐까 한다.

경구(警句) ▎진리나 삶에 대한 느낌이나 사상을 간결하고 날카롭게 표현한 말.
예 "이마에 땀을 흘리지 않는 자는 식탁에 앉을 수 없다."라는 경구는 명심할 만하다.

허언(虛言) ▎사실이 아닌 것을 사실인 것처럼 꾸며 말함.
예 그렇게 진실한 사람이 허언을 했을 리가 없다.

망언(妄言) ▎이치에 맞지 않고 허황되게 말함. 또는 그 말.
예 일본의 군국주의를 옹호하는 자들의 망언은 마땅히 비판받아야 한다.

실언(失言) ▎실수로 잘못 말함. 또는 그렇게 한 말.
예 잦은 실언으로 사람들의 신임을 잃게 되었다.

촌철살인(寸鐵殺人) ▎한 치의 쇠붙이로도 사람을 죽일 수 있다는 뜻으로, 간단한 말로도 남을 감동하게 하거나 남의 약점을 찌를 수 있음을 이르는 말.
예 김 앵커는 대중의 막힌 속을 뚫어주는 촌철살인의 촌평으로 여러 차례 화제가 된 바 있다.

| 무고(無故) | 탈이나 걱정거리 없이 편안함.
예) 집안 식구들 모두 무고하지요?

'무고(無辜)'는 '아무런 잘못이나 허물이 없음'의 뜻으로 쓰는 말이다. '무고(無故)'와는 동음이 의어다. '피의자는 끝까지 자신은 무고(無辜)하다고 주장했다.'와 같이 쓴다. 한편 '무고(無故) 하다'를 아랫사람이 윗사람에게 쓰는 것은 실례가 된다고 보기도 한다. 그런 관점에서는 '춘 부장님도 무고하십니까?'가 아니라, '춘부장님도 안녕하십니까?'라고 해야 언어 예절에 맞는 다고 본다. 또 '평안(平安)'의 높임말이 '안녕(安寧)'이라고 보는 견해도 있다. 이 견해에 따르 자면 웃어른께는 '그동안 평안하셨습니까?'가 아니라 '그동안 안녕하셨습니까?'라고 해야 언 어 예절에 맞다. 물론 요즘은 그런 의식도 희박해져서 전자도 두루 쓰이고 있긴 하다.

▌관련 단어▐

무탈(無頉) | 병이나 사고가 없음.
예) 아이가 무탈하게 잘 자라주어서 무척 대견하다.

무병(無病) | 병이 없이 건강함.
예) 우리 모두 가족들의 무병을 기원했다.

무고(無辜) | 아무런 잘못이나 허물이 없음.
예) 저는 무고합니다. 헤아려 주십시오.

강녕(康寧) | 몸이 건강하고 마음이 편안함.
예) 옛 여인들은 가족의 강녕과 다복을 축수할 때에 정화수를 떠 놓고 빌었다.

평안(平安) | 걱정이나 탈이 없음. 또는 무사히 잘 있음.
예) 그 사건으로 인하여 나는 마음의 평안을 잃게 되었다.

안녕(安寧) | 아무 탈 없이 편안함.
예) 주민들은 마을의 안녕을 기원하는 제의를 올렸다.

미령(靡寧) | 어른의 몸이 병으로 인하여 편하지 못함.
예) 임금께서 처음에는 조금 미령하던 것이 갈수록 증세가 심해지셨다.

만강(萬康) | (윗사람의 심신이) 아주 평안함.
예) 기체후(氣體候) 일향만강(一向萬康)하옵시며 고체(高體) 건안(健安)하시기를 앙망 (仰望)하옵나이다.

물정(物情)	세상의 이러저러한 실정이나 형편.

예 물정도 잘 모르는 햇병아리 사원들이 저지른 일이니 용서 바랍니다.

'상황과 형편'을 나타내는 말들이다. 이와 관련하여 '어떤 일이 벌어졌거나 사람이 처하여 있는 사정'을 이르는 말로 '정상(情狀)'도 쓰인다. 그런데 이 단어는 '구체적 범죄에 대한 처벌의 경중(輕重)에 영향을 미치는 일체의 사정'의 뜻으로도 쓰인다. '검찰은 그가 폭행한 사실에 대해 정상을 참작할 여지가 충분히 있다고 보았다.'가 그런 예이다. 또 이 단어는 '딱하고 가엾은 형편'을 이르는 말로도 쓰인다. '엄동설한에도 맨발에 누더기를 걸치고 다니는 어린 것의 정상은 차마 볼 수가 없었지요.'가 그런 예이다.

| 관련 단어 |

실정(實情) | 실제의 사정이나 정세.

예 우리의 실정에 맞는 기술 개발이 필요하다.

진상(眞相) | 사물이나 현상의 거짓 없는 모습이나 내용.

예 정확한 진상 규명도 없이 경제적 보상만으로 이번 문제를 해결하려는 생각은 큰 오산이다.

국면(局面) | 어떤 일이 벌어진 장면이나 형편.

예 청와대의 발표가 있고 나서부터 상황이 새로운 국면으로 접어들었다.

경황(景況) | 정신적·시간적인 여유나 형편.

예 내 코가 석 자인데 무슨 경황으로 남을 돕겠어?

정세(情勢) | 일이 되어 가는 사정이나 형편.

예 현재의 국제 정세는 이념보다 자국의 경제적 이익 쪽으로 중심이 쏠리고 있다.

형국(形局) | 어떤 일이 벌어지는 형편이나 국면.

예 노사 문제는 갈등과 대립의 형국으로 치닫고 있다.

형세(形勢) | 일이 되어 가는 형편.

예 아무래도 사람의 수효가 너무 적어 이런 형세로는 승산이 없습니다.

사세(事勢) | 일이 되어 가는 형편과 정세.

예 사세가 불리하면 뒤로 물러서는 지혜가 필요하다.

사세부득이(事勢不得已) | 어쩔 수 없는 상황 때문에 그렇게 할 수밖에 없어.

예 상대편이 너무 강하다는 것을 안 그는 사세부득이 피해 도망갔다.

불가결(不可缺)　없어서는 아니 되고 반드시 필요함.
　예 물은 모든 생명체에게 불가결한 요소이다.

> '불(不)'은 '아니다'가 기본 의미이다. '정부의 개방화 조치로 우리의 농산물과 외국의 농산물 경쟁이 불가결(不可缺)하다.'와 같이 쓰기 쉽다. 그러나 '피할 수 없음'의 뜻으로는 '불가결(不可缺)'이 아니라 '불가피(不可避)'를 쓴다. 한편 '부득이(不得已)'를 '부득히'로 잘못 쓰기 쉽다. '일의 형세가 그렇게 하지 않을 수 없어'의 뜻으로 쓰이는 '사세부득이(事勢不得已)'도 '사세부득히'로 잘못 쓰기 쉽다. '불법 자금 조성 혐의가 사실로 밝혀지자 그는 사세부득이하여 회장직에서 물러나고 말았다.'처럼 써야 맞는다.

┃관련 단어┃

불가피(不可避) ┃ 피할 수 없음.
　예 정부의 개방화 조치로 우리의 농산물과 외국의 농산물 경쟁이 불가피하다.

불가불(不可不) ┃ 하지 아니할 수 없어.
　예 그 일은 시작한 내가 불가불 끝을 내야 했다.

불가분(不可分) ┃ 나눌 수가 없음.
　예 유전자는 그 사람의 인성과 불가분의 관계가 있다고 한다.

부득불(不得不) ┃ 하지 아니할 수 없어. 또는 마음이 내키지 아니하나 마지못하여.
　예 저들이 기어이 성문을 열기로 든다면 부득불 총질을 안 할 수 없소.

부득이(不得已) ┃ 마지못하여 하는 수 없이.
　예 부득이 들어와서 할 말이면 밝은 날 와서 하시지요.

미상불(未嘗不) ┃ 아닌 게 아니라 과연.
　예 엊그제 어느 친구가 '도대체 영일(寧日)이 없다'고 투덜대더니, 미상불(未嘗不) 요즘 우리 사회에 평안한 날이 그리 흔치 않은 것 같다.

불가근불가원(不可近不可遠) ┃ 가까이할 수도 멀리할 수도 없음.
　예 그렇게 예측할 수 없는 성격을 가진 사람은 불가근불가원이야.

불가지(不可知) ┃ 알 수가 없음.
　예 이 책에는 죽음이라는 불가지의 문제에 대한 통찰이 들어있다.

불세출(不世出) ┃ (주로 '불세출의' 꼴로 쓰여) 좀처럼 세상에 나타나지 않을 만큼 뛰어남.
　예 그보다 더 불세출한 사람을 역사에서 찾아내기도 어렵다.

빈한(貧寒) 　살림이 가난하여 집안이 쓸쓸함.
　　　　　　　 예 그는 빈한한 가정에서 태어나 어렵게 공부했다.

'가난과 모자람'에 관련되는 말들이다. '한(寒)'은 집안에 풀을 깔고 사람이 누운 모양을 나타내는 한자다. '춥다, 가난하다, 쓸쓸하다'의 뜻이 이로부터 나왔다. 예나 지금이나 춥고 배고픈 것처럼 서러운 일도 없다. '빈한(貧寒)'과 '한미(寒微)'는 그런 의미를 잘 담고 있는 단어다.

┃관련 단어┃

빈곤(貧困) ┃ 내용 따위가 충실하지 못하거나 모자라서 텅 빔.
　　　　　　　 예 이 회사는 기술력이 빈곤해서 성장에 한계가 있다.

빈약(貧弱) ┃ 형태나 내용이 충실하지 못하고 보잘것없음.
　　　　　　　 예 그 학설을 뒷받침할 만한 근거가 매우 빈약하다.

구차(苟且) ┃ 살림이 몹시 가난함.
　　　　　　　 예 만 원도 아끼며 구차히 살다 보니 고기 한번 제대로 먹어 본 적이 없다.

궁핍(窮乏) ┃ 수입이나 재산이 적어서 살림살이가 매우 어려움.
　　　　　　　 예 현대인은 물질적 궁핍보다는 정신적 궁핍에 시달리고 있다.

결핍(缺乏) ┃ 있어야 할 것이 빠지거나 모자람.
　　　　　　　 예 사진 속의 아이들은 영양 결핍으로 빼빼 말라 있었다.

영세(零細) ┃ 살림이 보잘것없고 몹시 가난함.
　　　　　　　 예 정부의 고환율 정책으로 자본이 영세한 기업은 빈사(瀕死) 상태에 빠졌다.
　　　　　　　 ★빈사(瀕死): 거의 죽게 됨. 또는 그런 상태. 반죽음.

청빈(淸貧) ┃ 성품이 깨끗하고 재물에 대한 욕심이 없어 가난함.
　　　　　　　 예 옛날 선비들은 청빈을 선비의 지조를 보여 주는 중요한 덕목으로 여겼다.

청렴(淸廉) ┃ 성품과 행실이 높고 맑으며, 탐욕이 없음.
　　　　　　　 예 헌법 제46조는 국회의원에게 청렴의 의무가 있다는 명문 규정을 두고 있다.

한미(寒微) ┃ 가난하고 지체가 변변하지 못함.
　　　　　　　 예 한미한 집안이었음에도 한석봉이 출세의 길을 걸은 것은 선조의 호평 때문이었다.

한촌(寒村) ┃ 가난하고 외진 마을.
　　　　　　　 예 그는 깊은 산골의 한촌에서 태어나 청운의 꿈을 안고 상경하였다.

상술(詳述)   자세히 설명하여 말함.
  (예) 나의 지금 처지에 대해서는 앞에서 상술하였으므로 여기서는 생략하겠다.

'자세히 설명한다'는 점에서 '상술(詳述)'과 '부연(敷衍)'은 비슷하다. 차이가 없지는 않다. '상술'은 주제문에 뒤따르는 뒷받침 문장들을 가리킬 수도 있고, 아예 시작부터 상술 문장들인 경우도 있다. 그러나 '부연'은 그렇지 않다. 반드시 주제문이나 주지 문단이 앞서야 한다.
한편 '기술(記述)'과 '설명(說明)'을 혼동하는 경우도 많다. 그러나 둘은 글쓰기의 목적이 다르다. '설명'은 어떤 일이나 대상의 내용을 상대편이 잘 알 수 있도록 밝혀 말하는 것이다. 즉 해명이 목적이다. '기술'은 그렇지 않다. 대상이나 과정의 내용과 특징을 있는 그대로 열거하거나 기록하여 서술하는 것이다. 그러므로 엄밀한 의미에서 '묘사, 서사' 등은 '설명'이 아니라 '기술'이다. '분류와 구분', '비교와 대조' 등을 '설명'으로 분류하는 것과는 다르다.

| 관련 단어 |

기술(記述) | 대상이나 과정의 내용과 특징을 있는 그대로 열거하거나 기록하여 서술함.
  (예) 그는 역사책에 민족의 영웅이라고 기술되어 있다.

설명(說明) | 어떤 일이나 대상의 내용을 상대편이 잘 알 수 있도록 밝혀 말함.
  (예) 강사는 수강생들에게 컴퓨터를 어떻게 사용하는지를 설명했다.

논술(論述) | 어떤 것에 관하여 의견을 논리적으로 서술함.
  (예) 현대 산업과 환경의 관계에 대하여 논술하시오.

약술(略述) | 간략하게 논술함. 또는 그런 논술.
  (예) 조선 후기 판소리계 소설의 성립 과정에 대하여 약술하시오.

서술(敍述) | 사건이나 생각 따위를 차례대로 말하거나 적음.
  (예) 기행문은 여행한 과정을 통하여 보고 듣고 느낀 바를 서술한 글이다.

부연(敷衍) | 알기 쉽게 더해서 자세히 설명함.
  (예) 그는 그동안의 진행 과정을 부연하여 설명하였다.

소상(昭詳) | 분명하고 자세함.
  (예) 대강의 소식은 들어서 알고 있으나 소상한 내용은 나도 알지 못한다.

미상(未詳) | 확실하거나 분명하지 않음.
  (예) 신원 미상의 외국인이 우리 회사의 화장실에서 쓰러진 채로 발견되었다.

불명(不明) | 분명하거나 확실하지 않음.
  (예) 편지가 수취인 불명으로 돌아와 버리곤 해서 자네에게 연락할 방도가 없더군.

성명(姓名) 　성과 이름을 아울러 이르는 말.
　　　　　　　예 그 편지에는 보내는 사람의 주소와 성명이 적혀 있지 않았다.

'이름과 호칭'에 관련되는 말들이다. '선친(先親)'은 남에게 돌아가신 자기 아버지를 이르는 말이다. 생존해 계신 아버지를 두고 쓸 수 있는 단어가 아니다. '살아계신 아버지'를 정중히 이르는 말인 '부친(父親)'과 대응한다. '성명(姓名)'과 관련하여 '휘(諱)'는 죽은 어른의 생전의 이름을 이르는 말이다. 살아계신 어른께는 쓸 수 없는 단어이다. '성명(姓名)'은 비교적 두루 쓰는 말인데, 윗사람의 성명이라면 달리 존대의 뜻이 포함된 말을 써야 한다.

┃관련 단어┃

존함(尊銜) ┃ 남의 이름을 높여 이르는 말.
　　　　　　예 선생님 존함은 어떻게 되시는지요?

성함(姓銜) ┃ '성명(姓名)'의 높임말.
　　　　　　예 선생님 성함은 어떻게 되시는지요?

함자(銜字) ┃ 남의 이름자를 높여 이르는 말.
　　　　　　예 아니, 자네는 조부의 함자도 모른단 말인가?

휘자(諱字) ┃ 돌아가신 높은 어른의 생전 이름. ≒휘(諱).
　　　　　　예 자네 선친의 휘자는 어떻게 되시는가?

방명(芳名) ┃ 꽃다운 이름이라는 뜻으로, 남의 이름을 높여 이르는 말.
　　　　　　예 여기에 방명을 적어 주십시오.

방명록(芳名錄) ┃ 어떤 일에 참여하거나 찾아온 사람들을 특별히 기념하기 위하여 그 사람들의 이름을 적어 놓는 기록. 또는 그 책.
　　　　　　예 방명록에 성함을 적어 주십시오.

시호(諡號) ┃ 제왕이나 재상이 죽은 뒤에, 그들의 공덕을 칭송하여 붙인 이름.
　　　　　　예 임금은 이순신에게 충무(忠武)라는 시호를 내려 그의 넋을 위로하였다.

아명(兒名) ┃ 아이 때의 이름.
　　　　　　예 할아버지의 아명이 개똥이였다는 것을 얼마 전에야 알고 웃음을 금치 못했다.

예명(藝名) ┃ 예능인이 본명 이외에 따로 지어 부르는 이름.
　　　　　　예 많은 연예인들이 본명보다는 예명을 사용한다.

수고(受苦) 일을 하느라고 힘들이고 애씀.
예 그동안 수고를 끼쳐서 미안하네.

> '애쓴 결과물'에 관련되는 말들이다. '수고(受苦)'는 본래 '고통을 받음'이라는 뜻이었는데 현대 국어에 와서는 '힘을 들이고 애를 씀'이라는 의미로 사용되고 있다. 이런 의미 변화가 언제 일어났는지는 분명하지 않다. 특히 현대 국어의 '수고'에는 아랫사람이 윗사람에게 쓰지 못하는 특별한 제약이 있는데 이는 '수고'가 본래 '고통을 받음'이라는 부정적 의미를 지니고 있었던 데서 연유한다고 볼 수 있다.

▌관련 단어 ▌

공적(功績) 노력과 수고를 들여 이루어 낸 일의 결과.
예 선인의 공적을 기리는 것은 후손들의 앞날을 위해서도 좋은 일이다.

업적(業績) 일이나 사업에서 이룬 성과.
예 훌륭한 업적을 이룬 그에게 한글날을 맞아 공로상이 수여되었다.

실적(實績) 실제로 이룬 업적이나 공적.
예 그 회사는 실적에 따라 급여를 책정한다.

성적(成績) 하여 온 일의 결과로 얻은 실적.
예 올림픽에서 우리 선수단은 기대 이상의 좋은 성적을 거두었다.

치적(治績) 잘 다스린 공적. 또는 정치상의 업적.
예 나폴레옹은 국내 질서를 회복하고 산업의 육성, 재정의 재건 등의 치적을 쌓아 국민들의 인기를 얻었다.

공로(功勞) 일을 마치거나 목적을 이루는 데 들인 노력과 수고. 또는 일을 마치거나 그 목적을 이룬 결과로서의 공적.
예 그는 재치 있고 깊이 있는 해설로 야구 인구의 저변을 확대한 공로를 인정받아 상을 받았다.

노고(勞苦) 어떤 일을 이루기 위해 수고스럽게 힘들고 애씀.
예 선생님의 노고에 충심으로 감사드립니다.

고충(苦衷) 괴로운 심정이나 사정.
예 남들이 하지 않는 일을 처음 시도할 때는 고충이 따르게 마련이다.

애로(隘路) 어떤 일을 하는 데 장애가 되는 것.
예 이민 생활에서 가장 큰 애로는 문화와 관습의 차이에서 오는 고립감이다.

습관(習慣) 어떤 행위를 오랫동안 되풀이하는 과정에서 저절로 익혀진 행동 방식.
예 그는 어려서부터 절약하는 습관이 몸에 배었다.

'관습(慣習)'은 주로 사회적인 풍습을 이를 때 쓰는 단어다. 개인적인 차원에서는 '습관(習慣)' 이란 단어를 쓴다. 또 동일한 동물종(動物種) 내에서 공통되는 생활 양식이나 행동 양식을 가리킬 때는 '습성(習性)'을 쓴다. '젖은 곳을 싫어하는 게 닭의 습성이었다.'가 그런 예이다. 사람을 두고 '습성(習性)'이라는 단어를 쓰면 습관이 체질화하였다는 의미이거나, 타고난(=선천적인) 습관이라는 의미가 강화된다. 한편 '인습(因襲)'은 긍정적인 평가의 대상일 때는 쓰지 않는다. '전통(傳統)'이란 단어가 대체로 긍정적인 평가의 대상에 쓰이는 것과는 다르다.

| 관련 단어 |

관습(慣習) | 어떤 사회에서 오랫동안 지켜 내려와 그 사회 성원들이 널리 인정하는 질서나 풍습.
예 명절 때 차례를 지내는 일은 우리의 오랜 관습이다.

습성(習性) | 오랫동안 되풀이하여 몸에 익은 채로 굳어진 개인적 행동.
예 놀고먹는 사람은 가족이나 형제에게 의지하려는 습성이 강하다.

습속(習俗) | 예로부터 어떤 사회나 지역에 내려오는 고유한 관습과 풍속.
예 우리나라를 비롯한 한문 문화권에서는 설날에 대문이나 부엌문에 수탉 그림을 붙이는 습속이 있었다.

관례(慣例) | 예로부터 굳어져 계속 전해 온 사례나 관습.
예 정기 인사는 관례대로 올 3월에 있을 예정이다.

인습(因襲) | 예전의 풍습, 습관, 예절 따위를 그대로 따름.
예 전통과 인습은 엄격히 구별되어야 한다.

풍속(風俗) | 옛날부터 그 사회에 전해 오는 생활 전반에 걸친 관습 따위.
예 우리에게는 이웃끼리 서로 돕고 사는 좋은 풍속이 있다.

의례(儀禮) | 어떤 행사를 치르는 법식이나 정해진 방식에 따라 치르는 행사.
예 관혼상제의 의례를 간소하고 검소하게 치르도록 국민의 의식을 바꿔야 한다.

의전(儀典) | 정해진 격식에 따라 치르는 행사.
예 정부는 공직자들의 해외여행을 억제하고 의전도 간소화할 방침이다.

의장대(儀仗隊) | 의식 절차에 의한 예법을 훈련받고 의식 행사 때에만 배치되는 부대.
예 대통령은 의장대 사열을 마치고 전용차에 올랐다.

역임(歷任) 여러 직위를 두루 거쳐 지냄.
예 그는 다양한 정부 요직을 역임하면서 경력을 쌓았다.

'임(任)'은 '맡기다'가 기본 의미이다. '제가 소개할 분은 지금 이 지역 국회의원을 역임(歷任)하고 있는 초선의 박영철 의원이십니다.'와 같이 표현하면 안 된다. '역임(歷任)'은 과거에 맡았던 둘 이상의 자리를 나열하는 경우에 쓴다. 한편 '연임'은 '일정한 기간을 정해서 직위를 갖는 자리에 거듭해서 그 자리에 임명되는 것'을 말하고, '중임'은 '일정한 기간을 정하지 않고 직위를 갖는 자리에 거듭 임명되는 것'을 말한다. 즉 '연임'은 '특정한 기간에 특정한 자리에 연속해서 머무르는 일'인 반면, '중임'은 '불특정 기간 동안에 특정한 자리에 거듭 임명되는 것'을 말한다.

┃ 관련 단어 ┃

선임(選任) ┃ 여러 사람 가운데서 어떤 직무나 임무를 맡을 사람을 골라냄.
예 그는 이번 주주 총회에서 이사로 선임되었다.

부임(赴任) ┃ 임명이나 발령을 받아 근무할 곳으로 감.
예 나는 김 선생보다 1년 먼저 이 학교에 부임하였다.

재임(在任) ┃ 일정한 직무나 임무를 수행하고 있거나 임지(任地)에 있음.
예 김 박사는 35년간 교수로 재임하면서 모두 17권의 저서를 남겼다.

유임(留任) ┃ 조직의 개편이나 임기 만료 때, 원래 있던 직책이나 직위에 그대로 머물러 있음.
예 임기 만료된 김 전무는 내일 오후에 열리는 이사회에서 유임 여부가 결정된다.

연임(連任) ┃ 원래 정해진 임기를 다 마친 뒤에 다시 계속하여 그 직위에 머무름.
예 회장의 임기는 6년이고, 연임할 수 있다.

중임(重任) ┃ 같은 직위에 거듭 임명됨.
예 이번에 임명된 여덟 명의 은행장 중 세 명은 중임이다.

이임(離任) ┃ 맡아보던 일을 내놓고 그 자리를 떠남.
예 곧이어 장관의 이임 기자 회견이 있을 예정입니다.

퇴임(退任) ┃ 비교적 높은 직책이나 임무에서 물러남.
예 그는 교장으로 명예롭게 퇴임하였다.

명예퇴직(名譽退職) ┃ 정년이나 징계에 의하지 아니하고, 근로자가 스스로 신청하여 직장을 그만둠.
예 최근 명예퇴직 신청자가 급증하고 있다.

연세(年歲) | 어른의 나이를 높여 이르는 말.
예 할아버님의 연세가 높으셔서 건강이 걱정된다.

'나이'와 관련되는 말들이다. '연세(年歲)'는 사람에게만 쓰고, '연식(年式)'은 기계류에만 사용되는 단어다. '연세(年歲)'를 사람에게 쓴다고 했지만, 어느 정도 나이가 든 사람에게만 쓴다. 어린 나이의 사람이거나 비교적 젊은 나이의 사람에게는 그냥 '연령(年齡)'이나 '나이'를 쓴다.

┃ 관련 단어 ┃

고령(高齡) | 늙은이로서 썩 많은 나이.
예 우리 아버지는 90세의 고령이시다.

춘추(春秋) | 어른의 나이를 높여 이르는 말.
예 외람되지만, 올해 춘추가 얼마나 되시는지요?

연령(年齡) | 사람이나 생물이 나서 살아온 햇수.
예 그 사람은 실제 연령보다 젊어 보인다.

연차(年次) | 나이의 차례. 햇수의 차례.
예 연차를 따져 보니 제가 다섯 살이 위군요.

연륜(年輪) | 여러 해 동안의 노력이나 경험으로 이룩된 숙련의 정도. 또는 그러한 노력이나 경험이 진행된 세월.
예 우리 회사는 연륜이 짧아 직원들의 경험이 부족합니다.

연식(年式) | 기계류, 특히 자동차를 만든 해에 따라 구분하는 방식.
예 달포만 지나면 연식이 바뀌기 때문에 이 중고차의 가격이 떨어질 것이다.

노익장(老益壯) | 나이를 먹을수록 더욱 기력이 왕성해짐. 또는 그런 사람.
예 엄 교수님은 올해에도 두 권의 저서를 내셨으니 정말 대단한 노익장이시다.

고희(古稀) | 고래(古來)로 드문 나이란 뜻으로, 일흔 살을 이르는 말. 두보의 〈곡강시(曲江詩)〉에 나오는 말이다.
예 어머님께서 어느새 고희를 바라보는 연세가 되셨다.

과년(瓜年) | 결혼하기에 적당한 여자의 나이.
예 외동딸이 점점 과년이 차 가자 부모는 은근히 사위 볼 걱정을 하기 시작하였다.

과년(過年) | 주로 여자의 나이가 보통 혼인할 시기를 지난 상태에 있음.
예 과년한 처녀가 그렇게 경망스럽게 행동해서야 되겠느냐?

온당(穩當) 판단이나 행동 따위가 사리에 어긋나지 아니하고 알맞음.

예 법을 어겼으면 처벌을 받는 것이 온당하다.

'알맞음'과 관련되는 말들이다. '생각이나 행동 따위가 사리에 맞고 건실함.'을 이르는 말이 '온건(穩健)'이다. '과격(過激)'의 상대 개념이다. 그러니 '온당(穩當)하다'는 '사리에 맞거나 과격하지 않아서 적당하다'는 의미일 것이다.

▌관련 단어 ▌

적절(適切) | 꼭 알맞음.

예 그것은 학생으로서 적절하지 못한 행동이다.

시의적절(時宜適切) | 그 당시의 사정이나 요구에 아주 알맞음.

예 지금 상황에서 한국이 할 수 있고, 해야 하는 시의적절한 제안을 했다고 본다.

시의성(時宜性) | 당시의 상황이나 사정과 딱 들어맞는 성질.

예 그 방송사의 시사 토론 프로는 시의성이 좀 떨어진다는 지적을 받고 있다.

적합(適合) | 일이나 조건 따위에 꼭 알맞음.

예 이 지역은 땅이 거칠어 농사짓기에 적합하지 않다.

적정(適正) | 정도가 알맞고 바름.

예 임금은 근로자가 적정한 생활수준을 누릴 수 있을 만큼 지급돼야 한다.

적당(適當) | 정도에 알맞음.

예 그는 자신에게 적당한 일을 찾고 있다.

적부(適否) | 알맞음과 알맞지 아니함.

예 그 문제는 복잡다단하여, 앉은자리에서 적부를 가릴 수는 없는 사안이다.

냉철(冷徹) | 사람이나 그 생각, 판단 따위가 감정에 치우치지 않고 사리에 밝음.

예 이 험난한 세상을 살아가려면 언제나 냉철한 이성으로 문제점을 판단하는 자세가 필요하다.

미혹(迷惑) | 무엇에 홀려 정신을 차리지 못함.

예 그는 한동안 여색에 미혹하여 다른 일에는 전혀 신경도 못 쓰고 있었다.

미망(迷妄) | 사리에 어두워 갈피를 잡지 못하고 헤맴.

예 말하자면 그는 부의 추구가 곧 행복의 추구가 되는 것이란 미망과 착각 속에서 산 사람이었다.

와해(瓦解) 어떤 원인으로 사물이나 조직, 계획 따위가 산산이 무너짐을 이르는 말.
예 검찰의 철저한 수사로 폭력 조직이 와해되었다.

'허물어짐'과 관련한 말들이다. '와해(瓦解)'는 '기와가 깨진다'는 뜻에서 온 말이다. 기와는 1000℃ 이하의 비교적 낮은 온도에서 굽는다. 게다가 지붕의 자재로 쓰여 오랜 시간 햇볕을 쬐고 비바람을 맞으면 쉽게 금이 가고 쪼개진다. 만약 땅에 떨어지기라도 하면 형체를 알아볼 수 없게 산산조각이 난다. 또 화재라도 나서 기둥, 서까래 등이 불타면 기와지붕은 기와의 무게를 못 이겨 폭삭 가라앉고 만다. 이로부터 어떤 조직이나 기관이 한꺼번에 붕괴되거나 분열되는 것을 '와해(瓦解)된다'고 표현하게 된 것이다.

▌관련 단어 ▌

붕괴(崩壞) │ 허물어져 무너짐.
예 봉건 왕조의 붕괴는 귀족 사회의 부패로부터 시작되었다.

파괴(破壞) │ 때려 부수거나 깨뜨려 헐어 버림.
예 오랜만에 찾은 고향은 건물들이 모두 파괴되어 폐허나 다름없었다.

파손(破損) │ 물건을 깨뜨려 못 쓰게 만듦.
예 주문한 상품이 배달되었는데, 자세히 보니 상품에 파손이 있어 반송했다.

손괴(損壞) │ 물건을 상하거나 부서지게 함.
예 이사를 할 때 가구 등이 손괴가 되지 않도록 특별히 조심해라.

퇴락(頹落) │ 낡아서 무너지고 떨어짐.
예 그는 퇴락하여 돌담이 무너진 기와집으로 들어갔다.

폐허(廢墟) │ 건물, 성, 시가지 따위가 파괴되어 황폐하게 된 터.
예 대규모의 화산 폭발이 일어나 도시 전체가 폐허가 되었다.

멸실(滅失) │ 화재나 지진 따위로 물품이나 가옥 따위가 그 효용을 상실할 정도로 파손됨.
예 사용자의 과실로 인하여 물건이 멸실 또는 훼손된 경우에는 그 손해를 배상하여야 한다.

괴멸(壞滅) │ 조직이나 체계 따위가 무너져 멸망함.
예 여러 번의 과감한 정책이 실패로 돌아감으로써 그 정당은 괴멸의 위기에 봉착했다.

전복(顛覆) │ 사회 체제가 무너지거나 정권 따위를 뒤집어엎음.
예 그들의 주장은 체제 비판의 차원을 넘어 체제 전복을 지향했다.

유발(誘發) 어떤 것이 원인이 되어 다른 일이 일어남.
> (예) 이성에 대한 욕구는 성적 매력에 의해서만 유발되는 것은 아니다.

'일이 일어나는 것'과 관련되는 말들이다. '유발(誘發)'은 비교적 중립적으로 사용된다. 하지만 '야기(惹起)'는 부정적인 일이나 부정적인 사건을 두고 쓰는 말이다. 참고로 '야기요단(惹起鬧端)'은 '서로 시비의 실마리를 끌어 일으킴'의 뜻으로 쓰는 말이다.

▌관련 단어 ▌

촉발(觸發) ┃ 어떤 일이 다른 어떤 일로부터 영향을 받거나 자극되어 일어남.
> (예) 목격자들은 이날 시위가 사전 계획된 것이 아니라 돌발적으로 촉발된 것으로 진술하였다.

야기(惹起) ┃ 일이나 사건 따위를 끌어내어 일으킴.
> (예) 사장은 이번 사태를 야기한 책임을 지고 사퇴하겠다고 발표했다.

초래(招來) ┃ 어떤 결과를 가져오거나 이끌어 냄.
> (예) 그는 술김에 저지른 실수가 이렇게 엄청난 결과를 초래할 줄 꿈에도 생각 못했다.

도출(導出) ┃ 판단이나 결론 따위를 이끌어 냄.
> (예) 협상이 계속 진행되었지만 결론 도출은 어렵다는 전망이 지배적이었다.

유인(誘因) ┃ 어떤 일 또는 현상을 일으키는 원인.
> (예) 이것을 췌장염 발생의 유인으로 보기는 어렵다.

단발(單發) ┃ 어떤 일이 연속하여 일어나지 않고 단 한 번만 일어남.
> (예) 그의 방송 출연은 가족들의 반대로 단발로 그쳤다.

우발적(偶發的) ┃ 어떤 일이 예기치 아니하게 우연히 일어나는.
> (예) 어젯밤 일어난 사건은 어디까지나 우발적인 사고에 불과했다.

고의적(故意的) ┃ 일부러 하는.
> (예) 그는 고의적인 반칙으로 경기장에서 퇴장을 당했다.

도발적(挑發的) ┃ 남을 집적거려 일이 일어나게 하는.
> (예) 그는 상대의 도발적인 언동 때문에 화가 났었다고 자초지종을 털어놓았다.

충동적(衝動的) ┃ 마음속에서 어떤 욕구 같은 것이 갑작스럽게 일어나는.
> (예) 그렇게 충동적으로 말해 버리면 나중에 결국 후회하게 됩니다.

재능(才能) 어떤 일을 하는 데 필요한 재주와 능력.

예 그 아이는 어릴 때부터 그림에 천부적인 재능이 있었다.

'재주나 능력'과 관련되는 말들이다. 흔히 '그는 지혜와 재간을 갖추고 있다.'라는 말을 한다. '재능(才能)'이 사람에게 내재된 능력이라는 의미가 강하다면, '재간(才幹)'은 외적으로 발휘된 솜씨라는 의미가 강하기 때문일 것이다. '재간둥이(才幹--)'는 여러 가지 재간을 지닌 사람을 귀엽게 이르는 말이다. 한편 '팔방미인(八方美人)'은 여러 방면에 능통한 사람을 비유적으로 이르는 말인데, 한 가지 일에 정통하지 못하고 온갖 일에 조금씩 손대는 사람을 놀림조로 이르는 말로도 쓰인다.

| 관련 단어 |

재주(ーー) | 어떤 일에 대처하는 방도나 꾀.

예 그는 위기 상황에서 갖은 재주를 부려 교묘히 빠져나갔다.

자질(資質) | 어떤 분야의 일에 대한 능력이나 실력의 정도.

예 그는 교수이지만 학자로서의 자질이 부족하다.

소질(素質) | 본디부터 가지고 있는 성질. 또는 타고난 능력이나 기질.

예 어려서부터 동생은 서예에 뛰어난 소질을 보였다.

재기(才氣) | 재주가 있는 기질.

예 사람들은 그의 넘치는 재기에 혀를 내둘렀다.

재간(才幹) | 어떤 일을 할 수 있는 재주와 솜씨.

예 그는 재간으로 보자면 장군을 시켜도 부족이 없는 인물이다.

팔방미인(八方美人) | 여러 방면에 능통한 사람을 비유적으로 이르는 말.

예 공부면 공부, 노래면 노래, 운동이면 운동, 정말 못하는 게 없는 팔방미인이었다.

재사(才士) | 재주가 뛰어난 남자.

예 그는 당대의 재사로 이름을 떨쳤다.

귀재(鬼才) | 세상에서 보기 드물게 뛰어난 재능. 또는 그런 재능을 가진 사람.

예 그는 주옥같은 명시를 발표함으로써 시단의 귀재로 각광받고 있는 시인이었다.

인걸(人傑) | 특히 뛰어난 인재(人材).

예 그는 당대의 인걸이다.

취미(趣味) 전문적으로 하는 것이 아니라 좋아서 즐겨 하는 일.
예 우리 모임은 서예가 취미인 동문으로 구성되어 있다.

'좋아서 즐기는 것'과 관련되는 말들이다. 사람마다 기호(嗜好)가 다른 법이다. 어떤 것에는 마음이 쏠리지만 어떤 것에는 그렇지 않다. 그 마음이나 욕구 따위가 기우는 방향을 '취향(趣向)' 또는 '기호(嗜好)'라 한다. 그것이 일정한 방향으로 굳어진 것이 '취미(趣味)'다. 즐기다 보면 전문성도 생겨 직업이 될 수도 있다. 예컨대 난초를 기르는 것을 취미 삼아 하다가 아예 원예가 직업이 될 수 있다. '취미'가 '전업(專業)'으로 발전하게 되는 것이다.

┃ 관련 단어 ┃

취향(趣向) ┃ 하고 싶은 마음이나 욕구 따위가 기우는 방향.
예 그녀는 복고 취향의 옷을 즐겨 입는다.

선호(選好) ┃ 여럿 가운데서 특별히 가려서 좋아함.
예 생활수준이 높아짐에 따라 무공해 식품의 선호가 두드러진다.

호오(好惡) ┃ 좋음과 싫음.
예 우리 아버지는 여간해서 호오의 감정을 쉽게 드러내지 않는 편이다.

도취(陶醉) ┃ 어떠한 것에 마음이 쏠려 취하다시피 됨.
예 관광객들은 아름다운 경치에 도취되어 시간 가는 줄을 몰랐다

심취(心醉) ┃ 어떤 일이나 사람에 깊이 빠져 마음을 빼앗김.
예 그는 한때 미술에 심취했던 적이 있었다.

흥취(興趣) ┃ 흥(興)과 취미를 아울러 이르는 말.
예 뱃전에서 철렁거리는 물소리가 흥취를 자아낸다.

정취(情趣) ┃ 깊은 정서를 자아내는 흥취.
예 이 길은 몇 해 전만 해도 산모퉁이며 논길과 밭둑길이 있어 사뭇 시골길의 정취가 배어 있었다.

행락(行樂) ┃ 재미있게 놀고 즐겁게 지냄.
예 일주일을 쉰 국경절 기간에 중국 내 유명 관광지를 찾은 행락 인파가 2천 400여만 명인 것으로 나타났다.

여흥(餘興) ┃ 어떤 모임이 끝난 뒤에 흥을 돋우려고 연예나 오락을 함.
예 우리가 회관에 도착했을 때에는 이미 식사가 끝나고 여흥이 시작되고 있었다.

통제(統制) 일정한 방침이나 목적에 따라 행위를 제한하거나 제약함.
예 포로들은 통제와 감시 속에서 불안에 시달리고 있다.

> '제(制)'는 '억제하다'가 기본 의미이다. '통제(統制)'는 일정한 방침이나 목적에 따라 행위가 제한되거나 제약되는 것을 말한다. 그 주체는 대개 권력이나 권한이 있는 자인 경우가 대부분이다. 이와 달리 '자제(自制)'와 '절제(節制)'는 모두 스스로 억제한다는 의미를 갖는다. 약간의 차이가 있는데, '자제'는 감정이나 욕망 차원에서 그것이 실행되는 것을 억제하는 것인 반면, '절제'는 어느 정도 실행은 하되 그 정도를 조절하는 것이다. '자제된 행동'은 좀 부자연스러운 반면, '절제된 행동'은 자연스러운 이유다. 물론 '행동을 자제하다'는 흔히 쓰인다.

| 관련 단어 |

억제(抑制) | 어떤 행위나 현상 따위가 성하지 않도록 억지로 내리누름.
예 부동산 투기 억제를 위한 정부의 방침이 발표되었다.

규제(規制) | 규칙이나 법령, 관습 따위로 일정한 한도를 정하여 그 이상을 넘지 못하도록 제한함.
예 현재 대부분의 선진국들은 다이옥신 배출을 아주 엄격하게 규제하고 있다.

제어(制御) | (사람이나 어떤 기계가 다른 기계나 설비 따위를) 목적에 알맞은 동작을 하도록 조절함.
예 리모컨으로 자동차를 제어할 수 있게 되어 무척 편리하다.

제지(制止) | 말려서 못 하게 함.
예 다리를 건너려는 그를 제지하였으나 그는 막무가내로 건너고 말았다.

자제(自制) | 자기의 감정이나 욕망 따위를 스스로 억제하여 다스림.
예 행사 주최 측은 위험한 상황이 발생할 수 있으므로 관객들의 자제를 요청하였다.

절제(節制) | 정도를 넘지 않도록 알맞게 조절하거나 제어함.
예 연극배우의 연기는 고도로 절제된 감정 처리가 생명이다.

방종(放縱) | 제멋대로 행동하여 거리낌이 없음.
예 책임과 의무가 따르지 않는 자유는 자칫 방종에 빠지기 쉽다.

방약무인(傍若無人) | 곁에 사람이 없는 것처럼 아무 거리낌 없이 함부로 말하고 행동하는 태도가 있음.
예 그들은 술에 취해 방약무인하게 굴었다.

향년(享年) 한평생 살아 누린 나이.

예 선생님은 향년 칠십 세를 일기로 생을 마감하셨다.

'해[年]와 나이'에 관련되는 말들이다. '향년(享年)'은 매우 제한적인 상황, 즉 죽은 사람의 나이를 이르는 말로 쓰인다는 점을 기억해 두어야 한다. '한평생 살아 있는 동안'을 뜻하는 '일기(一期)'도 그러하다. '그는 아깝게도 40세를 일기로 세상을 떠났다.'에서 보듯, 대개 죽은 사람의 나이를 언급할 때 쓰인다.

┃관련 단어┃

당년(當年) ┃ (주로 나이를 나타내는 말의 앞에 쓰여) 그해의 나이.

예 당년 칠십에 첫 손자를 본 그는 더없이 기뻐했다.

방년(芳年) ┃ 꽃이 화사하게 피는 좋은 때라는 뜻으로, 이십 세 전후의 한창 젊은 나이를 비유적으로 이르는 말.

예 은수는 방년 십구 세의 성격이 명랑한 아가씨입니다.

명년(明年) ┃ 올해의 다음.

예 박 사장은 금년 아니면 명년에는 꼭 공사를 시작해야 한다고 누차 말했다.

주년(周年/週年) ┃ 일 년을 단위로 돌아오는 돌을 세는 단위.

예 명년이 동학 농민 운동 1백 주년이다.

노년(老年) ┃ 나이가 들어 늙은 때. 또는 늘그막.

예 노모는 아버지 제사 때를 포함해서 일 년에 겨우 두 번 정도 아들의 얼굴을 보는 것으로는 노년의 외로움을 달래기 어려웠다.

졸년월일(卒年月日) ┃ 죽은 해와 달, 날을 아울러 이르는 말.

예 기록이 없어 생년월일(生年月日)은 미상이지만, 졸년월일은 분명히 알 수 있다.

격년(隔年) ┃ 한 해씩 거름.

예 다음부터는 이 행사를 매년 열지 않고 격년으로 열기로 했다.

예년(例年) ┃ 보통의 해.

예 올해의 수출 실적은 예년 수준이다.

평년(平年) ┃ 풍년도 흉년도 아닌 보통 수확을 올린 해.

예 올해의 보리 수확은 평년 수준을 조금 웃돈다.

회복(回復)	원래의 좋은 상태로 되돌리거나 원래의 상태를 되찾음.
	📍 체력 회복을 위해 가장 좋은 일은 충분한 수면을 취하는 것이다.

'원래 상태로 돌아감'과 관련되는 말들이다. '환절기를 맞아 감기 환자가 늘어나고 있는 가운데 감기 예방과 피로 회복에도 좋은 모과에 대한 관심이 뜨겁다.'와 같은 문장을 흔히 접할 수 있다. 그런데 '피로 회복'은 비논리적인 표현이다. '피로 해소'라고 해야 논리적이다. '피로'는 '회복'의 대상이 아니라 '해소'의 대상이기 때문이다.

┃관련 단어┃

복구(復舊) ┃ 손실 이전의 상태로 회복함.

📍 무너진 건물의 복구에 몇 달이 걸릴지 아무도 모른다.

복귀(復歸) ┃ 본디의 자리나 상태로 되돌아감.

📍 군복무를 마치고 사회에 복귀한 그는 내일 활동 재개를 선언할 예정이다.

복권(復權) ┃ 한 번 상실한 권세를 다시 찾음.

📍 임오군란이 청군의 파병으로 진압되자 명성황후 세력이 복권하였다.

복원(復元/復原) ┃ 사물을 원래의 상태로 되돌림.

📍 그 건물이 드디어 원형대로 복원이 되었다.

환원(還元) ┃ 본디의 상태로 되돌림.

📍 사회로부터 얻은 이윤은 마땅히 사회에 전부 환원되어야 한다고 생각합니다.

수복(收復) ┃ 잃었던 땅이나 권리 따위를 되찾음.

📍 고향 땅이 수복되면 가족을 데리고 이남으로 내려오려고 꿈을 꿨던 게 모두 수포로 돌아갔어.

회귀(回歸) ┃ 본래의 자리로 돌아오거나 돌아감.

📍 물질문명에 염증을 느껴 다시 자연으로 회귀하고자 하는 마음이 생기게 되었다.

귀소(歸巢) ┃ 동물이 보금자리로 돌아감.

📍 어미 새의 귀소가 늦어지자 아기 새들은 두려움에 파들파들 떨었다.

귀환(歸還) ┃ 다른 곳으로 떠나 있던 사람이 본래 있던 곳으로 돌아오거나 돌아감.

📍 할머니는 새벽마다 정화수를 떠놓고 파병 나간 삼촌의 무사한 귀환을 빌었다.

귀향(歸鄕) ┃ 고향으로 돌아가거나 돌아옴.

📍 명절 전날 기차역은 언제나 귀향 인파로 북적대었다.

회피(回避)	꾀를 부려 마땅히 져야 할 책임을 지지 아니함.
	예 그의 변명은 책임 회피로밖에 보이지 않는다.

'피(避)'는 '맞부딪쳐야 하는 것을 벗어남'이 기본 의미이다. 꾀를 부려 피하는 것은 '회피(回避)'다. '모면(謀免)'과 뜻하는 바가 비슷하다. 꺼리거나 싫어서 피하는 것은 '기피(忌避)'다.

▌관련 단어 ▌

기피(忌避) │ 꺼리거나 싫어하여 피함.
　　　　　　　예 대부분의 여성들이 농촌으로 시집오기를 기피하는 경향이 있다.

금기(禁忌) │ 마음에 꺼려서 하지 않거나 피함.
　　　　　　　예 예로부터 아이를 가진 여자는 금기할 일이 많다.

피신(避身) │ 위험을 피하여 몸을 숨김.
　　　　　　　예 전쟁이 나자 가족들을 안전한 곳으로 피신을 보냈다.

도피(逃避) │ 도망하여 몸을 피함.
　　　　　　　예 마을 입구에는 장정을 시켜 마을 사람들이 도피하지 못하게 차단해 버렸다.

모면(謀免) │ 어떤 일이나 책임을 꾀를 써서 벗어남.
　　　　　　　예 아무리 생각해도 비난을 모면할 길이 없는 것 같다.

면피(免避) │ 잘못이나 책임 따위를 면하여 피함.
　　　　　　　예 그의 말은 이 자리를 피하기 위한 면피를 목적으로 한 것이다.

탈피(脫皮) │ 일정한 상태나 처지에서 완전히 벗어남.
　　　　　　　예 우리 구청은 기존의 관행에서 탈피하여 구민 봉사 점수가 높은 직원을 승진시켰다.

　　　　　　　★'탈피(脫皮)'는 파충류, 곤충류 따위가 자라면서 허물이나 껍질이 벗어지는 일을 이르는 말로도 쓰인다.

포탈(逋脫) │ 과세를 피하여 면함.
　　　　　　　예 그의 세금 포탈 소문이 사실로 확인되었다.

피서(避暑) │ 더위를 피하여 시원한 곳으로 옮김.
　　　　　　　예 휴가를 맞아 가족들과 바닷가로 피서를 떠나다.

4 글자의 교체로 **뜻**이 분화한 **말**

한자어는 2음절로 되어 있는 경우가 대부분이다. 결국 대개의 한자어는 두 한자의 결합을 통해 단어가 만들어진다. 그 결합의 방식에는 크게 두 가지가 있다. 다음의 예들은 뒤의 글자를 고정한 다음 앞의 글자를 교체해 가는 방식으로 만들어진 단어라 할 수 있다.

가 정독(精讀) : 뜻을 새겨 가며 자세히 읽음.

　통독(通讀) : 처음부터 끝까지 훑어 읽음.

　묵독(默讀) : 소리를 내지 않고 속으로 글을 읽음.

모두 '독(讀)', 즉 글을 읽는 행위와 관련되는 단어다. 그것을 뒤의 글자로 나타내고, 앞의 글자를 통해서는 다양한 독서의 양상을 나타냈다. 글자가 한 자씩 교체되면서 의미가 분화하고 있는 것이다. 다음은 사정이 좀 다르다.

나 교정(校庭) : 학교의 마당이나 운동장.

　교사(校舍) : 학교의 건물.

　교복(校服) : 학교에서 학생들이 입도록 정한 제복.

모두 '교(校)', 즉 학교와 관련되는 단어다. 앞의 글자로 주된 대상을 나타내고, 뒤의 글자로 대상과 관련되는 사항을 나타냈다. 역시 글자가 한 자씩 교체되면서 의미가 분화하는 결과를 낳고 있다.

(1) 앞 글자를 고정하고 뒤 글자를 덧붙여 이해하기

가(假) '가짜인, 거짓인' 또는 '임시적인'의 뜻을 더하는 일종의 접두사다. '가(假)'로 시작하는 3음절 한자어가 많은 것은 그 때문이다. 아무튼 이런 사정으로 '가명(假名)'은 '실제의 자기 이름이 아닌 이름'의 뜻으로 쓰여 '가짜 이름'을 의미하기도 하고, '임시로 지어 부르는 이름'을 의미하기도 한다. 한편 '가가(假家)'는 임시로 지은 집이란 뜻인데, 요즘 흔히 쓰는 '가게'의 원말이다. 그러니까 '가게'라는 말이 원래는 '가가(假家)', 말하자면 오늘날 패널 따위로 간편하게 지은 집처럼 임시로 값싸게 지은 집을 가리키는 단어였다.

| 관련 단어 |

가성(假聲) | [거짓 목소리] 일부러 꾸며내는 거짓 목소리.
 예) 그는 가성을 써서 여자 목소리 흉내를 냈다.

가건물(假建物) | 잠시 사용하기 위해 임시로 지은 건물.
 예) 박람회 예정지에는 이미 여러 동의 가건물이 들어서서 행사 준비를 하고 있었다.

가계약(假契約) | 정식으로 계약을 맺기 전에 임시로 맺는 계약.
 예) 협회에서는 정식 선발 기간 전에 선수와 가계약을 맺는 행위를 금지하기로 했다.

가매장(假埋葬) | 시체를 임시로 묻음. '임시 매장'으로 순화.
 예) 북파공작원 실미도 부대 난동 사건으로 현장에서 사망한 18명과 이후 처형된 4명의 유해는 모두 경기도 벽제리 묘지에 가매장된 것으로 밝혀졌다.

가발(假髮) | 머리에 덧쓰거나 붙이기 위해 머리카락이나 이와 비슷한 것으로 만든 물건.
 예) 최근 연예인들 사이에 갖가지 색깔의 가발을 쓰는 것이 유행하고 있다.

가수요(假需要) | 가격 인상이나 물자 부족이 예상될 경우, 당장 필요가 없으면서도 일어나는 수요.
 예) 가수요 현상이 심화하면 경제 질서를 교란해 시장은 물론 국민경제에도 적지 않은 문제를 야기할 수 있다.

가칭(假稱) | 어떤 이름을 임시로 정하여 부름.
 예) 우리는 이 모임을 우선 '우리낱말연구동호회'라고 가칭하기로 하였습니다.

결(結)

'(실이나 끈 따위로) 묶다'가 기본 의미이다. 이로부터 '맺다, 모으다, 단단히 하다'의 뜻이 나왔다. 예컨대 '결실(結實)'의 기본 의미는 '열매를 맺음'이며, 이로부터 '노력이나 수고로 이루어진 보람 있는 성과'라는 의미가 나왔다. '장 씨는 6년간의 노력 끝에 드디어 새로운 배 품종의 결실을 보았다.'가 그런 예이다.

┃ 관련 단어 ┃

결과(結果) ┃ **[열매를 맺음]** 어떤 원인으로 결말이 생김. 또는 그런 결말의 상태.
　　　　　🕮 그들은 제품의 결함에 대해 10년 동안 연구하고 조사한 결과를 발표했다.

결박(結縛) ┃ 몸이나 손 따위를 움직이지 못하도록 묶음.
　　　　　🕮 경찰은 결박을 당한 죄인을 풀어 주었다.

결부(結付) ┃ 일정한 사물이나 현상을 서로 끌어 붙여 연관시킴.
　　　　　🕮 대학 입시 부정을 대학의 재정난과 결부시킨다는 것은 어불성설(語不成說)이다.

결사(結社) ┃ 뜻이 같은 사람들이 공통의 목적을 이루기 위해 모여 단체를 만듦.
　　　　　🕮 모든 국민은 언론, 출판의 자유와 집회, 결사의 자유를 갖는다.

결성(結成) ┃ 모임이나 단체 따위를 조직하여 이룸.
　　　　　🕮 우리는 이 단체의 결성 초기부터 함께 활동한 사람들이다.

결속(結束) ┃ 뜻이 같은 사람끼리 서로 단결함.
　　　　　🕮 이번 등산모임은 회원들의 결속을 다지는데 많은 도움이 될 것이다.

결연(結緣) ┃ 서로 인연을 맺음.
　　　　　🕮 우리 회사 사원들과 소년 소녀 가장들이 결연을 맺었다.

결집(結集) ┃ 사람이나 집단의 의지, 힘 따위가 같은 목적을 향하여 한데 뭉침.
　　　　　🕮 우리는 통일에 대비하여 역량을 결집하고 지혜를 모아야 한다.

결초보은(結草報恩) ┃ 풀을 묶어서 은혜에 보답한다는 뜻으로, 죽은 뒤에라도 은혜를 잊지 않고 갚음을 이르는 말.
　　　　　🕮 이 은혜는 꼭 잊지 않고 있다가 언젠가 반드시 결초보은하겠습니다.

결탁(結託) ┃ (주로 나쁜 일을 꾸미려고) 서로 한통속이 됨.
　　　　　🕮 그는 밀수 조직과 결탁하여 불법으로 금을 들여왔다.

과(過)

'지나다'가 기본 의미이며, 이로부터 '지나치다, 초과하다, 넘치다'의 의미가 나왔다. 예컨대 '과객(過客)'은 '지나가는 나그네'란 뜻인데, 이때의 '과'는 '지나다'의 뜻이다. '과도기(過渡期)'의 '과'도 그렇다. '과민(過敏)'의 과는 '지나치다'의 뜻이다. '과식(過食)'의 '과'도 그렇다. 한편 '(분수에) 넘치는' 일이 심화하면 '허물'이나 '잘못'이 된다. '부주의나 태만 따위에서 비롯된 잘못이나 허물'을 뜻하는 '과실(過失)'의 '과'가 그런 예이다.

┃ 관련 단어 ┃

과열(過熱) ┃ **[지나치게 뜨거워짐]** 지나치게 활기를 띰.
　　　　　　 예 선거가 과열되면서 상대를 근거 없이 비방하는 말들이 오가고 있다.

과객(過客) ┃ 지나가는 나그네.
　　　　　　 예 지나가는 과객인데 하룻밤 자고 갈 수 있을까요?

과도기(過渡期) ┃ 한 상태에서 다른 새로운 상태로 옮아가거나 바뀌어 가는 도중의 시기.
　　　　　　 예 세계는 지금 새로운 사회 질서를 형성하는 과도기에 처해 있다.

과로(過勞) ┃ 몸이 고달플 정도로 지나치게 일함. 또는 그로 말미암은 지나친 피로.
　　　　　　 예 요즈음 과로로 병을 얻는 공무원들이 많아지고 있다.

과민(過敏) ┃ 감각이나 감정이 지나치게 예민함.
　　　　　　 예 동물들은 새끼를 배거나 낳으면 주인에게도 아주 과민해진다.

과밀(過密) ┃ 인구나 건물, 산업 따위가 한곳에 지나치게 집중되어 있음.
　　　　　　 예 인구 문제는 좁은 지역에 인구가 과밀한 데서 빚어진다.

과부족(過不足) ┃ 기준에 넘거나 모자람.
　　　　　　 예 연말정산이란 소득세액과 원천징수한 세금의 합계액을 대조해 과부족이 생겼을 경우 해당 금액을 정산하거나 조정하는 것을 뜻한다.

과잉(過剩) ┃ 예정하거나 필요한 수량보다 많아 남음.
　　　　　　 예 몸에 칼슘이 과잉일 때에도 문제가 될 수 있다.

과찬(過讚) ┃ 정도에 지나치게 칭찬함. 또는 그 칭찬.
　　　　　　 예 이렇게 저를 과찬해 주시니 몸 둘 바를 모르겠습니다.

관(關) '문을 닫아거는 빗장'이 기본 의미이다. 이로부터 '관계하다'의 의미가 나왔다. 원래 '관(關)'은 국경이나 국내 요지(要地)의 통로에 두어서 외적을 경비하며 그곳을 드나드는 사람이나 화물 등을 조사하던 곳을 이르는 말이다. 그래서 국가에서 걷는 세금 중, 외국으로 수출되거나 외국에서 수입하는 화물에 대하여 부과하는 세금을 '관세(關稅)'라 한다. 그리고 관세법에 따른 절차를 이행하여 물품을 수출, 수입, 반송하는 일을 가리켜 '통관(通關)'이라 한다.

| 관련 단어 |

관건(關鍵) | [문빗장과 자물쇠] 어떤 일의 성패나 추이를 가름하는 가장 중요한 부분이나 요인.
⑩ 이번 회담의 관건은 어떻게 쌍방의 의견 차이를 좁힐 수 있느냐에 달려 있다.

관계(關係) | 둘 이상의 사람, 사물, 현상 따위가 서로 관련을 맺거나 관련이 있음.
⑩ 두 사람은 친구의 관계를 넘어 애인의 관계로 발전하게 되었다.

관련(關聯) | 무엇이 다른 어떤 것과 서로 연결되어 얽혀 있음.
⑩ 홍수, 태풍, 가뭄 등의 기상재해는 지구의 온난화 현상과 관련이 있다.

관문(關門) | 다른 영역으로 나아가기 위하여 꼭 거쳐야 할 단계.
⑩ 학생들은 일단 입시라는 관문을 통과하면 대개 책과는 멀어지는 것 같다.

관세(關稅) | 국경을 통과하여 들어오는 상품에 대하여 부과하는 조세.
⑩ 정부는 수입 상품에 높은 관세를 부과하여 수입을 제한하기로 하였다.

관심(關心) | 어떤 것에 마음이 끌려 신경을 쓰거나 주의를 기울임.
⑩ 우리 아이는 공부는 잘하는데, 운동에는 전혀 관심이 없다.

관여(關與) | 어떤 일에 관계하여 참여함.
⑩ 공무원은 정당, 기타 정치 단체의 결성에 관여하거나 이에 가입할 수 없다.

관절(關節) | 두 개 또는 그 이상의 서로 인접한 뼈가 움직일 수 있도록 연결되어 있는 부분.
⑩ 그는 관절에 부상을 당해 앞으로의 선수 생활이 불투명해졌다.

단(斷)

'(나무나 쇠붙이 따위를) 끊다'가 기본 의미이다. 이로부터 '자르다, 결단하다'의 뜻이 나왔다. 예컨대 '단정(斷定)'은 결정을 하되 태도가 자르듯이 분명함을 이르는 말이다. 또 '단장(斷腸)'은 글자 그대로 창자가 끊어짐을 나타내는 말인데, 매우 애통함을 이를 때 쓰는 말이다. 이 말과 관련해서는 《세설신어(世說新語)》에 원숭이 새끼와 이별하는 어미 원숭이가 슬피 울며 기슭을 따라 내려오다가 죽고 말았는데, 그 배를 갈라보니 장(腸)이 조각조각 끊어져 있었다고 하는 고사가 전한다.

▍관련 단어 ▍

단상(斷想) │ **[끊어진 생각]** 생각나는 대로의 단편적인 생각.
　　　　　　 예 그는 가끔씩 적은 단상들을 모아 책으로 냈다.

단교(斷交) │ 교제를 끊음.
　　　　　　 예 자네처럼 고약한 친구와는 이제 단교일세.

단면(斷面) │ 어떤 현상의 속사정을 확연히 드러내 보여 주는 면.
　　　　　　 예 이러한 범죄들은 병들대로 병든 우리 사회의 단면을 보여 주고 있다.

단발(斷髮) │ 머리털을 짧게 깎거나 자름.
　　　　　　 예 그녀는 첫 방송 출연을 앞두고 곱게 길렀던 머리를 단발로 다듬었다.

단선(斷線) │ 전선이 끊어져 전류가 통하지 못함.
　　　　　　 예 온 마을이 갑작스럽게 단선이 되어 캄캄하다.

단속적(斷續的) │ 끊어지고 이어짐을 반복하는.
　　　　　　 예 단속적 소음은 어린이의 정서에 좋지 않은 영향을 준다.

단언(斷言) │ 분명하게 딱 잘라서 말함.
　　　　　　 예 누구도 이번 사태가 어떻게 전개될지를 단언할 수 없을 것이다.

단열재(斷熱材) │ 일정한 온도를 유지하거나 열을 차단하기 위해 사용하는 재료.
　　　　　　 예 단열재를 적절하게 사용하면 난방비를 줄일 수 있다.

단죄(斷罪) │ 죄인에 대하여 죄를 심판하여 처단함.
　　　　　　 예 당시에 정치범으로 단죄를 받았던 사람이 후대에 새로이 조명되는 경우도 있다.

대(代) '세대'가 기본 의미이다. 이로부터 '교체하다, 대신하다'의 뜻이 나왔다. '빌리다' 의 뜻인 '대(貸)'와 혼동하기 쉽다. 예컨대 '대금(代金)'은 물건을 사고 나서 치르는 돈을 가리키고, '대금(貸金)'은 빌린 돈을 가리킨다. 그러니 남에게 돈을 빌려 주고 이자를 받는 것을 직업으로 삼는 일을 가리키는 단어는 '대금업(貸金業)'이다. 또 '대용(代用)'은 대신하여 다른 것을 쓰는 일을 가리키고, '대용(貸用)'을 빌려 씀을 가리킨다.

▌관련 단어 ▌

대가(代價) [대신하는 값] 노력이나 희생을 통하여 얻게 되는 결과. 또는 일정한 결과를 얻기 위하여 하는 노력이나 희생.
> 예 이상을 실현하기 위해서는 그만큼의 대가를 치러야 하는 법이다.

대금(代金) 물건의 값으로 치르는 돈.
> 예 국내 기업들이 외상이나 할부 판매를 한 후 대금을 제때 회수하지 못해 자금난을 겪고 있다.

대대(代代)로 여러 대를 이어서 계속하여.
> 예 그 이야기는 우리 마을에 대대로 전해 오는 아름다운 전설이다.

대독(代讀) 다른 사람을 대신하여 축사나 식사(式辭) 따위를 읽음.
> 예 국무총리께서 대통령의 축사를 대독하겠습니다.

대명사(代名詞) 어떤 속성을 대표적으로 나타내는 것을 비유적으로 이르는 말.
> 예 황금은 부를 상징하는 대명사이다.

대변(代辯) 어떤 사람이나 단체를 대신하여 그 의견이나 태도를 표함.
> 예 국민의 뜻을 대변하는 사람이 바로 국회의원이라고 할 수 있다.

대안(代案) 어떤 안(案)을 대신하거나 바꿀 만한 안.
> 예 기업들은 환경오염 문제에 관해 뚜렷한 대안을 내놓아야 한다.

대역(代役) 이미 결정된 배역을 대신하여 다른 사람이 그 역할을 맡아 수행함.
> 예 그녀는 주연 배우의 대역을 하다가 주목을 받아 세계적인 배우가 되었다.

대체(代替) 대신할 만한 것으로 바꿈.
> 예 이 자원은 다른 것으로 대체가 불가능하다.

마(魔)

'귀신(鬼神)'이 기본 의미이다. 대체로 부정적인 의미로 쓰이나, 인간의 능력을 넘어서는 일과 관련해서 쓰일 때는 반드시 그렇지는 않다. 그런데 '마약(痲藥)'을 '마약(魔藥)'으로 잘못 알기 쉽다. '마(痲)'는 '저릴 마'다. 사람의 신경을 마비시키는 약이라는 뜻이다. '마취(痲醉)'의 '마'도 마찬가지다. 그러니까 '마취' 작용을 하는 약이 '마약'이다.

| 관련 단어 |

마굴(魔窟) | **[마귀의 굴]** 못된 무리들이 모여 있는 곳을 비유적으로 이르는 말.
　　　　　(예) 그녀는 납치범의 마굴에서 벗어난 후 곧바로 경찰서로 달려갔다.

마귀(魔鬼) | 요사스러운 잡귀를 통틀어 이르는 말.
　　　　　(예) 지붕이 허물어지고 토담이 무너진 폐가는 마귀가 나올 것같이 으스스했다.

마력(魔力) | 사람의 마음을 사로잡거나 현혹시키는 이상야릇한 힘.
　　　　　(예) 이 영화는 관객이 잠시도 눈을 떼지 못하게 하는 마력을 지니고 있다.

마법(魔法) | 사람의 능력을 뛰어넘는 이상한 힘으로 신기한 일을 행하는 술법.
　　　　　(예) 예전에 이 지역 사람들은 마법에 걸리지 않도록 부적(符籍)을 달고 다녔다.

마성(魔性) | 악마와 같은 악독한 성질. 또는 사람을 속이거나 홀리는 성질.
　　　　　(예) 악당은 궁지에 몰리게 되자 마성을 드러내며 포악하게 돌변했다.

마수(魔手) | 음험하고 흉악한 손길.
　　　　　(예) 그는 마약의 마수에서 벗어나려고 몸부림을 쳤다.

마술(魔術) | 재빠른 손놀림이나 여러 가지 장치, 속임수 따위를 써서 불가사의한 일을 하여 보임.
　　　　　(예) 마술사는 상자 안에 사람을 넣고 사라지게 하는 마술을 부렸다.

마주(魔酒) | 사람의 정신을 흐리게 하는 힘을 가진 술.
　　　　　(예) 그녀의 음성은 마주 같은 향기를 풍기며 온 피부에 스며들었다.

박(薄)

'엷다, 얇다'가 기본 의미이다. 이로부터 '적다, 야박하다, 별 볼일 없다'의 뜻이 나왔다. 이와 상대되는 한자는 '두터울 후(厚)'이다. 그러니 '박덕(薄德)'의 반대말은 '후덕(厚德)'이고, '박대(薄待)'의 반대말은 '후대(厚待)'이다. '박(薄)'과 혼동하기 쉬운 한자가 '넓을 박(博)'이다. 그 의미 차이는 크다. 예컨대 '박학(薄學)'은 아는 것이 깊지 못해 얇은 것이고, '박학(博學)'은 아는 것이 넓고 많은 것이다.

┃ 관련 단어 ┃

박빙(薄氷) ┃ **[얇은 얼음]** 근소한 차이를 비유적으로 이르는 말.
> 예) 양 팀은 점수 차가 1점을 벗어나지 않는 박빙의 승부를 벌였다.

박대(薄待) ┃ 정성을 들이지 않고 아무렇게나 맞이함.
> 예) 더 이상의 박대를 당하기 전에 어서 돌아가시오.

박덕(薄德) ┃ 덕이 적음.
> 예) 스승의 엄한 목소리가 그의 박덕을 꾸짖는 것 같았다.

박명(薄命) ┃ 팔자나 운명이 복이 없고 사나움. 또는 그런 팔자나 운명.
> 예) 미인은 박명이라고, 소문난 미인이었던 그녀는 서른도 넘기지 못하고 죽었다.

박복(薄福) ┃ 복이 별로 없음. 또는 팔자가 사나움.
> 예) 제가 박복해서 자식을 앞세웠어요.

박봉(薄俸) ┃ 얼마 되지 않는 적은 금액의 봉급이나 녹봉.
> 예) 그들 부부는 박봉에도 알뜰하게 살아간다.

박색(薄色) ┃ 얼굴이 아주 못생긴 여자.
> 예) 그녀는 곰보에 들창코인 박색이어도 마음은 비단결 같다.

박약(薄弱) ┃ 의지나 체력 따위가 굳세지 못하고 여림.
> 예) 그는 제 힘으로 살아가려는 의지가 박약하다.

박주(薄酒) ┃ 자기가 남에게 대접하는 술을 겸손하게 이르는 말.
> 예) 오랜만에 저희 집에 오셨으니 박주라도 한잔 하시지요.

박학(薄學) ┃ 학식이 보잘것없이 얇고 좁음. 또는 그 학식.
> 예) 제가 워낙 박학한지라 처음 내놓는 책인데 부끄럽기 짝이 없습니다.

116

배(背) '등(사람이나 동물의 몸통에서 가슴과 배의 반대쪽 부분)'이 기본 의미이다. 이로부터 '뒤, 등지다, 배반하다'의 뜻이 나왔다. 예컨대 '배수진(背水陣)'은 강이나 바다를 등지고 치는 진을 이르는 말이다. 중국 한나라의 한신이 강을 등지고 진을 쳐서 병사들이 물러서지 못하고 힘을 다하여 싸우도록 하여 조나라의 군사를 물리쳤다는 데서 유래한다. 이 단어는 어떤 일을 성취하기 위하여 더 이상 물러설 수 없음을 비유적으로 이르는 말로 흔히 쓰인다.

┃ 관련 단어 ┃

배치(背馳) ┃ [서로 등을 보이며 달림] 두 사물이 서로 반대가 되어 어긋남.
> 예) 나는 내 소신과 배치가 되는 일은 목에 칼이 들어와도 하지 않는다.

배경(背景) ┃ 어떠한 사물이나 사건, 생각 등의 배후에 숨겨진 사정.
> 예) 한국과 중국의 공조(共助) 관계는 뿌리 깊은 역사적 배경을 가지고 있다.

배낭(背囊) ┃ 물건을 넣어서 등에 질 수 있도록 헝겊이나 가죽 따위로 만든 가방.
> 예) 배낭을 멘 그녀의 모습에 난 한눈에 반했다.

배반(背反/背叛) ┃ 믿음을 지켜야 할 대상을 등지고 저버림.
> 예) 믿었던 동지의 배반으로 우리의 계획은 하루아침에 무산되고 말았다.

배산임수(背山臨水) ┃ 지세(地勢)가 뒤로는 산을 등지고 앞으로는 물에 면하여 있음.
> 예) 우리나라 사람들은 전통적으로 배산임수의 남향집을 선호한다.

배서(背書) ┃ 어음이나 증권 등의 뒷면에 누구에게 양도한다는 뜻의 글과 함께 서명을 함.
> 예) 죄송하지만 수표 뒤에 배서해 주시겠습니까?

배신(背信) ┃ 믿음이나 의리를 저버림.
> 예) 개도 주인을 배신하지 않는데, 하물며 사람이 어찌 개만도 못하단 말인가?

배영(背泳) ┃ 위를 향하여 반듯이 누워 양팔을 번갈아 회전하여 물을 밀치면서 두 발로 물장구를 치는 수영법.
> 예) 배영에서는 허리를 알맞은 각도로 펴서 물을 가르기 쉬운 자세를 유지하는 것이 중요하다.

배후(背後) ┃ 정면에 나서지 않고 뒤에서 어떤 일이나 행동을 조종하는 사람.
> 예) 이 흉악한 사건의 배후가 도대체 누구냐?

보(補)

'(떨어지거나 해어진 곳 따위를) 깁다'가 기본 의미이다. 이로부터 '고치다, 채우다, 보태다, 돕다'의 뜻이 나왔다. '보(保)'가 '지키다, 유지하다'를 기본 의미로 하는 것과 구별된다. 그래서 부족한 부분을 보태고 채우는 것은 '보전(補塡)한다'고 하고, 온전하게 보호하여 유지하는 것은 '보전(保全)한다'고 한다.

┃ 관련 단어 ┃

보전(補塡) ┃ **[기워서 메움]** 부족이나 결손을 보충하여 채움.
  예 올해 벌어들인 수익은 작년까지의 적자를 보전하고도 남을 것으로 보인다.

보강(補强) ┃ 보태고 채워서 더 튼튼하게 함.
  예 우리 학교 축구팀은 전력 보강을 위해 내일 전지훈련을 떠난다.

보급(補給) ┃ 모자라거나 떨어진 물자 따위를 대줌.
  예 재해 지역에 대한 생필품을 보급하기 위해 온 국민이 정성을 모았다.

  ★보급(普及)은 '널리 펴서 골고루 알리거나 사용하게 함'의 뜻이다. 예 새 종자의 보급은 농민 소득 향상에 도움을 줄 것이다.

보수(補修) ┃ 낡은 것을 보충하여 고침.
  예 이 아파트는 너무 낡아서 보수하는 것보다 신축하는 것이 좋겠다.

보습(補習) ┃ 일정한 학과 과정을 마치고 학습이 부족한 것을 다시 보충하여 익힘.
  예 이 아이는 성적이 나쁜 국어 과목을 보습할 필요가 있다.

보약(補藥) ┃ 건강을 유지하거나 증진시키기 위해 먹는 약.
  예 그녀는 연세가 많은 부모님께 드릴 보약을 장만했다.

보정(補正) ┃ 모자란 것을 보충하고 잘못을 바로잡음.
  예 이 옷은 마른 체형을 보정해 주는 효과가 있다.

보좌(補佐) ┃ 상관을 도와 일을 처리함.
  예 그는 사장을 보좌하는 비서실로 발령이 났다.

보직(補職) ┃ 어떤 직무의 담당을 명함. 또는 그 직책.
  예 그는 비리로 현재의 보직에서 해임되었다.

상(相)

'서로'가 기본 의미이다. 그러니 '상승(上昇)'과 '상승(相乘)'은 전혀 다른 말이다. 전자는 낮은 데서 위로 올라감을 이르는 말이고, 후자는 수학에서 두 개 이상의 수를 서로 곱하는 일을 이르는 말이다. 여러 요인이 함께 작용하여 하나씩 작용할 때보다 더 커지는 효과를 이르는 말은 '상승효과(相乘效果)'지 '상승효과(上昇效果)'가 아니다. '상승(上昇)'은 '그는 신분 상승을 위해 갖은 고생을 다했다.'와 같은 경우에 사용한다.

| 관련 단어 |

상종(相從) | [서로 좇음] 서로 따르며 친하게 지냄.
　　　　　　　(예) 내가 저런 막돼먹은 사람들하고 상종을 해야 하나?

상견례(相見禮) | 서로 공식적으로 만나서 보며 인사를 나눔.
　　　　　　　(예) 양가(兩家) 부모님들의 상견례도 이미 끝낸 상태입니다.

상담(相談) | 문제를 해결하거나 궁금증을 풀기 위하여 서로 의논함.
　　　　　　　(예) 어려운 문제가 있으면 언제든지 상담을 받으러 오너라.

상봉(相逢) | 헤어졌던 사람들이 서로 만남.
　　　　　　　(예) 그들은 헤어진 지 사십 년 만에 극적으로 상봉하였다.

상속(相續) | 재산, 지위 따위를 친족 관계에 있는 사람에게 전하여 줌.
　　　　　　　(예) 아버지는 자신의 유산은 자식들에게 상속하지 않겠다고 하셨다.

상승 작용(相乘作用) | 몇 가지 원인이 함께 겹쳐 작용하면 하나씩 작용할 때의 합(合)보다 더 큰 효과를 나타내는 작용.
　　　　　　　(예) '나비효과'는 베이징에 사는 작은 나비 날갯짓이 상승 작용을 일으켜 미국에서 폭풍우를 일으킬 수도 있다는 이론이다.

상충(相衝) | 둘이 서로 맞지 않고 마주치거나 어긋남.
　　　　　　　(예) 어찌 보면 환경보호는 국토 개발과 상충관계에 놓인 것처럼 여겨진다.

상치(相値) | 두 가지의 일이 공교롭게 겹침.
　　　　　　　(예) 비서실에서는 사장님의 연말 스케줄이 다른 일들과 상치되는 일이 없도록 꼼꼼히 점검했다.

상통(相通) | 서로 마음과 뜻이 통함.
　　　　　　　(예) 50년을 함께한 노부부는 눈빛만으로도 상통한다고 했다.

숙(宿) '자다, 묵다'가 기본 의미이다. 이로부터 '오래되다'의 의미가 나왔다. 예를 들어 '숙원사업(宿願事業)'은 오래도록 이루어지기를 바라고 원하던 사업을 이르는 말이다. 또 '앙숙(怏宿)'은 앙심을 품고 서로 미워하는 사이를 이르는 말인데, 이 말에는 서로 미워하는 기간이 상당했음이 전제되어 있다. 한편 '숙(宿)'은 '별자리 수(宿)'라는 의미도 있다. '모든 별자리의 별들'을 이르는 '성수(星宿)'가 그런 예이다.

| 관련 단어 |

숙적(宿敵) | [묵은 적] 오래전부터의 적수(敵手) 또는 원수(怨讐).
> 예 한국 선수들은 숙적 일본과 중국을 꺾고 탁구 강호의 면모를 과시했다.

숙박(宿泊) | 여관이나 호텔 따위에서 잠을 자고 머무름.
> 예 우리는 여행할 때 숙박은 주로 펜션을 이용한다.

숙소(宿所) | 집을 떠난 사람이 임시로 묵는 곳.
> 예 그녀가 자신의 숙소에 도착한 시간은 자정이 조금 넘어서였다.

숙영지(宿營地) | 군대가 병영을 떠나 다른 곳에서 머물러 묵는 장소.
> 예 2주일 후 도착하는 본대는 이곳에 마련된 숙영지에 머무르게 된다.

숙제(宿題) | 해결되지 않은 채 남겨진 묵은 문제.
> 예 현대 우주론에는 아직 풀어야 할 숙제가 많다.

숙원(宿願) | 오래전부터 지니고 있던 소원.
> 예 우리는 앞으로도 우리의 최대 숙원인 남북통일을 위해 열심히 노력할 것이다.

숙직(宿直) | 관청, 회사, 학교 등의 직장에서 건물이나 시설 등을 밤새도록 지킴.
> 예 한 달에 네 번 이상 숙직을 맡다 보니 집에서 마누라의 성화가 이만저만이 아닐세.

숙호충비(宿虎衝鼻) | 자는 호랑이의 코를 찌른다는 뜻으로, 가만히 있는 사람을 공연히 건드려서 화를 입거나 일을 그르침을 이르는 말.
> 예 괜스레 이런 소리를 해서 숙호충비가 되지 않을지 걱정이다.

숙환(宿患) | 오랫동안 앓은 병.
> 예 한국 무용계의 큰 기둥인 최 교수가 오늘 자택에서 숙환으로 별세했다.
> ★지병(持病)은 숙질(宿疾), 즉 '오래도록 낫지 않아 고치기 힘든 병'이란 뜻이다. 예 박 교수님은 오늘 지병인 대장암으로 별세하셨다.

암(暗) '(날이) 어두움'이 기본 의미이다. 이로부터 '보이지 않다, 남몰래, 가만히, 외우다'의 뜻이 나왔다. 보지 않고도 기억해 내는 것, 기억할 수 있도록 외우는 것을 '암기(暗記)'라고 하는 이유다. 한편 물속에 잠겨 보이지 아니하는 바위나 산호 따위를 '암초(暗礁)'라 한다. '암초(巖礁)'가 아니다.

┃ 관련 단어 ┃

암약(暗躍) ┃ **[어둠 속에서 뜀]** 비밀한 가운데 맹렬히 활동함.
> 예) 그는 남로당과는 또 다른 좌익 전선에서 암약하다가 체포령을 눈치 채고 월북했다.

암거래(暗去來) ┃ 물건 따위를 법규를 어기면서 몰래 사고 팖.
> 예) 경찰은 마약을 암거래로 유통시킨 범죄자를 잡았다.

암살(暗殺) ┃ (주로 정치적 음모에 의하여) 사람을 몰래 살해함.
> 예) 그는 야당 대통령 후보의 암살 음모에 개입했다.

암송(暗誦) ┃ 글 따위를 보지 않고 그대로 외워 말함.
> 예) 저는 괴로울 때마다 성경 구절을 암송하면서 힘을 얻습니다.

암울(暗鬱) ┃ 절망적이고 침울함.
> 예) 이 소설은 우리 사회의 미래를 암울하게 그리고 있다.

암중모색(暗中摸索) ┃ 어둠 속에서 물건을 더듬어 찾는다는 뜻으로, 확실한 방법을 모르는 채 일의 실마리를 찾아내려 함.
> 예) 해적들에게 납치된 선원들은 나름대로 탈출할 방법을 암중모색하는 것으로 보였다.

암초(暗礁) ┃ 물위에 드러나지 않고 물속에 숨어 있는 험한 바위나 산호.
> 예) 그 지역은 물살이 빠르고 암초가 있는 위험 해역이다.

암투(暗鬪) ┃ 서로 적의를 품고 눈에 드러나지 않게 다툼.
> 예) 위원장 자리를 놓고 치열한 암투가 벌어졌다.

암호(暗號) ┃ 비밀을 유지하기 위하여 당사자끼리만 알 수 있도록 꾸민 부호나 신호.
> 예) 그들은 두 사람만이 알 수 있는 암호를 사용한다.

애(哀)

'슬프다, 가엽다'가 기본 의미이다. '애(哀)'의 상대 한자는 '기쁨이나 즐거움'을 뜻하는 한자 '경(慶)' 또는 '환(歡)'이다. 그러니 흔히 쓰는 말 '애환을 위로하다'는 비논리적인 표현이다. '애(哀)'는 위로의 대상일 수 있지만, '환(歡)'은 그렇지 않기 때문이다.

┃관련 단어┃

애걸(哀乞) ┃**[슬프게 빎]** 소원을 들어 달라고 애처롭게 빎.
　　　　예) 그들은 순찰 중인 경찰에게 잃어버린 아이를 찾아 달라고 애걸하였다.

애경사(哀慶事) ┃슬픈 일과 경사스러운 일을 아울러 이르는 말.
　　　　예) 그는 직장에서 동료의 애경사를 살뜰하게 챙기는 맏형으로 통했다.

애도(哀悼) ┃사람의 죽음을 슬퍼하고 안타까워함.
　　　　예) 사건 발생 직후 정부는 성명을 통해 많은 희생자들에 대한 애도를 표했다.

애련(哀憐) ┃애처롭고 가엾게 여김.
　　　　예) 그의 눈에 애련의 빛이 잠깐 돌더니 눈가에 한 방울 이슬이 맺혔다.

애상적(哀傷的) ┃슬퍼하거나 가슴 아파하는.
　　　　예) 돌아가신 할머니의 제사가 다가오면 가족이 모두 애상적 분위기에 빠진다.

애석(哀惜) ┃슬프고 아까움.
　　　　예) 사람들은 젊은 시인의 죽음을 애석하게 생각했다.

애원(哀願) ┃애처롭게 사정하며 간절히 바람.
　　　　예) 나는 그에게 도와 달라고 애원도 하고 빌어도 보았다.

애이불비(哀而不悲) ┃슬프기는 하지만 겉으로 슬픔을 나타내지 않음.
　　　　예) 이 영화의 여주인공은 대사는 적었지만 눈빛을 통해 애이불비하는 인고(忍苦)의 여인을 잘 표현해서, 김소월의 〈진달래꽃〉에 등장하는 여인을 떠올리게 했다.

애환(哀歡) ┃슬픔과 기쁨을 아울러 이르는 말.
　　　　예) 인기리에 방영을 마친 드라마 〈미생〉은 직장인들의 애환을 고스란히 담아냈다.

야(野)

마을에서 떨어진 곳, 즉 '들'을 가리킨다. 도시의 언저리를 '교(郊)'라고 하는 것과는 다르다. 그래서 들에 나는 풀은 '야초(野草)'고, 야외에서 자는 것은 '야영(野營)'이다. 자연스럽게 '야(野)'는 '거칠다, 비천하다'의 뜻으로 이어진다. '야비(野卑)하다'가 그런 예이다. 또 크게 멀리 바라보는 일과도 연관된다. '야망(野望)'이나 '야심(野心)'이 그런 예이다.

┃ 관련 단어 ┃

야수(野獸) ┃ [들에 사는 짐승] 몹시 거칠고 사나운 사람을 비유적으로 이르는 말.
⑩ 평소에는 순한 양 같은 그 사람도 한번 화가 나면 야수로 돌변한다.

야담(野談) ┃ 야사(野史)를 바탕으로 흥미 있게 꾸민 이야기.
⑩ 이 소설은 그 당시의 야담을 작품화한 것이다.

야당(野黨) ┃ 정당 정치에서, 현재 정권을 잡고 있지 아니한 정당.
⑩ 집권당이 이번 대통령 선거에 져서 야당이 되었다.

야만(野蠻) ┃ 문명의 정도가 뒤떨어지고 미개한 상태.
⑩ 그는 원주민들을 야만의 상태에서 벗어나지 못한 미개인으로 인식하고 있다.

야망(野望) ┃ 크게 무엇을 이루어 보겠다는 희망.
⑩ 그 자리에 안주하기에는 그의 야망이 너무나 컸다.

야비(野卑/野鄙) ┃ 사람이나 그 성질, 언행이 상스럽고 교활함.
⑩ 그는 야비하게 감사관들에게 뇌물을 먹이고 감사를 무마시켰다.

야욕(野慾) ┃ 자기 분수보다 크게 품은 욕심.
⑩ 그 영화는 주인공을 터무니없는 야욕에 불타다가 목숨마저 잃게 되는 비극적 인물로 그리고 있다.

야전(野戰) ┃ 시가전, 요새전 이외의 산이나 들에서 하는 전투.
⑩ 새로 부임한 대대장은 야전 경험이 많다고 한다.

야합(野合) ┃ 좋지 못한 목적 아래 서로 어울림.
⑩ 땅 소유자와 땅 명의자의 야합으로 탈세를 했다면 불법이다.

추(推)

'밀다'가 기본 의미이다. 이로부터 '미루어 짐작하다, 추천하다, 받들다'의 뜻이 나왔다. '추천(推薦)하다'와 '밀다'가 비슷한 의미인 것도 이 때문이다. '추(推)'와 관련하여 알아둘 것은 이 한자가 때로는 '퇴'로도 읽힌다는 것이다. 완성된 글을 다시 읽어가며 다듬어 고치는 일을 이르는 '퇴고(推敲)'가 그런 예이다. 중국 당나라 시인 가도(賈島)가 '스님은 달 아래 문을 두드리네'라는 시에서, '밀 퇴(推)' 자를 쓸까 '두드릴 고(敲)' 자를 쓸까 망설이고 있던 중, 마침 지나가던 한유(韓愈)와 마주쳐 그의 조언으로 '고(敲)' 자를 썼다는 고사에서 나온 말이라 전한다.

| 관련 단어 |

추대(推戴) | **[밀어서 받듦]** 윗사람으로 모셔 받듦.
> 예) 그 시대에는 귀족들이 합의를 통하여 왕을 추대하는 제도가 있었다고 한다.

추계(推計) | 일부를 가지고 전체를 미루어 계산함.
> 예) 당국의 추계에 의하면 지난 1/4분기의 실업률이 사상 최대를 기록할 것이라고 한다.

추동(推動) | 어떤 일을 추진하려고 고무하고 격려함.
> 예) 당시 조선 사회에 대한 급진 개혁 움직임이 조광조를 비롯한 일부 지식인들에 의해 추동되었다.

추리(推理) | 알고 있는 것을 바탕으로 알지 못하는 것을 미루어서 생각함.
> 예) 나는 그의 자화상만 가지고도 그의 인간적인 면모를 추리할 수 있다.

추산(推算) | 짐작으로 미루어 계산함.
> 예) 이번 홍수로 인한 피해액은 300억 원이 넘을 것으로 추산된다.

추앙(推仰) | 높이 받들어 우러러 봄.
> 예) 어제 성웅(聖雄)으로 추앙을 받는 이순신 장군의 묘소에 참배를 하고 왔다.

추찰(推察) | 이미 알고 있는 사실을 바탕으로 다른 사실을 생각하여 살핌.
> 예) 이런 식으로 나간다면, 다음 계획은 실행하기 어려울 것으로 추찰됩니다.

추천(推薦) | 어떤 조건에 적합한 대상을 책임지고 소개함.
> 예) 그는 아는 분의 추천으로 취직이 되었다.

쾌(快) '마음이 유쾌하다'가 기본 의미이다. 마음에 걸림이 없다는 뜻에서, '시원하다, 날래다, 잘 들다, (병세가) 좋아지다'의 뜻이 나왔다. '유쾌(愉快), 상쾌(爽快), 통쾌(痛快)'처럼 심리 상태와 관련되는 단어가 많다.

▌관련 단어 ▌

쾌척(快擲) ⏐ **[시원스럽게 내어 놓음]** 돈이나 물건을 좋은 일에 시원스럽게 내놓음.
> 예 평소 인색하기로 소문난 그가 남몰래 보육원에 거금을 쾌척했다.

쾌거(快擧) ⏐ 통쾌하고 장한 행위.
> 예 그는 올림픽에서 5관왕이 되는 쾌거를 이룩했다.

쾌남자(快男子) ⏐ 시원스럽고 호쾌한 남자.
> 예 여성 백댄서와 호흡을 맞추는 그에게서는 소년이 아닌 진한 쾌남자의 냄새가 났다.

쾌변(快辯) ⏐ 시원스럽고 거침없이 잘하는 말.
> 예 기탄없고 솔직한 점에서 더 바랄 수 없으리만치 한국의 약점을 찌른 쾌변이었다.

쾌속(快速) ⏐ 속도가 매우 빠름.
> 예 차는 큰길로 나오자 쾌속으로 달리기 시작했다.

쾌재(快哉) ⏐ 일 따위가 마음먹은 대로 잘 되어 만족스럽게 여김. 또는 그럴 때 나는 소리.
> 예 국제 유가의 하락으로 항공·해운업은 쾌재를 부르는 반면 정유·조선업은 울상을 짓고 있다.

쾌적(快適) ⏐ 공기 따위가 몸과 마음에 알맞아 기분이 흡족함.
> 예 바닷물은 한 길 깊이까지 환히 들여다보일 정도로 깨끗하고 쾌적하였다.

쾌조(快調) ⏐ 일 따위가 되어가는 상태가 아주 좋은 상태.
> 예 일일드라마 '달콤한 비밀'이 14%대 시청률로 쾌조의 출발을 알렸다.

쾌차(快差) ⏐ 병이 깨끗이 나음.
> 예 하루빨리 쾌차하시기를 빌겠습니다.

쾌투(快投) ⏐ 야구에서, 투수가 자기가 원하는 공을 잘 던지는 일.
> 예 선발투수가 무실점으로 쾌투를 펼치며 맡은 임무를 완수했다.

파(罷)

'마치다, 그만두다'가 기본 의미이다. 그래서 '어떤 일을 마치거나 그만두다'는 것을 두고 '파(罷)하다'라고 한다. '학교가 파(罷)하다', '술자리를 파(罷)하다'와 같이 쓴다. 그러니 '파제삿날(罷祭祀-)'은 '제사를 마치는 날'의 뜻이 된다.

| 관련 단어 |

파장(罷場) | **[장을 그만둠]** 여러 사람이 모여 하던 판이 끝남. 또는 끝날 무렵.
　　예 그가 뒤늦게 도착했을 때 잔치는 이미 파장 무렵이었다.

파루(罷漏) | 조선 시대에, 서울에서 통행금지를 해제하기 위하여 종각의 종을 서른세 번 치던 일. 오경 삼 점(五更三點)에 쳤음.
　　예 파루의 종이 울리면 아침의 사대문이 열리고 백성들의 성내 통행이 시작되는데….

파면(罷免) | 잘못이 있는 사람을 직업이나 맡은 일에서 쫓아내어 신분을 박탈함.
　　예 시민들은 뇌물을 받은 공무원의 파면을 요구했다.

파방(罷榜) | 예전에, 과거에 급제한 사람의 발표를 취소하는 일을 이르던 말.
　　예 근자에 과장(科場)의 허술함이 한 군데만이 아니니 파방하소서.
　　예 그는 선조 임금 때 문과에 급제하였으나 왕의 뜻에 거슬린 글귀 때문에 파방되었다.
　　속담 파방에 수수엿 장수 : 기회를 놓쳐서 이제는 별 볼 일 없게 된 사람이나 그런 경우를 비유적으로 이르는 말.

파양(罷養) | 양자 관계의 인연을 끊음.
　　예 친부모가 나타나 5년을 키운 애를 파양하자니 너무도 슬펐다.

파직(罷職) | 관직에서 물러나게 함.
　　예 그는 왕에게 간언을 했다가 파직을 당하고 유배를 떠났다.
　　참고 조선 시대는 감찰의 한 방법으로 지방관의 비위를 적발한 뒤 관가의 창고를 봉하였는데, 봉고(封庫)는 이러한 제도이다. 이는 증거 보존을 위한 조처였지만 당사자의 직위해제, 곧 파직(罷職)을 상징하여 보통 '봉고파직(封庫罷職)'이라고도 하였다.

파(破)

'깨뜨리다, 부수다'가 기본 의미이다. 이로부터 '망치다, 흩뜨리다'의 뜻이 나왔다. '파경(破鏡)'은 '깨어진 거울'이란 뜻인데, 사이가 나빠서 부부가 헤어지는 것을 비유적으로 이르는 말로 흔히 쓰인다. 옛날 어느 부부가 이별할 때 거울을 둘로 쪼개어 한쪽씩 나누어 가지고 뒷날 다시 만날 증표로 삼았으나, 아내가 불의를 저질러 거울의 한쪽이 까치로 변하여 남편에게 날아와 부부의 인연이 끊어졌다는 데에서 유래한다. 한편 '파혼(破婚)'과 '이혼(離婚)'도 다른 말이다. 전자는 결혼하자는 약속[=약혼(約婚)]을 깨뜨리는 것이고, 후자는 이미 이루어진 혼인 관계를 인위적으로 소멸시키는 것이다. '파혼(罷婚)'이라는 단어는 없다.

| 관련 단어 |

파경(破鏡) | **[거울을 깨뜨림]** 사이가 나빠서 부부가 헤어지는 것을 비유적으로 이르는 말.
⑩ 불화가 끊이지 않던 그 부부는 결국 파경에 이르고 말았다.

파국(破局) | 어떤 일이나 상황이 잘못되어 완전히 깨어짐.
⑩ 국제 통화의 위기는 언제라도 세계 경제를 파국으로 몰고 갈 위험을 안고 있다.

파산(破産) | 개인이나 기업이 재산을 모두 날려 버리고 망함.
⑩ 그의 집안은 형의 방탕한 생활로 파산에 이르렀다.

파천황(破天荒) | 아직까지 아무도 하지 못한 일을 처음으로 해냄을 이르는 말. 중국 당나라 형주 지방에는 진사 합격자가 없어, 천지가 미개한 때의 혼돈한 모양이라는 뜻으로 천황(天荒)이라 불렸다. 그러다가 유세(劉蛻)라는 사람이 처음으로 진사에 합격하여 천황을 깨뜨렸다는 데서 유래되었다.
⑩ 세종이 발음 기관의 모양을 본떠서 글자를 만든 것은, 문자의 역사에 일찍이 없었던, 그야말로 파천황의 발상이었다.

파탄(破綻) | 여럿이 모여 이룬 조직이나 일 따위가 잘 진행되지 못하고 돌이킬 수 없게 와해되거나 잘못됨.
⑩ 경영자의 잘못으로 기업이 파탄에 이르는 경우도 적지 않다.

파혼(破婚) | 혼인을 약속한 남녀가 또는 그 일방이 혼인하기로 한 약속을 깸.
⑩ 결혼을 한 후 이혼을 하는 것보다는 차라리 파혼을 하는 게 나을지도 모른다.

(2) 뒤 글자를 고정하고 앞 글자를 덧붙여 이해하기

곡(曲)

'굽다'가 기본 의미이다. 이로부터 '굽히다, 바르지 않다, 자세하다'의 뜻이 나왔다. 예컨대 '곡류(曲流)'는 '꾸불꾸불한 물의 흐름'이란 뜻이고, '곡진(曲盡)하다'는 '매우 자세하고 간곡하다'의 뜻이다. 한편 '가락'이나 '악곡'의 뜻으로도 쓰인다.

┃ 관련 단어 ┃

간곡(懇曲) ┃ 사람의 언행이나 바라는 마음이 간절하고 정성스러움.
　　　　　　예 병든 남편을 보살피는 아내의 마음이 너무나 간곡하고 눈물겨웠다.

굴곡(屈曲) ┃ 성공과 실패가 번갈아 나타나는 과정이나 변동.
　　　　　　예 그의 인생은 굴곡이 무척이나 심했다.

별곡(別曲) ┃ 같은 제목의 시가(詩歌)에 상대하여 나중에 달리 지은 시가에 붙이는 이름.
　　　　　　예 중국의 가곡에 상대하여 우리의 가요를 '별곡'이라 이르기도 했다.

습곡(褶曲) ┃ 지층이 물결 모양으로 주름이 지는 현상.
　　　　　　예 티베트고원은 습곡 현상으로 형성된 대지라 남쪽으로 갈수록 대지가 주름져 고개가 많다.

완곡(婉曲) ┃ 말이나 표현이 듣는 사람의 감정을 상하게 하지 않을 정도로 부드러움.
　　　　　　예 그녀는 듣기에 부담스러운 말은 직접적으로 하지 않고 완곡하게 말한다.

왜곡(歪曲) ┃ 사실과 달리 그릇되게 하거나 진실과 다르게 함.
　　　　　　예 이것은 분명 역사 왜곡의 출발점이라 하지 않을 수 없다.

희곡(戱曲) ┃ 공연을 목적으로 하는 연극의 대본.
　　　　　　예 우리 극단은 소설을 희곡으로 개작하여 연극 무대에 올렸다.

불문곡직(不問曲直) ┃ 사리의 옳고 그름을 따져 묻지 않음.
　　　　　　예 그는 나를 보자마자 불문곡직하고 멱살을 잡아 쥐었다.

우여곡절(迂餘曲折) ┃ 뒤얽혀 복잡하여진 사정.
　　　　　　예 그들이 결혼하기까지에는 많은 우여곡절이 있었다.

기(器) '(음식물을 담는) 그릇[=접시]'이 기본 의미이다. 이로부터 '도구, 기구'라는 뜻과 '(생물체의) 기관'이란 뜻이 나왔다.

관련 단어

반상기(飯床器) | 격식을 갖춘 밥상 하나를 차릴 수 있게 만든 한 벌의 그릇.
예 대통령이 미셸 오바마 여사에게는 전통 나전칠기로 만든 반상기 세트를 선물했다.

용기(容器) | 물건을 담는 그릇.
예 깡통은 음료나 주류의 용기로 널리 쓰인다.

유기(鍮器) | 놋쇠로 만든 그릇.
예 유기로는 구리와 주석을 합금해 불에 달궈 두드려 만든 방짜 유기가 대표적이다.

자기(瓷器/磁器) | 고령토 따위를 원료로 빚어서 아주 높은 온도로 구운 그릇.
예 임진왜란 시기, 도기(陶器)를 만드는 기술은 갖고 있었지만 자기(瓷器)를 만드는 기술은 없었던 일본은 자기를 만들 수 있는 도공을 조선에서 데려왔다.

★도기(陶器): 붉은 진흙으로 만들어 볕에 말리거나 약간 구운 다음, 오짓물을 입혀 다시 구운 그릇.

장기(臟器) | 포유류, 특히 사람의 몸통 안에 들어있는 내장의 여러 기관.
예 뇌사 상태인 환자의 장기 기증으로 다른 생명을 살리는 미담이 늘고 있다.

제기(祭器) | 제사에 쓰는 그릇.
예 여남은 개의 제기에 포, 전 등을 올려 제법 제상답게 음식을 고루 갖추었다.

집기(什器) | 집 안이나 사무실에서 쓰는 온갖 기구.
예 사무용 집기를 들여놓는 것으로 이사가 마무리되었다.

칠기(漆器) | 칠공예로 만든 가구나 기구 따위를 통틀어 이르는 말.
예 칠기와 자개, 산호 등으로 만든 화려한 빗은 과거 여성들에게 부의 상징이었다.

대기만성(大器晚成) | 큰 그릇을 만드는 데는 시간이 오래 걸린다는 뜻으로, 크게 될 사람은 늦게 이루어짐을 이르는 말.
예 대기만성한 배우들, 이들의 활약이 우리 영화계에 활기를 불어넣고 있다.

난(難)

'(헤어나기) 어려움'이 기본 의미이다. 이로부터 '난리, 재앙'이라는 뜻과 '나무라다, 힐난하다'의 뜻이 나왔다. 본음은 '난'이지만, 한글맞춤법에서 속음인 '란'으로 적는 것을 바른 표기라고 규정한 단어도 있다.

┃ 관련 단어 ┃

곤란(困難) ┃ 사정이 몹시 딱하고 어려움.

⟮예⟯ 그녀의 집은 가난하여 생활이 곤란할 지경입니다.

다난(多難) ┃ 힘들고 어려운 일이 많음.

⟮예⟯ 다난했던 한 해가 저물고 희망찬 새해가 밝았습니다.

비난(非難) ┃ 남의 잘못이나 결점을 책잡아서 나쁘게 말함.

⟮예⟯ 부실 공사를 한 건설 회사에 비난이 쏟아졌다.

재난(災難) ┃ 뜻하지 않게 생긴 불행한 변고. 또는 천재지변(天災地變)으로 말미암아 생긴 불행한 사고.

⟮예⟯ 수재민들이 엄청난 재난에도 불구하고 열심히 극복해 나가는 모습이 감동적이다.

조난(遭難) ┃ 항해나 등산 따위를 하는 도중에 재난을 만남.

⟮예⟯ 북한산에 때 이른 폭설이 내려 수십 명의 등산객이 조난을 당했다.

지난(至難) ┃ 지극히 어려움.

⟮예⟯ 이번 연구는 적어도 10년은 걸리는 지난한 작업이 될 것이다.

힐난(詰難) ┃ 트집을 잡아 거북할 만큼 따지고 듦.

⟮예⟯ 그녀가 노골적으로 그를 힐난하기는 이번이 처음이었다.

고장난명(孤掌難鳴) ┃ ❶ 외손뼉만으로는 소리가 울리지 아니한다는 뜻으로, 혼자의 힘으로 어떤 일을 이루기 어려움을 이르는 말. ❷ 맞서는 사람이 없으면 싸움이 일어나지 아니함을 이르는 말.

⟮예⟯ 북한이 진정성을 갖고 화답하지 않는다면 역대 정부의 대북 제안들이 그랬던 것처럼 고장난명(孤掌難鳴)의 상황을 벗어나지 못할 가능성도 배제할 수 없다.

두(頭)

'머리'가 기본 의미이다. 이로부터 '꼭대기, 우두머리, 처음, 지혜'의 뜻이 나왔다. 그래서 '두'는 소나 말 따위의 짐승을 세는 단위어로도 쓰이는데, 고유어 '마리'와 큰 의미 차이는 없다.

┃ 관련 단어 ┃

가두(街頭) ｜ 사람과 차가 많이 다니는 번화한 거리.
예) 회사가 어려워지자 사원들은 직접 제품을 들고 가두로 나가서 판매하기로 했다.

고두(叩頭) ｜ 공경하는 뜻으로 머리를 땅에 조아림.
예) 임금께 고두하고 자리를 물러났다.

대두(擡頭) ｜ 어떤 현상이나 세력이 두드러지게 나타나거나 일어남.
예) 18세기 유럽의 계몽주의는 시민 계급의 대두와 함께 일어났다.

모두(冒頭) ｜ 말이나 글의 첫머리. ≒서두(序頭).
예) 결론은 모두에서 이미 말한 바와 같다.

박두(迫頭) ｜ 예정된 사건이나 시기가 가까이 닥쳐옴.
예) 대통령 선거가 박두한 시점에서 이러한 사건이 터진 것에 정계는 긴장하고 있다.

벽두(劈頭) ｜ 맨 처음. 또는 일이 시작된 머리.
예) 새해 벽두부터 우울한 소식이 들려왔다.

필두(筆頭) ｜ 나열하여 적거나 말할 때의 맨 처음에 오는 사람이나 단체.
예) 경기도 선수들을 필두로 하여 각 도의 선수들이 차례로 입장하기 시작했다.

화두(話頭) ｜ 이야기의 첫머리.
예) 화두를 바꾸다./그녀는 또 이념 문제를 가지고 화두를 꺼냈다.

백척간두(百尺竿頭) ｜ 백 자나 되는 높은 장대의 꼭대기에 올라섰다는 뜻으로, 더할 수 없이 어렵고 위태로운 지경을 이르는 말.
예) 군사 쿠데타가 일어나 이 나라의 민주주의는 백척간두의 위기에 봉착했다.

란(亂) '어지러움'이 기본 의미이다. 이로부터 '무도하다, 음란하다, 난리, 재앙'의 뜻이 나왔다. '난무(亂舞)'처럼 '란(亂)'이 어두에 올 경우 두음법칙에 따라 '난'으로 발음된다. 이때는 특히 '난(難)'과의 의미 차이에 유의해야 한다. 예컨대 '어지러운 판국'은 '난국(亂局)'이고, '어려운 판국'은 '난국(難局)'이다.

| 관련 단어 |

교란(攪亂) | 마음이나 상황 따위를 뒤흔들어서 어지럽고 혼란하게 함.
> 예 아군은 적의 통신망을 교란하는 작전을 구사했다.

동란(動亂) | 폭동, 반란, 전쟁 따위가 일어나 세상이 몹시 어지러워짐.
> 예 한국 전쟁은 우리 역사에서 가장 비극적인 동란의 하나이다.

문란(紊亂) | 도덕, 질서, 규칙 따위가 지켜지지 않고 뒤죽박죽되어 어지러움.
> 예 할아버지께서는 요즘 젊은이들 사이에 도덕이 문란하여 큰 문제라고 걱정하셨다.

분란(紛亂) | 어수선하고 소란스러움.
> 예 부모님을 모시는 일 때문에 집안 분란이 일어난다면 남 보기 부끄러운 일이다.

심란(心亂) | 마음이 어수선함.
> 예 혼자 누워 지내자니 이 생각 저 생각 나이답지 않게 심란할 때가 많다.

요란(搖亂/擾亂) | 모양이나 태도 따위가 지나칠 정도로 야단스러움.
> 예 그는 여행 준비를 한다고 종일 요란을 떨었다.

음란(淫亂) | 음탕하고 난잡함.
> 예 최근 인터넷에는 청소년들의 정신 건강을 해치는 음란 동영상이 널려있다.

착란(錯亂) | 갈피를 잡을 수 없을 정도로 정신이 혼란하여 어지러움.
> 예 그는 사고 후에 착란 증세를 자꾸 보였다.

혼란(混亂) | 일 따위가 갈피를 잡을 수가 없게 뒤섞여 어지러움.
> 예 정책의 잦은 변경이 시민들의 혼란을 부채질하고 있다.

환란(患亂) | 근심과 재앙을 아울러 이르는 말.
> 예 그해에는 갖가지 환란으로 민심이 흉흉하였다.

일사불란(一絲不亂) | 한 오리 실도 엉키지 아니함이란 뜻으로, 질서가 정연하여 조금도 흐트러지지 아니함을 이르는 말.
> 예 구령에 맞추어 군인들이 일사불란하게 움직였다.

류(流) '흐르다'가 기본 의미이다. 이로부터 '떠돌다, 흐름, 계층, 분파'라는 뜻이 나왔다. 단어의 첫 음절에 올 때는 '유파(流派)'처럼 '유'로 적는다.

| 관련 단어 |

난기류(亂氣流) | 예측할 수 없는 어지러운 형세.
> **예)** 일각에서는 이 일로 정치권이 또다시 난기류에 휩쓸릴 것이라는 우려가 일고 있다.

비주류(非主流) | 사상이나 학술 따위의 중심에서 벗어난 흐름이나 경향.
> **예)** 이 이론은 물리학계의 비주류인 학자들이 주장하는 것이다.

아류(亞流) | 문학예술, 학문에서 독창성이 없이 모방하는 일이나 그렇게 한 것.
> **예)** 인기 과자 '허니버터칩'에 '앤'자를 넣은 아류 제품, '허니 앤 버터칩'이 출시되었다.

일류(一流) | 어떤 분야나 사물이나 사람 가운데서 첫째가는 위치나 부류.
> **예)** 일류 대학을 가고 싶었지만, 현실적으로 갈 수 있는 곳은 삼류 대학뿐이다.

조류(潮流) | 시대적인 경향이나 변화하는 흐름.
> **예)** 환경 문제를 무역 문제와 결부시키는 세계적 조류를 외면해서는 안 된다.

지류(支流) | 강의 원줄기로 흘러들어 가거나 갈려 나온 물줄기.
> **예)** 남한강의 지류인 평창강이 남쪽으로 흐르는 모습이 보인다.

탁류(濁流) | 황토 따위가 섞여 흘러가는 흐린 물.
> **예)** 그의 눈앞에 온통 붉은빛으로 요동치는 탁류가 도도히 흐르고 있었다.

표류(漂流) | 일정한 원칙이나 주관이 없이 이리저리 흔들림.
> **예)** 정부의 일관성 없는 행정으로 교육 정책이 표류하고 있다.

풍류(風流) | 풍치가 있고 멋스럽게 생활하는 일.
> **예)** 그는 벼슬을 포기하고 전원에서 풍류를 즐기며 여생을 보냈다.

한류(韓流) | 1990년대 말부터 중국을 비롯해 일본, 동남아시아 등지에서 일기 시작한 한국 대중문화의 선풍적인 인기 현상을 가리키는 신조어.
> **예)** 한류 열풍을 타고 많은 우리나라 배우들이 중국이나 일본에 진출하였다.

문(門) '(열고 닫는) 문'이 기본 의미이다. 이로부터 '집안, 전문, 방법, 비결, 부문'의 뜻이 나왔다.

관련 단어

가문(家門) | 가족 또는 가까운 피붙이로 이루어진 공동체.
> 예 그녀는 훌륭한 가문에서 태어났다.

등용문(登龍門) | 입신출세를 위한 어려운 관문이나 시험을 비유적으로 이르는 말. 물고기가 중국 황허 강 상류의 급류를 이루는 용문(龍門)으로 오르면 용이 된다는 고사에서 나온 말이다. 등룡문(×).
> 예 작가 지망생들은 신문의 신춘문예를 문단의 등용문으로 여기고 있는 듯하다.

멸문(滅門) | 예전에, 한 집안을 다 죽여 없애는 것을 이르던 말.
> 예 왕조 시대에 역모를 꾀하다 들키면 멸문을 당했다.

명문(名門) | 이름이 난 집안이나 학교.
> 예 우리 모교는 야구 명문으로 널리 알려져 있다.

전문(專門) | 한 분야에 대해 풍부하고 깊이 있는 지식과 경험을 가지고 그 일만을 함.
> 예 밀가루가 아닌 쌀로 수제비 만드는 것은 내가 전문이다.

정문(旌門) | 충신, 효자, 열녀 들을 표창하기 위하여 그 집 앞에 세우던 붉은 문.
> 예 하 씨 부인의 덕행(德行)과 절행(節行)을 기려 나라에서 정문을 세워 주었다.

포문(砲門) | 대포의 탄알이 나가는 구멍.
> 예 사령관은 포문을 동부 전선으로 돌리도록 명령했다.

두문불출(杜門不出) | 외출을 전혀 하지 않고 집안에만 틀어박혀 있음.
> 예 두문불출만 하지 말고 외출도 좀 해라.

반문농부(班門弄斧) | 자신의 실력도 헤아리지 아니하고 어떤 일을 하려고 당치 아니하게 덤비는 일을 이르는 말. 중국 노나라에 기계를 잘 만드는 반수(班輸)라는 사람을 흉내 내어, 그의 집 문 앞에서 도끼를 가지고 기계를 만들려고 한 어리석은 사람이 있었다는 데서 유래한다.
> 예 반문농부라더니 감히 나와 지금 승부를 겨루자는 이야기냐?

배(輩)

'무리'가 기본 의미이다. 이로부터 '세대, 패거리, 행렬, 서열, 떼'의 뜻이 나왔다. '무리를 이룬 사람'의 뜻을 더하는 접미사로 쓰여 3음절 한자어를 이루는 경우가 많은데, 긍정적인 의미의 단어인 경우보다는 부정적인 의미의 단어인 경우가 많다. '소인배(小人輩)'와 상대되는 단어랄 수 있는 '대인배(大人輩)'라는 단어를 인정하지 않는 국어사전이 존재하는 이유다.

┃ 관련 단어 ┃

간상배(奸商輩) ┃ 간사한 방법으로 부당한 이익을 보려는 장사치의 무리.
　　　　예 일제 강점기에는 민족을 배반하고 자신의 이익만을 좇는 간상배가 판을 쳤다.

도배(徒輩) ┃ 함께 어울려 나쁜 짓을 하는 무리. ≒도당(徒黨).
　　　　예 어제 민족을 배신한 도배들이 민족혼을 내세우고 있다.

모리배(謀利輩) ┃ 온갖 옳지 못한 수단과 방법으로 자신의 이익을 꾀하는 사람.
　　　　예 그는 모리배와 어울리며 나쁜 짓을 하고 다녔다.

부랑배(浮浪輩) ┃ 일정하게 사는 곳과 하는 일 없이 떠돌아다니는 무리.
　　　　예 퇴학을 당한 그는 아예 부랑배로 나선 듯했다.

불량배(不良輩) ┃ 행실이나 성품이 나쁜 사람들의 무리.
　　　　예 그는 불량배에게 물건을 빼앗겨 경찰에 신고했다.

소인배(小人輩) ┃ 마음 씀씀이가 옹졸하고 간사한 사람들.
　　　　예 그는 난리 통에 벼락출세를 한 소인배에 불과하다.

연배(年輩) ┃ 나이가 비슷한 사람. 또는 서로 비슷한 나이.
　　　　예 그 의원은 처신도 신중해서 연배의 동료 의원들 사이에서 신망이 두텁다.

정상배(政商輩) ┃ 정치가와 결탁하거나 정권을 이용하여 사사로운 이익을 꾀하는 무리.
　　　　예 정상배들이 이러한 기회를 이용하여 제 사리사욕을 채우기 위해 날뛰고 있었다.

공산도배(共産徒輩) ┃ 공산주의자들의 무리를 낮잡아 이르는 말. =공산도당(共産徒黨).
　　　　예 폭도 중에 진짜 공산도배라는 것은 극히 적고 무지로 휩쓸리어 들어간 자가 많았다.

별(別) '나누다'가 기본 의미이다. 이로부터 '가르다, 헤어지다, 다르다, 차별하다, 특히'의 뜻이 나왔다.

| 관련 단어 |

각별(各別) | 어떤 일에 대한 마음가짐이나 자세 따위가 유달리 특별함.
> (예) 그는 화초에 대한 관심이 각별하였다.

결별(訣別) | 관계나 교제를 영원히 끊음.
> (예) 성격 차이로 결별하는 부부를 보면 안타깝다.

변별(辨別) | 사물의 옳고 그름이나 좋고 나쁨을 가림.
> (예) 많은 생산품 중에서 최상의 것만을 변별해서 시장에 내놓았다.

별의별(別-別) | 보통과 다른 갖가지의. ≒별별.
> (예) 엊저녁에는 별의별 생각이 다 들어 늦도록 잠을 이루지 못했다.

분별(分別) | 세상 물정에 대한 바른 생각이나 판단.
> (예) 그는 그렇게 분별이 없는 사람이 아니다.

송별(送別) | 떠나는 사람을 이별하여 보냄.
> (예) 나는 공부하러 서울로 떠나는 그녀에게 송별의 의미로 반지를 주었다.
> 비슷한말 고별, 배웅.

식별(識別) | 분별하여 알아봄.
> (예) 아군과 적군을 식별하는 일이 쉽지 않아서 걱정이다.

전별(餞別) | 잔치를 베풀어 작별한다는 뜻으로, 보내는 쪽에서 예를 차려 작별함.
> (예) 떠나기 전날, 사장은 사원들을 모아 조촐한 자리를 마련하여 나를 전별하였다.

차별(差別) | 둘 이상의 대상을 각각 등급이나 수준 따위의 차이를 두어서 구별함.
> (예) 과거에는 복지 혜택에 있어서, 도시와 농촌의 차별이 현저하였다.

천차만별(千差萬別) | 어떤 부류나 사물이 상황이나 경우에 따라서 가지각색으로 다르고 차이가 많음.
> (예) 사람마다 취향이 천차만별이라 무엇을 골라야 할지 모르겠다.

상(像)

'모양, 형상'이 기본 의미이다. 이로부터 '본뜬 형상, 초상, 양식, 규범, 닮음'의 뜻이 나왔다. '부처님상'처럼 일부 명사 뒤에 붙어 조각이나 그림을 나타내는 말로 쓰이기도 하고, '교사상'처럼 일부 명사 뒤에 붙어 '모범', '본보기'의 뜻을 나타내는 말로 쓰이기도 한다.

| 관련 단어 |

군상(群像) | 떼를 이룬 많은 사람. 또는 그 모습.
　　　　예 이 소설에는 격동기의 여러 가지 인간 군상이 잘 그려져 있다.

동상(銅像) | 구리로 사람이나 동물 따위의 형상을 만들거나 그런 형상으로 만들어진 것에 구릿빛을 입혀서 만든 기념물.
　　　　예 가두시위를 하는 성난 시민들이 독재자의 동상을 쓰러뜨렸다.

상상(想像) | 실제로 경험하지 않은 현상이나 사물에 대하여 마음속으로 그려 봄.
　　　　예 네게 이런 일이 일어나리라고는 상상도 못 했다.

심상(心象/心像) | 감각에 의하여 획득한 현상이 마음속에서 재생된 것.
　　　　예 이 시구는 시각적 심상과 촉각적 심상이 절묘하게 결합되어 있다.

영상(映像) | 영사막이나 텔레비전 등의 화면에 나타나는 모습.
　　　　예 이 텔레비전에는 뮤직비디오의 음악과 영상을 분리하는 기능이 있다.

우상(偶像) | 맹목적인 인기를 끌거나, 숭배되는 대상을 비유적으로 이르는 말.
　　　　예 어려운 환경에서도 자수성가한 그는 우리들의 우상이었다.

초상(肖像) | 그림 따위에 나타낸 사람의 얼굴과 모습.
　　　　예 화가인 그는 주로 풍경과 초상을 그린다.

동영상(動映像) | 컴퓨터 등으로 구현된 움직이는 영상.
　　　　예 이제 스마트폰으로 동영상을 즐기는 것은 그렇게 어려운 일이 아니다.

색(色)

'빛, 빛깔'이 기본 의미이다. 이로부터 '기색, 미색, 모양, 상태, 꾸미다, 색칠하다'의 뜻이 나왔다. '여자' 또는 '하급 관리'라는 의미로도 쓰인다.

│ 관련 단어 │

각색(脚色) │ 어떤 작품을 다른 장르의 작품으로 고쳐 쓰는 일.

예) 요즘은 인기 만화를 각색하여 영화화한 작품이 많이 제작되고 있다.

관청색(官廳色) │ 조선 시대에, 수령(守令)의 음식물을 맡아보던 구실아치.

예) 관청색은 수령과 그 가족들의 식생활 및 공사 빈객의 접대와 각종 잔치에 필요한 물품의 조달 및 회계를 맡았다.

난색(難色) │ 이러지도 저러지도 못하여 어려워하는 기색.

예) 영화사는 연기 경험이 없는 그를 주연으로 기용하는 것에 난색을 표했다.

명색(名色) │ 실속 없이 그럴듯하게 불리는 허울만 좋은 이름.

예) 내가 명색이 사장인데, 그까짓 돈을 떼먹을까?

무색(無色) │ 겸연쩍고 부끄러움.

예) 그는 내 앞에서 넘어지자 무색하여 어쩔 줄을 몰라 했다.

물색(物色) │ 어떤 기준을 가지고 그에 알맞은 사람이나 물건을 찾거나 고름.

예) 회사에서는 여러 조건을 따져가며 적임자 물색에 착수했다.

손색(遜色) │ 다른 것과 견주어 보아 못한 점.

예) 능력으로 보든지 인격으로 보든지 대표가 되어도 손색이 없을 만한 사람이다.

안색(顔色) │ 얼굴에 나타나는 표정이나 빛깔.

예) 병원의 담당 의사가 어두운 안색으로 보호자를 찾았다.

염색(染色) │ 염료를 사용하여 실이나 천 따위에 물을 들임.

예) 70년대 말, 80년대 초까지만 해도 군복을 염색해 입고 다니는 대학생들이 많았다.

퇴색(退色) │ 낡거나 몰락하면서 볼품없이 됨.

예) 한창 번성했던 이 거리가 점점 예전의 모습을 잃고 퇴색되어 가고 있다.

경국지색(傾國之色) │ 임금이 혹하여 나라가 기울어져도 모를 정도의 미인이라는 뜻으로, 뛰어나게 아름다운 미인을 이르는 말.

예) 부인은 경국지색이었지만 미인박명(美人薄命)이란 말 그대로 요절하고 말았다.

송(送) '보내다'가 기본 의미이다. 이로부터 '배웅하다, 전달하다, 쫓아버리다'의 뜻이 나왔다. '송(送)'으로 끝나는 단어는 동음어가 많고, 동음어가 아니더라도 의미 차이가 미세한 경우가 있어 사용에 주의가 따르는 예가 많다.

┃ 관련 단어 ┃

반송(搬送) ┃ 물건 따위를 운반하여 보냄.
　　　　　　⑩ 이번에는 물품을 트럭에 실어 반송하기로 했다.

봉송(奉送) ┃ 영령, 유골, 성물 따위를 정중히 운반함.
　　　　　　⑩ 영광스럽게도 나는 이번에 성화를 경기장으로 봉송하는 일에 참여하게 되었다.

압송(押送) ┃ 피고인 또는 죄인을 어느 한 곳에서 다른 곳으로 호송하는 일.
　　　　　　⑩ 이제 죄인을 교도소로 압송하는 일만 남았다.

전송(電送) ┃ 글이나 이미지 따위를 통신을 이용하여 보냄.
　　　　　　⑩ 요즘은 인터넷이 발달하여 팩시밀리로 서류를 전송하는 경우는 거의 없다.

전송(餞送) ┃ 서운하여 잔치를 베푼다는 뜻으로, 예를 갖추어 떠나보냄.
　　　　　　⑩ 아들은 외국으로 출장을 떠나는 아버지를 전송하기 위해 공항까지 배웅했다.

탁송(託送) ┃ 남에게 부탁하여 물건을 보냄.
　　　　　　⑩ 고속버스 편에 급한 서류들을 탁송하였다.

환송(歡送) ┃ 떠나는 사람을 기쁜 마음으로 보냄.
　　　　　　⑩ 나는 공항에서 독일로 떠나는 친구를 환송했다.

후송(後送) ┃ 적군과 맞대고 있는 지역에서 부상자, 전리품, 포로 따위를 후방으로 보냄.
　　　　　　⑩ 전쟁이 길어지면서 병원에 후송되는 병사의 수도 늘어났다.

허송세월(虛送歲月) ┃ 하는 일 없이 세월만 헛되이 보냄. 허숭세월(×).
　　　　　　⑩ 그는 여기저기 떠돌아다니며 5년을 허송세월했다.

욕(辱) '욕되다'가 기본 의미이다. 이로부터 '수치스럽다, 모욕을 당하다, 욕설'의 뜻이 나왔다.

│ 관련 단어 │

굴욕(屈辱) │ 남에게 억눌려 업신여김이나 모욕을 받음.
　　　　　(예) 권위적인 정부 밑에서 소시민은 허무와 굴욕을 느낄 수밖에 없다.

능욕(凌辱) │ 사람을 업신여겨 욕보임.
　　　　　(예) 저런 쥐새끼 같은 놈들한테 능욕을 당하고 계신단 말씀입니까?

뒷욕(-辱) │ 일이 다 끝난 뒤에 욕함. 또는 그런 욕.
　　　　　(예) 업무를 잘 마무리해야 뒷욕을 듣지 않는다.

별욕(別辱) │ 갖가지 욕.
　　　　　(예) 늙은이가 살다 보니 별욕을 다 듣게 되네.

봉욕(逢辱) │ 욕된 일을 당함.
　　　　　(예) 무도한 무리들을 만나 선생님께서 봉욕이 심하셨겠습니다.

상욕(常辱) │ 상스러운 욕설.
　　　　　(예) 계집애 입에선 차마 입에 담기 어려운 상욕이 마구 쏟아져 나왔다.

설욕(雪辱) │ 부끄러움을 씻음.
　　　　　(예) 그는 치욕적인 패배 후에 마음을 가다듬고 설욕의 기회만 엿보고 있다.
　　　　　★ '설(雪)'은 '눈'의 뜻으로 쓰이지만, '씻다'의 뜻으로도 쓰인다. (예) 설분(雪憤) : 분한 마음을 풂.

치욕(恥辱) │ 부끄럽고 욕됨.
　　　　　(예) 내가 조금만 더 힘을 길렀다면 이런 치욕은 겪지 않았을 것이다.

수즉다욕(壽則多辱) │ 오래 살수록 그만큼 욕됨이 많음을 이르는 말.
　　　　　(예) 자식을 많이 두면 걱정과 근심이 많고, 부유하면 일이 많은 법이며, 수즉다욕이라고 오래 살면 욕됨이 많은 법이다.

용(用)

'쓰다'가 기본 의미이다. 앞말에 붙어서 그것이 무엇에 쓰이는가를 나타내는 역할을 하는 경우가 많다. 물론 앞말을 통해 쓰임의 양상을 드러내는 경우도 많다.

▌관련 단어 ▌

고용(雇用) │ 삯을 주고 사람을 부림.
> 예) 마을 사람들을 고용한다는 조건을 붙여 공장 설립에 주민들이 동의했다.

공용(公用) │ 공공의 목적으로 사용함.
> 예) 공용 물품을 사적인 이익을 위해 사용하는 것을 엄격히 금지한다.

공용(共用) │ 공동으로 함께 씀.
> 예) 두 회사가 하나의 시스템을 공용한다.

기용(起用) │ 능력 있는 사람을 필요한 자리에 뽑아서 씀.
> 예) 인재의 적절한 기용이 우리나라의 장래를 결정한다.

도용(盜用) │ 남의 물건, 명의, 성과를 몰래 이용함.
> 예) 논문 내용으로 보았을 때 상당 부분 다른 논문을 도용한 것으로 여겨진다.

복용(服用) │ 약을 먹거나 마시어 섭취함.
> 예) 이 약은 캡슐로 되어 있어 복용이 간편하다.

오용(誤用) │ 잘못 사용함.
> 예) 약의 남용과 오용은 대개 약에 대한 맹신에서 비롯된다.

원용(援用) │ 문헌이나 관례 따위를 자신의 주장이나 학설을 뒷받침하는 데에 끌어다 씀.
> 예) 작가는 대장장이 신화를 원용해 우리에게 노동의 소중함을 일깨워 주었다.

준용(準用) │ 표준으로 삼아 적용함.
> 예) 선진국의 교육 제도가 우리나라의 교육 제도에 많이 준용되고 있다.

이용후생(利用厚生) │ 기구를 편리하게 쓰고 먹을 것과 입을 것을 넉넉하게 하여, 국민의 생활을 나아지게 함.
> 예) 인간들은 자연을 인간을 위한 이용후생의 대상으로 삼았다.

정(情)

'마음'이 기본 의미이다. 외적 자극에 따라 일어나는 마음이란 의미가 강하다는 점에서, 타고난 마음이란 의미가 강한 '성(性)'과 좀 다르다. 의미가 확장되어 '실상, 형편, 정취, 욕망, 성욕'의 뜻으로도 쓰인다.

❙ 관련 단어 ❙

격정(激情) ❙ 격렬하고 갑작스러워 억누르기 어려운 감정.
⠀⠀⠀⠀⠀예 이 자서전에는 내 젊은 날의 격정과 방황 등이 고스란히 담겨 있다.

모순감정(矛盾感情) ❙ 혼란스러운 감정. 어떤 대상, 사람, 생각 따위에 대하여 동시에 대조적인 감정을 지니거나, 감정이 이랬다저랬다 하는 따위.
⠀⠀⠀⠀⠀예 김소월의 시에는 모순감정을 잘 형상화한 작품이 많다.

몰인정(沒人情) ❙ 남을 동정하고 이해하는 따뜻한 마음이 전혀 없음.
⠀⠀⠀⠀⠀예 그는 친한 친구의 간절한 부탁을 몰인정하게 거절했다.

발정(發情) ❙ 동물이 성호르몬에 의하여 성적 충동을 일으킴. 또는 그 성적 충동.
⠀⠀⠀⠀⠀예 아마 짐승이 발정이 나서 아침부터 어딘가로 교미를 시키러 가는 모양이다.

선정(煽情) ❙ 성적인 욕구를 북돋우어 일으키는 것.
⠀⠀⠀⠀⠀예 신문 기사에 불필요하게 선정적인 사진을 싣는 일이 많다.

성정(性情) ❙ 사람의 성질과 마음 씀씀이.
⠀⠀⠀⠀⠀예 그는 타고난 성정이 어질고 착한 사람이다.

온정(溫情) ❙ 따뜻한 마음.
⠀⠀⠀⠀⠀예 수재민에게 필요한 것은 전 국민의 온정의 손길이 아닌가 합니다.

적정(敵情) ❙ 전투 상황이나 대치 상태에 있는 적의 특별한 동향이나 실태.
⠀⠀⠀⠀⠀예 공격하기에 앞서 적정을 면밀히 살펴야 한다.

정정(政情) ❙ 정치계의 동향과 형편.
⠀⠀⠀⠀⠀예 이 나라의 불안한 정정에 불만을 가진 시민들이 가두시위에 나설 태세다.

춘정(春情) ❙ 남녀 간의 정욕.
⠀⠀⠀⠀⠀예 그 여관은 조명등 불빛이 너무 밝아 춘정을 부추기지도 않는다.

제(製)

'만들다'가 기본 의미이다. 재료를 뜻하는 '재(材)'와 구별된다. 예컨대 '목제(木製)' 는 '나무로 물건을 만듦 또는 그 물건'을 가리키는 말이고, '목재(木材)'는 '건축이 나 가구 따위에 쓰는, 나무로 된 재료'를 이르는 말이다.

┃ 관련 단어 ┃

박제(剝製) ┃ 동물의 가죽을 벗기고 그 안에 솜이나 대팻밥 따위를 넣어 살아 있는 모양 그 대로 만든 표본.
> 예 그는 언제라도 날아갈 것만 같은 독수리의 박제에서 눈을 떼지 못하고 있었다.

반제품(半製品) ┃ 가공(加工)이 다 되지 않은 미완성 제품.
> 예 이 중소기업은 대기업에 부품과 반제품을 납품한다.

복제(複製) ┃ 저작물이나 미술품 따위를 원형 그대로 재생하거나 표현함.
> 예 그 회사는 수억을 들여 훌륭한 소프트웨어를 개발하였으나 사람들이 복제만 할 뿐 정품을 구입하지 않아 곧 도산하고 말았다.

사제(私製) ┃ 개인이 사사로이 만듦. 또는 그런 물건.
> 예 사제 폭탄을 만들어서 유통하는 것은 불법이다.

시제품(試製品) ┃ 시험적으로 만든 제품.
> 예 반도체 산업의 기술은 특성상 시제품 개발 기술과 양산 기술로 구분된다.

정제(精製) ┃ 불순물을 제거하여 순수하게 함.
> 예 이 기계는 원유를 정제하는 데에 사용된다.

창제(創製/創制) ┃ 전에 없던 것을 처음으로 만들거나 제정함.
> 예 이두는 훈민정음이 창제된 뒤에도 공문서 등에 여전히 사용되었다.

훈제(燻製/薰製) ┃ 소금에 절인 고기를 연기에 익혀 말리면서 그 연기의 성분이 흡수되게 함. 또는 그런 식품.
> 예 청어는 훈제를 하면 붉은색으로 변한다.

집(集)

'모으다, 모이다'가 기본 의미이다. '모아 엮은 책'의 뜻을 더하는 접미사로 많이 쓰인다. '집(輯)' 역시 '모으다'의 뜻으로 쓰이지만, 이는 주로 그 발행 차례를 나타내는 단위어로 쓰인다는 차이가 있다.

▌관련 단어 ▌

가집(歌集) │ 시가(詩歌) 작품을 모아 엮은 책.
　　　　　　 예 고려 가요가 몇몇 가집에 실려 전해 온다.

매집(買集) │ 물건을 사서 모음.
　　　　　　 예 이번 홍수 때문에 지난달에 매집한 배추의 가격이 매우 올랐다.

밀집(密集) │ 빈틈없이 빽빽하게 모임.
　　　　　　 예 노량진은 고시 학원이 밀집되어 수험생들로 시장처럼 붐빈다.

운집(雲集) │ 구름처럼 모인다는 뜻으로, 많은 사람들이 모여듦을 비유적으로 이르는 말.
　　　　　　 예 어버이날 행사로 인해 공원에는 가족 단위의 인파가 운집을 해 있었다.

위집(蝟集) │ 고슴도치의 털과 같이 많은 것이 한곳에 모여든다는 뜻으로, 사물이 한꺼번에 많이 모임을 비유적으로 이르는 말.
　　　　　　 예 오늘 국립수산과학원의 한 관계자는 "수중 카메라로 확인한 결과 조피볼락을 비롯해 전갱이, 말쥐치, 돌돔 등 수만 마리의 어류가 위집(蝟集)한 것을 볼 수 있었다."라고 말했다.

징집(徵集) │ 국가가 군대에 복무할 의무를 지닌 사람들을 현역에 복무하도록 소집함.
　　　　　　 예 당시에는 많은 사람들이 징집을 피하기 위하여 연령을 올리거나 내렸다.

찬집(纂集) │ 여러 가지 글을 모아 책으로 엮음. 또는 그 책.
　　　　　　 예 전원생활에 대한 유명 문인들의 글을 추려 찬집을 발간했다.

화집(畵集) │ 복사하거나 인쇄한 그림을 모아서 엮은 책.
　　　　　　 예 그 순간 나는 언제가 화집에서 본 뭉크의 〈절규〉라는 그림이 생각났다.

청(聽)

'듣다'가 기본 의미이다. '엿보다, 염탐하다'의 뜻으로도 쓰인다. 정보 통신의 발달에 따라 반드시 청각적인 것만이 아니라 일반적인 정보를 받아들이는 일에 쓰이는 경우가 많다. '듣다'의 뜻으로 쓰이는 '문(聞)'과 달리 '식견'의 뜻을 내포하지는 않는 것이 보통이다.

┃관련 단어┃

감청(監聽) ┃ 기밀을 보호하거나 수사 따위에 필요한 참고 자료를 얻기 위하여 통신 내용을 엿듣는 일.

🔵 감청은 개인 범죄가 아니라 국가 안보를 위협하는 범죄나 살인, 납치 등 중한 범죄에 한해서만 허용되어야 한다.

경청(傾聽) ┃ 귀를 기울여 들음.

🔵 여러분 두서없는 강의를 장시간 경청해 주셔서 감사합니다.

경청(敬聽) ┃ 남의 말을 공경하는 태도로 들음.

🔵 다른 사람의 발언에 대한 경청도 토론의 중요한 기술임을 알아야 한다.

난시청(難視聽) ┃ 산이나 높은 건물 따위의 장애물 때문에 전파가 잘 잡히지 아니하여 보고 듣기가 어려움.

🔵 지상파 UHD방송이 이뤄지면 TV 화질이 좋아질 뿐 아니라 난시청 문제도 많이 해소될 수 있다.

도청(盜聽) ┃ 남의 이야기, 회의의 내용, 전화 통화 따위를 몰래 엿듣거나 녹음하는 일.

🔵 최근 도청(盜聽)이나 사생활 침해, 기업의 영업비밀 유출 등 사회적인 문제가 되고 있는 '스파이 앱(Spy App)'에 대해 경찰이 단속에 나섰다.

방청(傍聽) ┃ 정식 성원이 아니거나 직접적인 관계가 없는 사람이 회의, 토론, 연설, 공판(公判), 공개 방송 따위에 참석하여 들음.

🔵 많은 사람이 그의 재판을 방청하러 왔다.

보청기(補聽器) ┃ 잘 들리지 않는 귀의 청력을 보강하기 위해 귀에 끼우는 기구.

🔵 할아버지께서는 귀에 보청기를 꽂으신 뒤에야 초인종이 울리는 소리를 들으셨다.

탄(歎) '탄식하다, 한탄하다'가 기본 의미이다. 대체로 한숨을 지을 만한 상황을 나타내는 단어에 쓰이지만, 반드시 그런 것은 아니다. '우러르며 감탄함'의 뜻인 '경탄(敬歎)'처럼 칭찬하는 일에도 쓰인다.

| 관련 단어 |

개탄(慨歎) | 분하거나 못마땅하게 여겨 한탄함.
　　　　　　 예 이번 유괴 사건으로 온 국민이 개탄을 금치 못했다.

경탄(驚歎) | 몹시 놀라워하며 감탄함.
　　　　　　 예 생명과학의 성과에 경탄하면서도 한편으로는 불안하게 생각하는 사람이 많다.

비탄(悲歎) | 몹시 슬퍼하면서 탄식함.
　　　　　　 예 그는 아들의 죽음을 비탄하며 매일 술만 마셔댔다.

영탄(詠歎) | 목소리를 길게 뽑아 깊은 정회(情懷)를 시름겹게 읊음.
　　　　　　 예 그녀는 음악성을 강조하면서도 영탄이나 감상주의로 흐르지 않는 시를 쓰고 싶었다고 말했다.

자탄(自歎) | 자기의 일에 대하여 탄식함.
　　　　　　 예 그는 한미한 집안에 태어난 자신의 신세를 자탄했다.

장탄식(長歎息) | 긴 한숨을 지으며 깊이 탄식하는 일.
　　　　　　　　 예 그는 이따금 땅이 꺼질 것 같은 장탄식을 하곤 했다.

차탄(嗟歎) | 탄식하고 한탄함.
　　　　　　 예 그녀가 걱정스러운 낯으로 차탄하는 말을 듣고 그가 벌떡 일어나며 말했다.

찬탄(讚歎) | 칭찬하며 감탄함.
　　　　　　 예 우리는 그녀의 음식 솜씨에 찬탄하지 않을 수 없었다.

통탄(痛歎) | 몹시 가슴 아프게 슬퍼하며 한탄함.
　　　　　　 예 부모의 속만 썩였던 그는 어머니가 갑작스레 돌아가시자 통탄의 눈물을 흘렸다.

해(解) '풀다, 가르다'가 기본 의미이다. 이로부터 '풀이하다, 해석하다, 쪼개다, 흩어지다, 녹이다'의 뜻이 나왔다.

┃ 관련 단어 ┃

고해(告解) ┃ 세례를 받은 신자가 지은 죄를 뉘우치고 신부를 통하여 하느님에게 고백하여 용서받음.
> 예 가령 남의 돈을 훔쳤다든지 사기를 했다든지 하고 그 사실을 고해한다면 신부는 모두 용서한다.

곡해(曲解) ┃ 남의 말이나 행동을 본뜻과는 달리 좋지 아니하게 이해함.
> 예 사실과 달리 내가 그 일을 맡기 싫어한다고 곡해되었다.

몰이해(沒理解) ┃ 이해함이 전혀 없음.
> 예 일반인들의 이러한 비난은 흔히 대중가요에 대한 몰이해에서 비롯됩니다.

양해(諒解) ┃ 남의 사정을 잘 헤아려 너그러이 받아들임.
> 예 일이 바빠서 그러니 좀 늦더라도 양해해 주세요.

언해(諺解) ┃ 한문이나 다른 나라 글로 된 책을 언문(諺文)으로 풀이함.
> 예 조선 중기 때 두보의 시가 많이 언해되었다.

용해(溶解) ┃ 어떤 물질이 다른 물질에 고르게 녹아 들어가는 현상.
> 예 물에 소금을 넣고 섞으면 소금 알갱이 하나하나가 물속에서 용해되어 물 알갱이와 고르게 섞인 상태가 된다.

융해(融解) ┃ 고체에 열을 가했을 때 액체로 되는 현상.
> 예 고체는 일정 온도에 도달하면 갑자기 융해되기 시작하고, 고체가 전부 녹을 때까지 온도가 그 이상 올라가지 않는다.

정해(精解) ┃ 정밀하고 자세하게 풀이함.
> 예 '한글맞춤법'을 정해하여 '맞춤법의 시작과 끝'이라는 책을 냈다.

주해(註解) ┃ 본문에 주석을 붙이는 방식으로 알기 쉽게 풀이함.
> 예 이 책은 주해를 자세하게 달았기 때문에 이해하기 쉽다.

화(化) '되다'가 기본 의미이다. '감화시키다, 교화하다'의 뜻으로도 쓰인다. 예컨대 '문화(文化)'를 글자의 뜻에 충실하게 이해하면, '문덕으로 백성들을 교화함'의 뜻이 된다. 원래 '문화'는 권력이나 형벌보다는 문덕(文德)으로 백성을 가르쳐 인도하는 일을 이르는 말이었던 것이다.

관련 단어

감화(感化) | 좋은 영향을 받아 생각이나 감정이 바람직하게 변화함.
　　　　　　예 그의 연설은 청중을 감화하기에 충분했다.

개화(開化) | 사람의 지혜가 열려 새로운 사상, 문물, 제도 따위를 가지게 됨.
　　　　　　예 계몽 문학은 무지한 민중, 특히 농민들을 개화시키려는 의도를 가지고 창작되었다.

계량화(計量化) | 어떤 현상의 특성이나 경향 따위를 수량으로써 표시함.
　　　　　　예 자연과학에서 다루는 대상은 직접 관찰할 수 있고 계량화도 가능하다.

극화(劇化) | 사건이나 소설 따위를 극의 형식으로 만듦.
　　　　　　예 이번에 개봉하는 영화는 미국의 서부 개척 시대를 극화한 것이다.

둔화(鈍化) | 느려지거나 무디어짐.
　　　　　　예 경제성장률이 석유 파동으로 인하여 급작스럽게 둔화되었다.

부화(孵化) | 동물의 알 속에서 새끼가 껍데기를 깨고 밖으로 나옴.
　　　　　　예 잉어 새끼는 수온이 높으면 빨리 부화하고 낮으면 늦게 부화한다.

토착화(土着化) | 어떤 제도나 풍습, 사상 따위가 그 지방의 성질에 맞게 동화되어 뿌리를 내리게 됨.
　　　　　　예 우리나라도 중국과 동남아시아 국가처럼 전통시장이 감염의 매개체가 될 정도로 가축 전염병이 상시화하거나 토착화할 가능성이 있다는 우려가 커지고 있다.

희화화(戲畫化) | 어떤 인물의 외모나 성격, 또는 사건이 의도적으로 우스꽝스럽게 묘사되거나 풍자됨.
　　　　　　예 판소리 〈적벽가〉에서는 조조라는 영웅을 희화화하고 있다.

황(況) '상황, 정황'이 기본 의미이다. '전황(戰況)'에서처럼 앞에 오는 말의 형편을 나타낼 때 주로 쓰이지만, '성황(盛況)'에서처럼 앞에 오는 말이 상황 자체의 양상을 나타내기도 한다.

┃관련 단어┃

개황(槪況) │ 대개의 상황. 또는 대강의 형편과 모양.
　　　　　예 고대 유적 분포에 대한 정보는 어디든 그 지역의 주거 유형의 개황을 판단할 수 있게 해 준다.

불황(不況) │ 경제 활동이 일반적으로 침체되는 상태.
　　　　　예 요즘 같은 불경기에도 사교육계에는 불황이 없다.

상황(狀況) │ 일이 되어 가는 과정이나 형편.
　　　　　예 겨울철 등산에는 눈사태와 같은 돌발적인 상황에 대비해야 한다.
　　　　　★'상(狀)'이 '형상'이 아니라 '문서'를 의미할 때는 '장'으로 읽는다. **예** 상장(賞狀). 고소장(告訴狀). 행장(行狀). 영장(令狀).

성황(盛況) │ 모임 따위에 사람이 많이 모여 활기에 찬 분위기.
　　　　　예 아이돌 그룹의 이번 공연은 연일 성황을 이루고 있다.

시황(市況) │ 상품이나 주식 따위가 시장에서 매매되거나 거래되는 상황.
　　　　　예 경제가 점차 안정화하면서 시황이 조금씩 좋아지고 있다.

작황(作況) │ 농작물이 잘 되고 못된 상황.
　　　　　예 올해는 가뭄으로 대파의 작황이 부진한 편이다.

전황(戰況) │ 전쟁의 실제 상황.
　　　　　예 점차 전황이 호전되고 있지만, 아직 안심할 단계는 아니다.

정황(情況) │ 일의 사정과 상황.
　　　　　예 여러 가지 정황으로 미루어 볼 때 이렇게 하는 것이 최선일 것이다.

호황(好況) │ 경기(景氣)가 좋음. 또는 그런 상황.
　　　　　예 날씨가 더워 냉방용 가전제품을 만드는 회사들이 호황을 누리고 있다.

5 속뜻을 알아야 제대로 이해되는 말

한자어는 표의문자인 한자를 기반으로 만들어진 단어다. 대개 단어를 이루는 한자의 뜻을 조합하면 단어의 의미를 미루어 짐작할 수 있다. 그러나 반드시 그런 것만은 아니다.

가 백미(白米)에는 뉘나 섞였지.
나 춘향전은 한국 고전 문학의 백미(白眉)이다.

'백미(白米)'는 '흰쌀'이란 뜻이다. 한자를 조합하면 단어의 뜻은 저절로 이해된다. '백미(白眉)'는 그렇지 않다. '흰 눈썹'이란 뜻이겠으되, 이 단어가 여럿 가운데에서 가장 뛰어난 사람이나 훌륭한 물건을 비유적으로 이르는 말임을 알기는 어렵다. 사전을 들춰, 이 단어가 중국 촉한 때 마씨 다섯 형제가 모두 재주가 있었는데 그중에서도 눈썹 속에 흰 털이 난 마량이 가장 뛰어났다는 데서 유래한다는 해설을 참고해야 한다. 한자어에는 이런 단어가 적잖다.

그런가 하면 우리가 자주 쓰는 단어이지만, 한자의 뜻 자체가 익숙하지 않은 것도 많다.

다 그들은 가난의 질곡(桎梏)에서 벗어나기 위해 온갖 노력을 했다.

문맥상 '질곡'이 '지나친 속박으로 자유를 가질 수 없는 상태'를 의미한다는 것을 추리할 수는 있다. 그러나 이 말이 왜 그런 의미로 쓰이는지는 아리송하다. '질곡'이 옛 형구(刑具)인 차꼬(두 개의 긴 나무토막을 맞대고 그 사이에 구멍을 파서 죄인의 두 발목을 넣고 자물쇠를 채우게 한 형구)와 수갑을 아울러 이르는 말임을 알아야 단어의 의미가 실감나게 다가올 것이다. 한자어에는 이런 단어도 적잖다.

가차(假借) | [주로 '없다'와 함께 쓰여] 사정을 봐 주거나 용서함.

예 스승은 매우 엄격하셔서 버릇없는 언동이나 부정직한 행동에 대해서는 언제나 가차가 없다.

| 관련 사항 | '가차(假借)'는 한자 육서 중의 하나로, 어떤 뜻을 나타내는 한자가 없을 때, 본래 뜻과 상관없이 다른 한자를 빌려 쓰는 방법이다. 음을 빌리는 방법과 형태의 유사성을 빌리는 방법이 있다. 음을 빌리는 방법에는 고대 중국어에서 제기, 제물의 뜻으로 쓰이던 '두(豆)'를 콩의 의미를 갖는 '두(豆)'로 쓰거나 '불타(佛陀)'나 '아세아(亞細亞)' 따위의 한자 음역어(音譯語)로 나타내는 일 따위가 있다. 형태의 유사성을 빌리는 방법에는 본래 '아니다'의 뜻으로 쓰이던 '불(弗)'로 화폐 단위를 나타내는 영어 '$'를 대신하는 따위가 이에 해당한다.

각광(脚光) | [주로 '받다'와 함께 쓰여] 어떤 대상에 대한 많은 사람들의 관심이나 흥미, 인기. '주목'으로 순화.

예 최근 그 회사는 반도체 산업으로 각광을 받고 있다.

| 관련 사항 | '각광(脚光)'은 연기자의 발 아래쪽에서 위쪽을 향하여 투사되는 조명을 이르는 말이다. 보통 대상물을 강조하거나 긴장감이나 공포감을 불러일으키는 조명 방법이며, 미스터리 영화나 공포 영화에 많이 쓰인다.

감질(疳疾) | 바라는 정도에 아주 못 미쳐 애타는 마음.

예 얘기를 속 시원하게 하지 않으니 감질나서 못 참겠구나.

| 관련 사항 | '감질(疳疾)'은 '주로 젖먹이는 시간을 잘 조절하지 못했을 때 젖먹이에게 생기는 병'을 말한다. 이 병에 걸리면 시고 시원한 것을 먹으려 하며 영양 장애, 소화 불량 등으로 몸이 마르는 따위의 증상이 나타난다. 바로 이러한 증상이 생기는 것을 '감질이 나다'라고 한다. 즉 먹고는 싶은데 소화가 되지 않아 마음대로 먹지도 못해서 몸이 마를 지경이 되는 상태를 비유적으로 나타낼 때 '감질나다'는 표현을 사용한다.

계륵(鷄肋) | 버리기에는 아까우나 그다지 쓸모가 없는 것.

예 버릴 수도, 읽을 수도, 남 주기도 싫은 '계륵'이 된 베스트셀러의 활용법을 알아본다.

| 관련 사항 | '계륵(鷄肋)'은 '닭의 갈비'라는 뜻으로, 중국의 고전 《후한서》에 나오는 말이다. 조조가 유비와 한중(漢中) 땅을 놓고 싸우는 과정에서 보급품이 모자란 막료들이 조조에게 어찌할지를 묻자 마침 닭의 갈비를 뜯고 있던 조조가 '계륵계륵(鷄肋鷄肋)'이라고 말했다는 것에서 유래한다. 조조는 한중 땅이 계륵과 마찬가지로 버리기는 아깝지만 그렇다고 무리해서 지킬 만큼 대단한 땅은 아니라고 생각한 것이다.

괄목(刮目) | 눈을 비비고 볼 정도로 매우 놀람.

㉠ 우리 경제는 그동안 세계에 유례가 없을 정도로 괄목할 만한 성장을 이루었다.

| 관련 사항 | '괄목상대(刮目相對)'에서 온 말이다. '괄목상대'는 눈을 비비고 다시 본다는 뜻으로, 남의 학식이나 재주가 생각보다 부쩍 진보한 것을 이르는 말로 쓰인다.

굴지(屈指) | [흔히 '굴지의' 꼴로 쓰여] 매우 뛰어나 수많은 가운데서 손꼽힘.

㉠ 김 교수는 국내 문화인류학 분야에서 굴지의 학자이다.

| 관련 사항 | '굴지(屈指)'는 무엇을 셀 때, 손가락을 꼽아 헤아리는 모양을 나타내는 말이다.

기우(杞憂) | 앞일에 대해 쓸데없는 걱정을 함.

㉠ 마을 사람들의 예단은 전혀 터무니없는 기우임이 드러났다.

| 관련 사항 | '기우(杞憂)'는 옛날 중국 기(杞)나라에 살던 한 사람이 '만일 하늘이 무너지면 어디로 피해야 좋을 것인가?' 하고 침식을 잊고 걱정하였다는 데서 유래하는 말이다.

나락(奈落) | 벗어나기 어려운 절망적인 상황.

㉠ 그는 시험에서 떨어진 뒤 절망의 나락에 빠져 한동안 허우적거렸다.

| 관련 사항 | '나락(奈落)'은 순수한 불교 용어 중 하나로 지옥(地獄)을 달리 부르는 말이다. 산스크리트 naraka(나라카)의 발음을 그대로 옮겨 쓴 것으로, 본래는 밑이 없는 구멍을 뜻한다. 이것이 오늘날에는 '도저히 벗어날 수 없는 극

한 상황'을 이르는 말로 바뀌었으며, 지옥을 뜻하는 말로는 거의 쓰이지 않는다. 어려운 곤경에 처했을 때 흔히 '나락에 떨어졌다' 또는 '절망의 나락에 빠졌다'고 표현한다.

낙성(落成) | 건축물을 완성하여 공사를 끝냄.

(예) 회사에서는 신관의 낙성을 기념하여 기념식수를 거행하였다.

| 관련 사항 | '낙성식(落成式)'은 건축물이 완성된 것을 축하하기 위해 행하는 의식이다. 예전에 궁전 따위를 다 짓고 난 다음에, 그것을 기념하는 제사를 지낼 때 술 방울을 떨어뜨렸기 때문에 '낙성(落成)'이라 한 것이다.

난마(亂麻) | 갈피를 잡기 어렵게 뒤얽힌 일이나 세태.

(예) 사건이 난마처럼 얽혀 있어 해결의 실마리를 찾기가 쉽지 않다.

| 관련 사항 | '난마(亂麻)'는 어지럽게 얽힌 삼실의 가닥이라는 뜻이다.

★쾌도난마(快刀亂麻): 잘 드는 칼로 마구 헝클어진 삼 가닥을 자른다는 뜻으로, 어지럽게 뒤얽힌 사물을 강력한 힘으로 명쾌하게 처리함을 이르는 말.

(예) 신임 회장은 산적한 문제들을 쾌도난마로 처리했다.

★난맥상(亂脈相): 이리저리 흩어져서 질서나 체계가 서지 아니한 일의 양상.

(예) 신임 대표이사의 취임과 더불어 그동안 고질적인 문제점으로 지적되어 온 인사 행정의 난맥상이 개선되었다.

낭자(狼藉) | 여기저기 흩어져 어지러움.

(예) 유혈이 사방에 낭자하다.

| 관련 사항 | '낭(狼)'과 '자(藉)'는 모두 어수선하다는 뜻으로, '이리[狼]'가 자고 난 '자리[藉]'라고 해석하기도 한다. 한편 '낭패(狼狽)'도 이리와 관련된 단어다. '낭(狼)'은 앞다리가 길고 뒷다리가 짧고, '패(狽)'는 앞다리가 짧고 뒷다리가 길다. 두 짐승이 나란히 걷다가 서로 떨어지면 넘어지게 되므로 당황함을 나타내는 말로도 쓰고, 도중에 실패하는 것 또는 일이 뜻대로 되지 않아 몹시 딱한 형편을 의미하는 말로도 쓴다.

노숙(露宿) | 사방과 하늘을 가리지 않은 집 밖의 장소에서 자는 잠. =한뎃잠.

예 아이가 있어 길에서 노숙하는 일은 없어야 할 터인데 큰일이다.

| 관련 사항 | 흔히 노숙자(露宿者)들은 길바닥 따위에서 한뎃잠을 잔다. 그래서 '노숙'을 '길에서 자는 일'의 뜻으로 이해하기 쉽지만, 한데서 이슬[露]을 맞으며 잔다[宿]는 뜻이다. 같은 맥락에서 '풍찬노숙(風餐露宿)'은 바람에 불리면서 먹고, 이슬을 맞으면서 잔다는 뜻으로, 떠돌아다니며 고생스러운 생활을 함을 비유해 이르는 말로 쓰인다.

농성(籠城) | 어떤 목적을 이루기 위하여 한자리를 떠나지 않고 시위함.

예 그들은 복지 시설 확충을 요구하며 사흘째 농성 중이다.

| 관련 사항 | '농성(籠城)'은 성 안의 군사가 적군에게 에워싸여 성문을 굳게 닫고 성을 지키는 일을 가리키는 말이다. 즉 '성(城)'과 관련된 단어다. '아성(牙城)'이나 '철옹성(鐵甕城)'도 비슷하다. 원래 전자는 어금니[牙]처럼 가장 안쪽에 있는 성이라는 뜻에서 우두머리가 지휘하는 성곽의 중심부를 뜻하는 말이고, 후자는 쇠로 옹기를 만들듯이 튼튼히 쌓아올린 성을 뜻하는 말이다.

★아성(牙城): 어느 부류의 세력이 자리잡고 있는 가장 중요한 근거지. **예** 집권 여당의 아성이었던 지역에서 야당 후보들이 대거 당선되었다.

★철옹성(鐵甕城): 방어 준비나 단결 상태가 아주 튼튼한 것. **예** 철옹성처럼 보이던 독재 정권이 민중들의 끝없는 투쟁에 의해 무너졌다.

다반사(茶飯事) | 보통 있는 예사로운 일을 이르는 말.

예 결산을 하는 월말엔 일이 밀려 며칠씩 집에 안 들어오는 일이 다반사였다.

| 관련 사항 | '항다반사(恒茶飯事)'라고도 한다. 본래 불교 용어로 차를 마시고 밥을 먹는 일을 의미한다. '극히 일반적이고도 당연한 일'이라는 의미로 불교 중에서도 선종에서 유래했다. 참선 수행을 하는 데는 유별난 방법이 있는 것이 아니고, 차를 마시고 밥을 먹듯이 일상생활이 곧 선으로 연결된다는 것을 상징한다.

도태(淘汰) | 여럿 중에서 불필요하거나 부적당한 것을 줄여 없앰.

   (예) 생존 경쟁에서 도태하지 않으려면 실력을 길러야 한다.

   | 관련 사항 | '도태(淘汰)'는 일다, 즉 물에 흔들어서 쓸 것과 못 쓸 것을 가려내는 일을 나타내는 단어다. 물건을 물에 넣고 일어서 좋은 것만 골라내고 불필요한 것을 가려서 버리는 일이 '도태(淘汰)'다. 이로부터 '여럿 중에서 불필요하거나 부적당한 것을 줄여 없앰'의 뜻이 나왔다.

동량(棟梁/棟樑) | 한 나라나 집안을 떠받들어 이끌어갈 젊은이.

   (예) 우리 대학은 매년 나라의 내일을 걸머질 훌륭한 동량을 배출해 낸다.

   | 관련 사항 | '동량지재(棟梁之材)'에서 온 말이다. '동량(棟梁)'은 집을 이루는 기둥과 들보를 아울러 이르는 말이다.

둔갑(遁甲) | 술법을 써서 자기 몸을 감추거나 다른 것으로 바꿈.

   (예) 늑대가 소녀의 할머니로 둔갑을 한 채 침대 위에서 자고 있다.

   | 관련 사항 | '갑(甲)'은 새싹이 싹트면서 아직 씨앗 껍질을 뒤집어쓰고 있는 모양을 본뜬 한자로 싹이 나기 시작한다는 뜻이다. 이로부터 '처음이나 제일'이라는 뜻이 나왔다. 또 씨의 '겉껍질이나 단단한 껍데기'에서 '갑옷'이라는 뜻이 나왔다. '둔갑(遁甲)'은 결국 껍데기를 감추거나 다른 것으로 바꾼다는 의미이다.

   ★갑부(甲富): 첫째가는 큰 부자. (예) 장안의 갑부가 돈 한 푼을 아까워하다니.

   ★갑주(甲冑): 갑옷과 투구를 아울러 이르는 말. (예) 원리원칙을 강조하는 그의 사고방식은 마치 갑주로 무장한 군인처럼 굳건하다.

   ★갑판(甲板): 큰 배 위에 나무나 철판 따위를 깔아 놓은 넓고 평평한 바닥. (예) 사람들은 갑판에 서서 배웅 나온 이들에게 손을 흔들었다.

막간(幕間) | 어떤 일이 잠시 중단되거나 쉬는 동안.

   (예) 막간을 이용해서 광고 말씀을 드리겠습니다.

   | 관련 사항 | '막간(幕間)'은 연극에서 한 막이 끝나고 다음 막이 시작될 때까지의 동안을 이르는 말이다. '막후(幕後)'나 '흑막(黑幕)' 역시 연극과 관련되는 단어다.

★막후(幕後): 겉으로 드러나지 않은 뒷면. 예 막후에서 영향력을 행사하다.

★흑막(黑幕): 겉으로 드러나지 아니한 음흉한 내막(內幕). 예 이 소설은 가축들의 입을 통해 우리 사회의 흑막과 모순을 폭로하고 있다.

만끽(滿喫) | 욕망을 마음껏 충족함.

예 그는 도시를 떠나 전원생활을 만끽하고 있다.

| 관련 사항 | '끽(喫)'은 '먹다, 마시다, 피우다'의 뜻으로 쓰이는 한자다. 그러니 '만끽'은 '마음껏 먹고 마심'의 뜻이다. 또 담배를 피우는 것을 흔히 '흡연(吸煙)'이라 하지만, '끽연(喫煙)'이라고도 한다.

만화경(萬華鏡) | 여러 갈래의 다양한 것이 섞여 있음.

예 넓고 넓은 바다 싸움은 이곳저곳에 만화경을 이루어 한 고비에 올라 있다.

| 관련 사항 | '만화경(萬華鏡)'은 장난감의 하나다. 원통 속에 여러 가지로 물들인 유리 조각을 장치하고, 장방형의 유리판을 세모지게 짜 넣은 것으로 그 속을 들여다보면 온갖 형상이 대칭적으로 나타나게 된다.

무산(霧散) | 어떤 일이 성사되지 못하여 없었던 일처럼 됨.

예 결정적인 기회마다 실책이 나와서 우리 팀의 득점 기회가 번번이 무산되었다.

| 관련 사항 | '무산(霧散)'은 안개가 걷히면서 흩어지는 모습을 나타낸다. '오리무중(五里霧中)'은 넓게 퍼진 안개 속에 있다는 뜻으로, 일의 갈피를 잡을 수 없거나 사람의 행적을 전혀 알 수가 없는 상태를 이르는 말이다.

미궁(迷宮) | 사건이나 문제 따위가 복잡하게 얽혀서 쉽게 해결하지 못하게 된 상태.

예 이 증거물이 미궁에 빠졌던 그동안의 연쇄살인사건을 해결해 줄 수도 있다.

| 관련 사항 | '미궁(迷宮)'은 한번 들어가면 빠져나오는 길을 쉽게 찾을 수 없도록 되어 있는 곳을 이르는 말인데, '미로(迷路)'라고도 한다. 이 길은 구불구불 구부러지거나 여러 갈래로 갈라진 샛길이 많아서, 한번 들어가면 쉽사리 나올 수 없게 되어 있고, 또 맨 안쪽까지 들어갈 수 없도록 만들어진 것이다.

밀월(蜜月) │ 친밀한 관계를 비유적으로 이르는 말.

　예 우호조약의 파기로 두 나라의 밀월 시대는 끝났다.

　│ 관련 사항 │ '꿀[蜜]'처럼 달콤한 '달[月]'이란 뜻으로, 결혼 직후의 즐겁고 행복한 시기를 비유적으로 이르는 말로도 흔히 쓰인다. 사실 이 단어는 '허니문(honey-moon)'을 한자로 그대로 옮긴 것이다. 본래 스칸디나비아 지역의 결혼 풍습, 즉 신혼부부에게 결혼 후 한 달 동안 꿀로 만든 술을 마시게 했던 데서 나온 말이라 한다.

　★밀어(蜜語): 꿀처럼 달콤한 말이란 뜻으로, 특히 남녀 사이의 정다운 이야기를 비유적으로 이르는 말. **예** 그들은 연애 시절 서울과 부산을 오가며 사랑의 밀어를 속삭였다.

　★밀어(密語): 남몰래 비밀스레 이야기함. **예** 귀엣말로 뭔가 밀어를 나누고 있는 두 사람이 보였다.

반추(反芻) │ 지나간 일을 되풀이하여 기억하고 음미함.

　예 이제는 그 시절의 영광에 대한 반추에서 벗어날 때가 되었다.

　│ 관련 사항 │ '추(芻)'는 '꼴', 즉 말이나 소에게 먹이는 풀을 뜻하는 한자다. 그래서 '반추(反芻)'는 소, 사슴, 양, 염소 따위가 한번 삼킨 음식을 위 속에 저장하였다가 토해 낸 뒤 다시 씹는 일을 나타낸다. 이로부터 '어떤 일을 되풀이하여 음미하거나 생각함'의 뜻이 나왔다.

백안시(白眼視) │ 사람이나 일 따위의 비중을 가볍게 보아 업신여기거나 냉대함.

　예 파렴치범으로 오해받는 그는 동네 사람들에게 기피와 백안시의 대상이다.

　│ 관련 사항 │ '백안(白眼)'은 '눈알의 흰자'라는 뜻이다. 사람을 흘겨볼 때 눈알의 흰자가 많이 나타나므로 그러한 눈초리로 사람을 대하는 태도나 접대를 '백안시(白眼視)한다'고 한다. 죽림칠현의 한 사람이었던 완적(阮籍)은 겉치레만 하는 속인을 만나면 백안으로 그 사람을 흘겨보았고 또, 마음에 드는 상대를 만나면 청안(靑眼)으로 맞이하였다고 한다. 즉 '청안(靑眼)'은 친밀감이 담긴 눈매, 즉 남을 따뜻이 대할 때를 말한다.

백중(伯仲) | 실력이나 기술 따위가 서로 엇비슷하여 더 낫고 더 못함이 없음.

　　예 양 팀의 실력은 백중이므로 정신력이 승부를 가를 것으로 보인다.

　　| 관련 사항 | '백중지세(伯仲之勢)' 또는 '백중세(伯仲勢)'라고도 한다. '백(伯)'은 '맏이'라는 뜻이고, '중(仲)'은 '둘째'라는 뜻이다. 곧 '백중지세(伯仲之勢)'와 '난형난제(難兄難弟)'는 뜻이 비슷하다.

별안간(瞥眼間) | 갑작스럽고 아주 짧은 동안.

　　예 별안간에 벌어진 일이라 잘 기억이 나질 않는다.

　　| 관련 사항 | '별(瞥)'은 '언뜻 봄'의 뜻이니, '눈 깜박하는 사이'라는 뜻이다. 이로부터 '갑자기'라는 뜻이 나왔다.

　　★일별(一瞥): 한 번 흘끗 봄. **예** 그는 곁눈질로 그녀를 일별하며 속으로 웃었다.

불한당(不汗黨) | 떼를 지어 다니며 강도짓을 하는 무리.

　　예 장사를 나섰다가 불한당을 만나 졸지에 알거지가 되었다.

　　| 관련 사항 | '한(汗)'은 '땀을 흘리다'가 기본 의미이다. 그러니 '불한당(不汗黨)'은 스스로 땀을 흘리지 않고 떼를 지어 다니면서 남을 괴롭히며 재물을 빼앗는 무리를 이르는 말이다. 대개 '건달(乾達)'이 그러한데, '건달'은 '하는 일 없이 빈둥빈둥 놀거나 게으름을 부리는 사람'을 이르는 말이어서 뜻하는 바가 다르다.

사갈시(蛇蝎視) | 어떤 대상을 몹시 싫어함을 이르는 말.

　　예 이름 없는 주간지 기자라고 사이비 기자로 매도되고 사갈시되는 것은 참으로 참기 어려웠다.

　　| 관련 사항 | '사갈시'는 뱀[蛇]이나 전갈[蝎]을 보듯이 한다는 뜻이다. 모두가 징그러운 동물이다. 그래서 남을 해치거나 심한 혐오감을 주는 사람을 비유적으로 이르러 '사갈(蛇蝎)'이라 한다.

사자후(獅子吼) | 크게 부르짖어 열변을 토하는 연설.

　　예 그의 열의에 가득 찬 사자후에 관중은 뜨거운 박수를 보냈다.

　　| 관련 사항 | '사자후(獅子吼)'는 '사자의 울부짖음'이란 뜻이다. 원래는 세상 만

물을 설복시키는 부처님의 설법을 가리키는 말이었는데, 나중에 사람들에게 큰 감동을 주는 힘찬 연설을 가리키는 말이 되었다.

사직(社稷) | 나라 또는 조정을 이르는 말.

⑩ 종묘와 사직이 위태롭다.

| 관련 사항 | '사직(社稷)'은 나라에서 백성의 복을 위해 제사하는 국토지주(國土之主)인 '사(社)'와 오곡지장(五穀之長)인 '직(稷)'을 이른다. 임금이 나라를 세우면 먼저 사직과 종묘를 세웠다. 임금을 사직의 주인이라고 하여 나라가 존재하면 사직의 제사가 행하여지고 망하면 사직의 제사는 폐지된다. 그러므로 '사직'이란 '종묘'와 함께 국가적으로 매우 중요시되어 '국가'를 달리 이르는 말이기도 한데, '종사(宗社)'라 일컬어지기도 했다.

사행심(射倖心) | 요행을 바라는 마음.

⑩ 한편에서는 복권이 사행심을 조장한다고 비판한다.

| 관련 사항 | '사행(射倖)'에서 '사(射)'는 '추구한다'는 뜻이다. 그러니 '사행(射倖)'은 '요행을 추구하는 일'이다. 또 '사행행위(射倖行爲)'는 종류 · 명목 · 방법 여하를 막론하고 타인으로부터 금품을 모아 우연의 결과에 의하여 특정인에게 이익을 제공하고, 다른 참가자에게 손실을 미치게 하는 모든 행위를 이른다.

석권(席卷/席捲) | 빠른 기세로 영토를 휩쓸거나 세력 범위를 넓힘.

⑩ 선수들은 앞으로 남은 경기 모두를 석권할 수 있다는 자신감을 보였다.

| 관련 사항 | '석(席)'은 자리 · 거적 · 멍석 등을 뜻하고, '권(卷)'은 '말다'는 의미이다. '석권'은 멍석 따위를 말듯이 거침없이 차례로 점령하는 것 또는 어떤 세력이나 풍조가 한 세대를 휩쓰는 일 등에 쓰이는 말이다.

★압권(壓卷): 여러 책이나 작품 가운데 제일 잘된 책이나 작품. 고대 중국의 관리 등용 시험에서 가장 뛰어난 답안지를 다른 답안지 위에 얹어 놓았다는 데서 유래함. ⑩ 이 작품이 이번 신춘문예에 응모한 수십 편의 작품들 중 단연 압권으로 평가되었다.

선동(煽動) | 남을 부추겨 어떤 일이나 행동에 나서도록 함.

 예 그는 학생을 선동하여 시위에 참여시켰다.

 ┃ 관련 사항 ┃ '선동(煽動)'의 '선(煽)'은 '부채질하다'가 기본 의미이다. 이로부터 '부추기다'의 뜻이 나왔다. 그러니 '선동(煽動)'은 무슨 일을 하도록 옆에서 부채질하는 것을 이른다.

선풍적(旋風的) | 돌발적으로 일어나 사회에 큰 영향을 미치거나 관심의 대상이 될 만한.

 예 이 자동차는 출시되자마자 선풍적인 인기를 누리고 있다.

 ┃ 관련 사항 ┃ '선(旋)'은 '(원 그리며) 돌다'가 기본 의미이다. 그러니 '선풍적'은 회오리바람과 같은 기세를 떠올리게 하는 단어다.

 ★선회(旋回): 날짐승이나 비행기가 어떤 장소에서 둘레를 빙빙 돎. **예** 큰 새 한 마리가 학교 운동장에서 선회를 계속하고 있었다.

소굴(巢窟) | 나쁜 짓을 하는 도둑이나 악한 따위의 무리가 활동의 본거지로 삼고 있는 곳.

 예 범죄자가 숨어드는 곳은 성역이 아니라 소굴일 뿐이다.

 ┃ 관련 사항 ┃ '소(巢)'는 날짐승의 보금자리를, '굴(窟)'은 짐승이 들끓는 굴을 뜻한다.

숙맥(菽麥) | 사리 분별을 못하고 세상 물정을 잘 모르는 사람.

 예 그는 숙맥이어서 밖에 나가는 것보다 집에서 혼자 있는 것을 더 좋아한다.

 ┃ 관련 사항 ┃ '숙맥불변(菽麥不辨)'에서 온 말이다. 콩[菽]인지 보리[麥]인지를 구별하지 못한다는 뜻으로, 사리 분별을 못하고 세상 물정을 잘 모름을 이르는 말이다.

 ★숙맥(宿麥): '보리'를 달리 이르는 말. 보리는 가을에 심어 이듬해에 익기 때문에 '숙(宿)' 자를 붙여 이른다.

순화(醇化) | 잡스러운 것을 걸러서 순수하게 함. ≒순화(純化).

 예 잘못 사용되는 외래어를 순화하는 일이 반드시 필요하다.

 ┃ 관련 사항 ┃ '순(醇)'은 술[酒] 중에서도 군물을 타지 아니한 진국의 술을 가리

키는 말이다. '순화(醇化)'는 진국술(=전국술)이 되도록 한다는 뜻이며, 이로부터 잡스러운 것을 걸러서 순수하게 한다는 뜻이 나왔다.

★순박(醇朴): 거짓이나 꾸밈이 없이 순수하며 인정이 두터움. 예 대체로 시골 사람들이 서울 사람보다 더 순박하고 인정이 많다.

식이 요법(食餌療法) | 음식물의 품질, 분량 따위를 조절하여서 직접 질병을 치료하거나 예방하고 장기를 보호하면서 전신의 영양을 완전하게 하는 방법.

예 어머니는 적당한 운동과 식이 요법으로 건강을 회복하였다.

| 관련 사항 | '이(餌)'는 '먹이' 또는 '미끼'를 의미하는 한자다. 결국 '식이 요법'은 '먹거리를 조절하는 요법'이란 뜻이다.

신기루(蜃氣樓) | 홀연히 나타나 짧은 시간 동안 유지되다가 사라지는 아름답고 환상적인 일이나 현상 따위를 비유적으로 이르는 말.

예 부동산 경기 활성화 정책으로 건설업계의 숨통이 트이나 기대했지만, 결국 신기루에 그칠 전망이다.

| 관련 사항 | '신기루'는 대기에서 일어나는 빛의 이상 굴절 현상을 가리킨다. 온도와 습도의 영향으로 지면이나 수면에 접한 더운 공기나 찬 공기에 의한 굴절로 일어난다. 바다에서는 공중에, 사막의 모래 위에서는 지평선 아래에서 나타난다. 옛날에는 대합조개나 이무기가 토해 낸 기운으로 나타난다고 생각했다. 그래서 대합조개나 이무기를 뜻하는 '신(蜃)' 자를 쓴 것이다.

신병(身柄) | 보호나 구금의 대상이 되는 본인의 몸.

예 범죄 용의자의 신병을 확보하는 일이 우선이다.

| 관련 사항 | '병(柄)'은 '자루(끝에 달린 손잡이)'를 뜻하는 한자다. 결국 '신병(身柄)'은 몸통을 자루에 비유해서 생긴 말이다.

십상(十常) | 열에서 아홉일 정도로 확률이 높다는 말.

예 어물어물하다 보면 허송세월하기가 십상이다.

| 관련 사항 | '십상(十常)'은 '십상팔구(十常八九)'에서 온 말이다. 그러므로 이

말은 '열에 여덟이나 아홉 징도로 거의 예외가 없음'이라는 의미로 쓰이는 말이다. 이 말은 '쉽다'와 혼동을 일으켜 '쉽상이다'로 쓰는 사람도 있는데 이는 잘못이다.

쌍두마차(雙頭馬車) | 어떤 한 분야에서 주축이 되는 두 사람이나 사물 따위를 비유적으로 이르는 말.

예 대통령 중심제에선 대통령과 여당이 국정의 쌍두마차이다.

| 관련 사항 | '쌍두마차(雙頭馬車)'는 '두 필의 말이 끄는 수레'라는 뜻이다. 어떤 일을 주도적으로 이끌어 나가는 세 사람일 경우는 '삼두마차(三頭馬車)' 또는 '트로이카(troika)'라고 한다. 원래 '트로이카'는 러시아 특유의 교통 기관을 이르는 말이다. 세 필의 말이 끄는 썰매이며 두 사람 내지 네 사람이 타는데 눈이 녹으면 마차로 바꾼다.

쌍벽(雙璧) | 여럿 가운데 우열을 가리기 힘들 만큼 뛰어난 둘 또는 두 사람.

예 이황과 이이는 조선 시대 성리학에서 쌍벽을 이루는 거목이다.

| 관련 사항 | 원래는 두 개의 구슬[璧]이란 뜻이다. 구슬은 대개 뛰어난 것, 귀한 것을 나타낸다. 한편 이 단어는 뛰어난 둘을 비교할 때 쓰는 것이지, 뒤떨어지는 사람끼리 견줄 때는 쓰지 않는다.

★완벽(完璧): 흠이 없는 구슬이라는 뜻으로, 결함이 없이 완전함을 이르는 말.

예 상대 팀을 거세게 밀어붙인 끝에 완벽한 승리를 거두었다.

아미(蛾眉) | 가늘고 길게 굽어진 아름다운 눈썹.

예 그녀의 매력은 초승달 같은 아미에 있다.

| 관련 사항 | '아미(蛾眉)'는 미인의 눈썹을 이르는 말인데, 원래는 누에나방 모양의 눈썹이란 뜻이다.

아수라장(阿修羅場) | 싸움이나 그 밖의 여러 일로 아주 시끄럽고 혼란한 장소나 상태.

예 피난을 가는 사람들이 잔뜩 몰린 서울역은 그야말로 아수라장이었다.

| 관련 사항 | '아수라阿修羅'는 산스크리트 'asur(아수르)'의 음역(音譯)이다. 약

칭은 '수라(修羅)'인데, '추악하다'라는 뜻이다. 아수라는 본래 육도 팔부중(八部
衆)의 하나로서 고대 인도신화에 나오는 선신(善神)이었는데 후에 하늘과 싸우
면서 악신(惡神)이 되었다고 한다. 그는 증오심이 가득하여 싸우기를 좋아하므
로 전신(戰神)이라고도 한다. 인도의 서사시 〈마하바라타〉에는 비슈누신의 원
반에 맞아 피를 흘린 아수라들이 다시 공격을 당하여 시체가 산처럼 겹겹이 쌓
여 있는 모습을 그리고 있다. 피비린내 나는 전쟁터를 아수라장이라 부르는 것
은 여기에서 유래하였다.

알력(軋轢) | 의견이나 입장이 서로 맞지 않아 충돌하는 것.

   (예) 최근 회사의 임원들 사이에 알력이 끊이지 않아 사내 분위기가 뒤숭숭하다.

   | 관련 사항 | '알력(軋轢)'은 수레바퀴가 삐걱거린다는 뜻에서 온 말이다.

어색(語塞) | 격식이나 규범, 관습 따위에 맞지 아니하여 자연스럽지 아니함.

   (예) 잠옷 같은 바지에 신사복 재킷을 입은 그의 옷차림은 어색하기 짝이 없다.

   | 관련 사항 | '어색(語塞)하다'는 '대답하는 말 따위가 경위에 몰리어 궁색하다.'
의 뜻으로도 쓰인다. 말 그대로 말[語]이 막힌다[塞]는 뜻에서 온 말이다.

   ★어폐(語弊): 적절하지 아니하게 사용하여 일어나는 말의 폐단이나 결점.

   (예) 그는 "한국어도 못하면서 영어 공부를 하는 것이 어필이 있긴 한데."라고 재차 실언
을 했다. 하단 자막에는 '어필'에 엑스를 치고 '어폐'라고 정정해 웃음을 안겼다.

여반장(如反掌) | 일이 매우 쉬움을 이르는 말.

   (예) 여러분 같은 장사가 이까짓 것쯤 해내기야 여반장이 아니겠습니까?

   | 관련 사항 | '장(掌)'은 손바닥을 가리키니, 손바닥을 뒤집는 것 같이 쉽다는 뜻
이다.

   ★연지삽말(軟地揷−): 무른 땅에 말뚝을 박는다는 뜻으로, 일하기가 매우 쉬움
을 비유적으로 이르는 말.

역린(逆鱗) | 임금의 분노를 비유적으로 이르는 말.

   (예) 자신의 생모를 얕잡아 보는 신하들의 말을 들은 임금의 역린은 컸다.

| 관련 사항 | 용의 턱밑에 거슬러 난 비늘을 건드리면 용이 크게 노한다는 전설에서 나온 말이다. '용'은 잘 길들이면 올라탈 수도 있지만 그의 목 아래에 있는 직경 한 자쯤 되는 역린, 즉 다른 비늘과는 '반대 방향[逆]'으로 나 있는 '비늘[鱗]'을 건드리면 반드시 사람을 죽인다고 한다. 임금도 역린이 있어 말하는 사람이 이 역린만 건드리지 않으면 목적을 달성할 수 있다고 하였다. 임금을 용에 비유한 말이다.

★편린(片鱗): 원래 한 조각의 비늘이라는 뜻으로, 사물의 극히 작은 한 부분.

㉠ 이 그림에는 그의 예술에 대한 열정의 편린이 담겨 있다.

연리지(連理枝) | 화목한 부부나 남녀의 사이를 비유적으로 이르는 말.

㉠ 다음 세상에서는 연리지가 되어 다시 만나자.

| 관련 사항 | 한 나무와 다른 나무의 가지가 서로 붙어서 나뭇결이 하나로 이어진 것을 이르는 말에서 왔다. '리(理)'는 '다스림'이 기본 의미인데, 이때는 '나뭇결'이란 뜻으로 쓰인 것이다.

연인원(延人員) | 어떠한 일에 동원된 인원수와 일수(日數)를 계산하여, 그 일이 하루에 완성되었다고 가정하고 일수를 인수(人數)로 환산한 총인원수. 예를 들면, 다섯 사람이 열흘 걸려서 완성한 일의 연인원은 50명이다. '총인원'으로 순화.

㉠ 이번 대회에 연인원 2만여 명의 자원봉사자가 참여할 예정이다.

| 관련 사항 | 비슷한 개념인 '연일수(延日數)'는 어떠한 일에 소요된 일수(日數)를, 그 일을 한 사람이 완성한 것으로 가정하고 인수(人數)를 일수로 환산하여 계산한 총일수. 예를 들면, 다섯 사람이 열흘 걸려서 완성한 일의 연일수는 50일이다.

연횡책(連橫策) | 중국 전국 시대에, 진나라의 장의(張儀)가 주장한 외교 정책. 한·위·조·초·연·제의 여섯 나라가 종(從)으로 동맹을 맺어 진나라에 대항하자는 합종설에 맞서서, 진나라가 이들 여섯 나라와 횡(橫)으로 각각 동맹을 맺어 화친할 것을 주장하였다.

㉠ 냉전 이후 동아시아에는 중국 주도의 합종책과 미국 주도의 연횡책이 맞섰다. 북-중-러의 북방 연합이 중국 주도의 합종책이고, 한-미-일 남방 동맹이 미국 주도의 연횡

책이었다.

| 관련 사항 | '합종책(合從策)'은 중국 전국 시대에, 소진이 주장한 외교 정책이다. 서쪽의 강국 진나라에 대항하기 위하여 남북으로 위치한 한·위·조·초·연·제의 여섯 나라가 동맹할 것을 주장하였다.

결국 '합종연횡(合從連橫)'은 지역적으로 한·위·조를 중심으로 하여 북쪽의 연과 남쪽의 초, 즉 남북이 서로 연결하여 종(縱)이 되고, 동으로 제 또는 서쪽으로 진과 연결되는 것이 횡(橫)이다. 책략으로 볼 때 합종은 약한 다수가 강한 하나를 공격하는 것으로 강국의 겸병을 막자는 데 목적이 있었다. 반면에 연횡은 강국이 약국을 도와 그 나라로 하여금 겸병을 진행시키는 책략이다.

온상(溫床) | 어떤 현상이나 사상, 세력 따위가 자라나는 바탕을 비유적으로 이르는 말.

예 재개발구역 내 공·폐가는 청소년 탈선과 범죄의 온상이 될 수 있다.

| 관련 사항 | 농업에서 '온상(溫床)'은 인공적으로 따뜻하게 하여 식물을 기르는 설비를 이르는 말이다. 열원(熱源)을 마련하거나 태양열을 효과적으로 이용한다. 온실(溫室)보다는 간단하며 일시적인 설비이다.

와중(渦中) | 일이나 사건 따위가 시끄럽고 복잡하게 벌어지는 가운데.

예 한국전쟁이 일어나 많은 사람이 전란의 와중에 가족을 잃었다.

| 관련 사항 | '와(渦)'는 '소용돌이'라는 뜻이다. 예를 들면 '전쟁의 소용돌이'와 같은 의미이다. 의미상 긍정적이거나 바람직한 상황을 나타내는 문맥에서는 잘 어울리지 않는 단어다.

★도중(途中): 일이 계속되고 있는 과정이나 일의 중간. **예** 회의 도중에 급한 연락이 왔다.

완충(緩衝) | 대립하는 것 사이에서 불화나 충돌을 누그러지게 함.

예 중국의 입장에서는 북한이 동북아에서 미국·일본의 해양세력과의 직접적인 충돌을 막아주는 훌륭한 완충지대 역할을 맡고 있다.

| 관련 사항 | '완(緩)'은 '늦추다'가 기본 의미이다. 누그러지거나 늦춰지는 상태를 나타내는 데 주로 쓰인다.

★완급(緩急): 일의 급함과 급하지 않음. **예** 일의 완급을 잘 조절하여 처리하시오.

★이완(弛緩): 바짝 조였던 정신이 풀려 늦추어짐. 긴장을 풂. **예** 긴장감이 이완될 경우 사고가 나기 쉽다.

요람(搖籃) | 사물의 발생지나 근원지를 비유적으로 이르는 말.

예 이 학교는 걸출한 인물들을 배출하는 요람으로 알려져 있다.

┃관련 사항┃ '요람(搖籃)'은 본디 젖먹이를 태우고 흔들어 놀게 하거나 잠재우는 물건을 가리킨다.

★남상(濫觴): 양쯔 강(揚子江) 같은 큰 하천의 근원도 잔을 띄울 만큼 가늘게 흐르는 시냇물이라는 뜻으로, 사물의 처음이나 기원을 이르는 말. **예** 한국전쟁 이후 인천의 바다는 분쟁지역이자 평화지대의 남상으로 주목받고 있다.

요절(撓折) | 깨어지거나 부수어져서 물건 따위가 아주 못 쓰게 됨.

예 그놈이 카메라를 가지고 놀더니 아주 요절내고 말았다.

┃관련 사항┃ '요절(撓折)'은 '휘어져 부러짐'의 뜻이다. 물건 따위가 망가지는 것을 두고 쓰는 말인데, 의미가 확장되어 '꾸미고 있던 일이 깨어져서 실패하게 됨'을 이르는 말로도 쓰인다.

★요절(腰折/腰絶): 허리가 부러진다는 뜻으로, 몹시 우스워 허리가 아플 정도로 웃음. **예** 매일 새 옷 입기를 즐기는 임금을 속여 망신 주는 사기꾼들의 재미난 이야기는 요절복통할 만한 일이다.

★요절(夭折): 젊은 나이에 죽음. **예** 33세로 요절한 가수 김현식의 〈내 사랑 내 곁에〉는 비 오는 날 부르기 좋은 곡이다.

요지경(瑤池鏡) | 알쏭달쏭하고 묘한 세상일.

예 그 잘 살던 사람이 하루아침에 망하다니 세상은 정말 요지경이야.

┃관련 사항┃ '요지경(瑤池鏡)'은 확대경을 장치하여 놓고 그 속의 여러 가지 재미있는 그림을 돌리면서 구경하는 장치나 장난감을 가리키는 말이다.

우상(偶像) | 신처럼 숭배의 대상이 되는 물건이나 사람.

예 그 당시 공산주의 이념에 빠져 있던 나에게 형은 우상이었다.

| 관련 사항 | '우상(偶像)'은 나무, 돌, 쇠붙이, 흙 따위로 만든 신불(神佛)이나 사람의 형상을 이르는 말이다. 종교적으로는 물질적인 것에 신(神)이 깃들어 있다든지, 신성(神性)이 깃들여 있다고 믿고 거기에 예배하는 것을 우상숭배라고 한다. 특히 기독교에서는 하느님 이외에 인위적으로 만들어 놓은 신의 형상을 부정적으로 이르러 '우상'이라고 한다.

우익(右翼) | 보수적이거나 국수적인 경향. 또는 그런 단체.

예 그 사람의 목표는 우익적인 정당을 만드는 것이다.

| 관련 사항 | '익(翼)'은 '날개'라는 뜻이니, '우익(右翼)'은 '새나 비행기 따위의 오른쪽 날개'를 가리키는 말이다. 정치적인 맥락에서 '우익(右翼)'은 보수파를 의미하는데, 1792년에 프랑스 국민 의회에서 온건파인 지롱드당이 의장의 오른쪽 의석을 차지한 데서 나온 말이다. 한편 우익이되 극단적인 보수주의나 국수주의 성향을 띤 세력을 두고는 '극우파(極右派)'라 한다.

반대로 급진적이거나 사회주의적·공산주의적인 경향 또는 그런 단체를 이르러 '좌익(左翼)'이라 한다. 1792년 프랑스 국민 의회에서, 급진파인 자코뱅당이 의장의 왼쪽 의석을 차지한 데서 나온 말이다. 한편 좌익이되 극단적인 사회주의나 공산주의의 성향을 띤 세력을 두고는 '극좌파(極左派)'라 한다.

육두문자(肉頭文字) | 상스러운 욕설.

예 그는 술만 마시면 육두문자를 동원하여 상사를 욕한다.

| 관련 사항 | '육두문자(肉頭文字)'에서 '육두(肉頭)'라는 말은 고기의 머리라고 하는 뜻인데 은유적인 말로써 남성의 성기를 가리키기 때문에 '음담패설(淫談悖說)'을 의미하기도 한다. 결국 '육두문자'는 욕설이되 인간의 '육욕(肉慾)'과 연관되는 표현을 사용한 저속한 욕설을 의미하는 것으로 볼 수 있다.

★육욕(肉慾): 이성(異性)에 대해 느끼는 육체적인 욕망. 예 나는 그녀에게 강렬한 육욕을 느꼈지만 자제하려고 노력하였다.

은막(銀幕) | 영화에 관계하는 사람들의 사회.

(예) 그녀는 1990년대 정상급 미녀 스타로 은막과 브라운관을 화려하게 주름잡았었다.

┃관련 사항┃ '은막(銀幕)'은 '스크린', 즉 영화 따위의 상을 비추어 볼 수 있는, 빛의 반사율이 높은 흰색의 막을 가리킨다.

이판사판(理判事判) ┃ 막다른 데 이르러 어찌할 수 없게 된 지경.

(예) 나도 이제는 이판사판이니 어디 마음대로 해 보시오.

┃관련 사항┃ '이판사판(理判事判)'은 조선 시대 불교 승려의 두 부류인 사판승과 이판승을 합쳐서 부르는 말이다. 불교는 조선의 건국과 함께 하루아침에 탄압의 대상이 되었다. 그리고 천민 계급으로 전락한 승려들 또한 활로를 모색해야 했다. 먼저 깊은 산속에 은둔하여 참선 등을 통한 수행으로 불법을 잇는 승려들이 있었는데, 이를 이판승(理判僧)이라 했다. 다음으로 폐사(廢寺)를 막기 위해 기름이나 종이, 신발을 만드는 제반 잡역에 종사하면서 사원을 유지한 승려들이 있었는데 이를 사판승(事判僧)이라 했다.

잡종(雜種) ┃ 인간성이 못된 사람을 비난조로 이르는 말.

(예) 그는 상종도 못할 잡종이다.

┃관련 사항┃ '잡종(hybrid)'은 유전적 조성이 서로 다른 생물 간의 교잡에 의해 생긴 개체. 좁은 뜻으로는 문제의 유전자에 관해 이형 상태인 것을 가리키고, 넓은 뜻으로는 다른 품종·계통·종(種) 간의 교잡에 의해 양친의 성질을 함께 갖는 자손을 말한다.

장광설(長廣舌) ┃ 쓸데없이 장황하게 늘어놓는 말.

(예) 대신 얻어먹는 사람은 끝도 맺음도 없는 지겨운 장광설을 들어 주어야 했다.

┃관련 사항┃ '장광설(長廣舌)'은 '길고[長] 넓은[廣] 혀[舌]'라는 뜻이다. 본디는 거짓 없이 진실하게 말을 하는 사람을 가리키는 말이었다. 요즘은 부정적인 의미로 쓰인다.

★중언부언(重言復言): 이미 한 말을 자꾸 되풀이함. **(예)** 밑도 끝도 없는 말을 자꾸 중언부언하다.

★횡설수설(橫說竪說): 조리가 없이 말을 이러쿵저러쿵 지껄임. **(예)** 그는 술에

취해 꼬부라진 혀로 아무나 붙잡고 횡설수설했다.

장사진(長蛇陣) | 많은 사람이 줄을 지어 길게 늘어선 모양을 이르는 말.

　　예 결승전 입장권을 구하려는 사람들이 새벽부터 장사진을 치고 있다.

　　| 관련 사항 | '장사진(長蛇陣)'은 중국 손자(孫子)의 진법 중의 하나다. 군사를 일렬로 길게 벌이고, 머리와 꼬리를 서로 상응하게 하여 전·후·좌·우에서 서로 구원하도록 하는 형세이다. 따라서 적이 앞을 공격하면 뒤에서 나와 구원하고, 중간을 공격하면 앞과 뒤에서 나와 구원하는 등의 장점이 있다. '사(蛇)'라고 이름 붙인 것은 뱀이 안팎을 잘 막아내기 때문이라고 한다.

　　★불야성(不夜城): 등불 따위가 휘황하게 켜 있어 밤에도 대낮같이 밝은 곳을 이르는 말. 밤에도 해가 떠 있어 밝았다고 하는 중국 동래군 불야현(不夜縣)에 있었다는 성(城)에서 유래한다. **예** 밤마다 불야성을 이루며 흥청대던 이곳도 부대가 이전하자 적막감이 감도는 유령의 마을로 변하고 말았다.

　　★복마전(伏魔殿): 나쁜 일을 꾀하는 무리들이 모이는 곳. **예** 그동안 복마전으로 불렸던 이 관청의 고위 공직자들이 이번 뇌물 사건으로 대거 파면되었다.

정석(定石) | 일의 처리에 정하여져 있는 일정한 방식.

　　예 편법을 구사하지 말고 일을 정석대로 처리하도록 하시오.

　　| 관련 사항 | '정석(定石)'은 바둑 용어다. 바둑에서, 공격과 수비의 최선이라고 인정된 방식으로 돌을 놓는 법을 이르는 말로 쓴다. '자충수', '포석', '훈수' 등도 바둑 용어에서 유래한 말들이다.

　　★자충수(自充手): 스스로 행한 행동이 결국에는 자신에게 불리한 결과를 가져오게 됨을 비유적으로 이르는 말. **예** 그는 실언을 해서 자충수를 두게 되었다.

　　★포석(布石): 앞날을 위하여 미리 손을 써 준비함. **예** 그가 자주 텔레비전에 얼굴을 내미는 것은 이번 선거를 위한 포석일 것이다.

　　★훈수(訓手): 어떤 일을 잘할 수 있도록 가르치듯이 말함. **예** 사업에 대한 훈수는 잘 가려서 들어야만 한다.

정화수(井華水) | 이른 새벽에 길은 우물물. 조왕(=부엌을 맡는다는 신)에게 가족들의 평안을 빌면서 정성을 들이거나 약을 달이는 데 씀.

예 노모는 새벽마다 정화수를 떠놓고 아들이 무사히 돌아오기를 빌었다.

│ 관련 사항 │ '정안수'라고도 하나 '정화수'가 표준어다. 그저 음료로서 맑은 물이 아니라, 신앙행위의 대상 또는 매체로서 맑은 물을 의미한다. 글자 그대로 해석하자면 이른 새벽에 우물[井]에 길어 올린 물[水]을 꽃[華]에 비유한 것으로 볼 수 있다.

졸고(拙稿) │ 자기가 쓴 원고를 겸손하게 이르는 말.

예 글재주도 없으면서 이렇게 보잘것없는 졸고를 보냅니다.

│ 관련 사항 │ '졸(拙)'은 '서툴다, 보잘것없다'는 뜻의 한자다. 스스로 자신을 겸손하게 이를 때 주로 쓰는 글자이기도 하다.

★졸저(拙著): 자기의 저술을 겸손하게 이르는 말. **예** 귀한 시간을 내어 저의 졸저를 읽어 주셔서 고맙습니다.

★졸필(拙筆): 자기가 쓴 글씨를 겸손하게 이르는 말. **예** 여러분께서 저의 졸필을 그렇게 칭찬해 주시니 몸둘 바를 모르겠습니다.

★졸장부(拙丈夫): 도량이 좁고 좀된 남자. **예** 그 사람, 알고 봤더니 겁 많고 소심한 천하의 졸장부야.

★옥고(玉稿): 다른 사람이 쓴 원고를 높여 이르는 말. **예** 옥고를 집필해주신 집필 위원님들께 감사드립니다.

주구(走狗) │ 남의 시킴을 받고 그 사람이 시키는 대로 행동하고 따르는 사람.

예 왜놈들의 주구가 돼 가지고 온갖 아첨을 다하여 한 자리 얻은 위인이다.

│ 관련 사항 │ '주구(走狗)'는 사냥꾼의 앞에서 달리는 개, 즉 사냥개라는 뜻이다. 그것이 '앞잡이'라는 뜻으로 쓰이게 된 것이다.

주마등(走馬燈) │ 무엇이 빨리 지나감 또는 사물이 덧없이 변해감을 비유적으로 이르는 말.

예 아련한 추억이 주마등처럼 머릿속을 스치고 지나갑니다.

│ 관련 사항 │ '주마등(走馬燈)'은 등(燈)의 한 가지다. 등 한가운데에 바퀴를 붙인 가는 대오리를 세우고 종이로 만든 네 개의 말의 형상을 단 것으로, 촛불로 데워진 공기가 종이 바퀴를 돌려 말 형상이 따라 돈다.

주벽(酒癖) | 술을 마시면 나타나는 버릇.

> **예** 그는 술 마신 뒤에 주변 사람에게 시비를 거는 주벽을 갖고 있다.

> **| 관련 사항 |** '벽(癖)'은 고치기 어렵게 굳어 버린 버릇, 또는 무엇을 너무 치우치게 즐기는 성벽을 이르는 말이다. 병적(病的)인 수준보다는 정도가 좀 덜할 때 쓰는 말이다.

> ★도벽(盜癖): 습관적으로 물건을 훔치는 버릇. **예** 그녀는 상습적인 도벽이 발각되어 회사에서 쫓겨났다.

> ★낭비벽(浪費癖): 시간이나 재물 따위를 헛되이 헤프게 쓰는 버릇. **예** 그는 낭비벽이 있는지 벌이에 비해 씀씀이가 헤프다.

> ★주사(酒邪): 술 마신 뒤에 버릇으로 하는 못된 언행. **예** 주사가 심한 사람과 술을 마시는 일을 내켜 하는 사람은 없다.

지음(知音) | 마음이 서로 통하는 친한 벗을 비유적으로 이르는 말.

> **예** 평생 동안에 한 명의 지음이라도 만나기란 어려운 일이다.

> **| 관련 사항 |** '지음(知音)'은 거문고의 명인 백아가 자기의 소리를 잘 이해해 준 벗 종자기가 죽자 자신의 거문고 소리를 아는 자가 없다고 하여 거문고 줄을 끊었다는 데서 유래하는 말이다.

지척(咫尺) | 아주 가까운 거리.

> **예** 오늘 아침에는 안개가 심해서 지척도 분간할 수 없었다.

> **| 관련 사항 |** '지(咫)'는 짧은 거리나 짧은 길이를 나타내는 한자다. 척(尺)은 약 22센티미터, 지(咫)는 8촌(寸), 즉 18센티미터 정도다. 그래서 아주 가까운 거리를 지척(咫尺)이라고 하는 것이다.

> ★지호지간(指呼之間): 손짓하여 부를 만큼 가까운 거리. **예** 서로 지호지간에 기거하면서도 저마다 바쁜 나날을 보내느라고 찾아볼 겨를도 없었다.

척결(剔抉) | 나쁜 부분이나 요소들을 깨끗이 없애 버림.

> **예** 봉건적 잔재를 단호히 척결하다.

> **| 관련 사항 |** '척결(剔抉)'은 뼈를 발라내고[剔], 살을 긁어낸다[抉]는 뜻이다. 이

로부터 무엇을 깨끗이 후벼 파내거나 도려낸다는 뜻이 나왔다.

★처치(處置): 처리하여 없애거나 죽여 버림. ⑩ 쓰레기가 집 앞에 잔뜩 쌓여 있는데 처치 곤란이다.

천부적(天賦的) | 태어날 때부터 지닌.

⑩ 그 사람은 남을 웃기고 즐겁게 하는 데에 천부적인 재능을 지녔다.

| **관련 사항** | '부(賦)'는 '주다'의 뜻이다. '천부(天賦)'는 '하늘이 주었다'는 뜻이니, 타고났다는 뜻이다. '부(賦)'는 '(세금을 매겨서) 부과하다, 거두다, 내다'의 뜻으로도 흔히 쓰인다.

★부금(賦金): 일정한 기간마다 내거나 받는 돈. ⑩ 노후를 위해 그는 매월 부금을 붓는다.

★할부(割賦): 돈을 여러 번에 나누어 냄. ⑩ 10개월 할부로 옷을 구입했다.

★부존자원(賦存資源): (천연적으로 존재하여) 경제적 목적에 이용할 수 있는 지각 안의 지질학적 자원. ⑩ 우리나라는 부존자원이 풍부하지 않은 편이다.

철면피(鐵面皮) | 염치가 없고 뻔뻔스러운 사람을 낮잡아 이르는 말.

⑩ 몰염치하기가 짝이 없는 그런 철면피를 누가 좋아하겠소?

| **관련 사항** | '철면피(鐵面皮)'는 쇠로 만든 낯가죽이라는 뜻이다. '철(鐵)'은 '금(金)'과 같이 '쇠'를 가리키는 한자인데, 대체로 큰 물건을 만드는 쇠를 가리킨다. 또 쇠의 속성인 '굳음'에 유추하여 '단단하다, 정도가 심하다'의 뜻으로도 쓰인다.

★철빈(鐵貧): 더할 수 없이 가난함. ⑩ 재산이 어디 집 터전인들 있을 턱이 있나요. 서 발 막대 내저어야 짚 검불 하나 걸리는 것 없는 철빈인데.

★철석(鐵石): 매우 굳고 단단한 것을 비유적으로 이르는 말. ⑩ 아이는 거짓말을 다시는 안 하겠다고 엄마와 철석같이 약속을 하였다.

★철인(鐵人): 몸이나 힘이 무쇠처럼 강한 사람. ⑩ 십종 경기는 말 그대로 철인들의 경기라 할 수 있다.

★철칙(鐵則): 바꾸거나 어길 수 없는 중요한 법칙. ⑩ 아빠는 건강을 위해서 금주와 금연을 철칙으로 세워서 실천하고 있다.

청사진(靑寫眞) │ 미래에 대한 희망적인 계획이나 구상.

ⓔ 그는 앞으로의 교육 개혁에 대한 5년간의 청사진을 제시했다.

│ **관련 사항** │ '청사진(靑寫眞)'은 '청색 사진'의 준말이며, 본디 설계도 따위를 복사하는 데 쓰이는 사진법을 이르는 말이다. 이로부터 '미래상'이라는 의미로 쓰이게 되었다.

청신호(靑信號) │ 어떤 일이 앞으로 잘 되어 나갈 것을 보여 주는 징조.

ⓔ 모든 사업이 그렇듯이 항상 청신호(=파란불)가 켜질 수는 없다.

│ **관련 사항** │ '청신호(靑信號)'는 본디 교통 신호의 하나다. 교차로나 횡단보도 따위에서 푸른 등을 켜거나 푸른 기를 들어 통행하여도 좋음을 표시한다. 이로부터 '좋은 징조'의 뜻으로 쓰이게 되었다. 반대말은 '적신호(赤信號)'다.

★적신호(赤信號): 위험한 상태에 있음을 알려 주는 각종 조짐. =빨간불. ⓔ 그 회사는 노사 분규로 외자 유치에 적신호가 켜졌다.

초미(焦眉) │ 매우 위급함.

ⓔ 양국 정상의 견해차를 어떻게 좁히느냐가 초미의 관심사이다.

│ **관련 사항** │ '초미(焦眉)'는 눈썹[眉]을 그을릴[焦] 정도라는 뜻이다. 이로부터 '매우 급함'의 뜻이 나왔다.

★초조(焦燥): 애가 타서 마음이 조마조마함. ⓔ 그의 얼굴에는 초조한 빛이 역력했다.

★초토화(焦土化): 불에 탄 것처럼 황폐해지고 못 쓰게 됨. ⓔ 적의 무차별 공격으로 도시는 완전히 초토화하였다.

★노심초사(勞心焦思): 몹시 마음을 쓰며 애를 태움. ⓔ 그는 거짓말이 들통이 날까 봐 노심초사하였다.

초석(礎石) │ 어떤 사물의 기초를 비유적으로 이르는 말.

ⓔ 인적 자원에 대한 과감한 투자야말로 국가 경쟁력의 초석이다.

│ **관련 사항** │ '초석(礎石)'은 건물의 기초를 튼튼히 하기 위하여 기둥 밑에 괴는 돌을 이르는 말이다. 즉 '머릿돌'이나 '주춧돌'을 이르는 말이다. 주의할 것은 한

자로는 '柱礎(주초)'라고 쓰기도 하는데, 표준어규정에 따라 '주추'라고 읽어야 한다. 주춧돌(×)/주추돌(○).

촌극(寸劇) | 사람들의 이목을 끄는 우발적이고 우스꽝스러운 일.

(예) 여객선 사고 상황을 총괄한 대책본부가 구조 인원도 제대로 집계하지 못하는 촌극을 연출했다.

| 관련 사항 | 대개 '촌극(寸劇)'은 우스꽝스런 일을 20분 이내에 공연하는 짧은 토막극을 이르는 말이다. '촌(寸)'은 '마디'라는 뜻인데, '작음, 조금'이라는 뜻으로도 흔히 쓰인다.

★촌지(寸地): 정성을 드러내기 위해, 또는 뇌물로 주는 돈. (예) 그 기자는 촌지를 받긴 했지만 나중에 되돌려 주었다.

★촌각(寸刻): 매우 짧은 동안의 시간. ≒촌음(寸陰). (예) 촌각(=촌음)을 지체할 수 없는 급박한 상황에 처하다.

★촌평(寸評): 무엇에 대해 짧게 평가함. (예) 그는 서 작가의 작품에 대해서 짤막하게 촌평했다.

축제(祝祭) | 어떤 대상이나 분야를 주제로 하여 벌이는 대대적인 행사.

(예) 10월이면 이 도시에서는 예술 축제가 열린다.

| 관련 사항 | '축제(祝祭)'의 뜻풀이는 쉽지 않다. 글자 그대로의 의미와 실제로 쓰이는 바가 달라서 그렇다. 다음과 같은 이유 때문이다. "어떤 행사를 또는 축하하는 잔치 등의 자리를 마련할 때 '축제(祝祭)'라는 표현을 많이 쓴다. 하지만, '축하하는 잔치'에서 '제사(祭祀)'를 의미하는 '제(祭)'를 쓰는 것은 어색할 뿐 아니라 일본어의 영향을 받아 그대로 쓰고 있다는 점에서 언어순화를 할 필요가 있다. 이 경우 '축제'는 '축전(祝典)'으로 써야 올바른 표현이다. '축제'는 한자 그대로 해석하면 '축하하는 제사'라는 의미이며, 우리가 쓰고자 하는 본래의 뜻과는 아무 관계가 없는 표현이 되고 만다."

출교(黜校) | 규칙을 위반한 학생의 학적을 박탈함.

(예) 학교에서는 집단 패싸움에 연루된 학생들에게 출교 조치를 내렸다.

| 관련 사항 | '출(黜)'은 '내치다'의 뜻이다. '출(出)'은 '나가다'의 뜻이다. 그러니 '출교(出校)'는 '학교에 나가는' 것이고, '출교(黜校)'는 '학교에서 내치는' 것이다.

★출당(黜黨): 당원 명부에서 제명하고 당원의 자격을 빼앗음. **예** 그처럼 성실한 사람을 성급하게 출당 처분을 한 것은 징계위원회의 경솔한 조처라고 생각한다.

★출장(出張): 용무를 위하여 일상적인 근무지에서 벗어나 임시로 다른 곳으로 나감. **예** 그는 업종의 특성 때문에 지방 출장이 잦은 편이다.

치부(置簿) | 마음속으로 그러하다고 보거나 새겨둠.

예 사람들이 그를 미친 사람 치부를 하고 지낼 정도로 그는 괴팍했다.

| 관련 사항 | 본디 '치부(置簿)'는 돈이나 물품 따위의 출납을 장부[簿]에 적어 둔다[置]는 뜻인데, 이로부터 연유한 말이다.

★명부(名簿): 어떤 일에 관계된 사람의 이름, 주소, 직업 등과 같은 신상을 적어 놓은 장부. **예** 그녀는 사고 여객기의 승객 명부에서 친구의 이름을 발견했다.

타진(打診) | 남의 마음이나 사정을 미리 살펴봄.

예 계획을 수행하기에 앞서 그녀가 우리 계획에 동참할 것인지 그녀의 의사 타진이 필요했다.

| 관련 사항 | '타진(打診)'은 의원이나 의사가 환자의 신체를 두드려서[打] 진찰하는[診] 방법을 이르는 말이다. 타진기나 손가락 끝으로 가슴, 등, 관절 따위를 두드릴 때에 나는 소리나 보이는 반응으로 병의 증세를 살핀다. 이로부터 '남의 마음이나 사정을 미리 살펴봄'의 뜻이 나왔다.

★왕진(往診): 의사가 병원 밖의 환자가 있는 곳으로 가서 진료함. **예** 칠흑 같은 밤이었지만, 환자가 위급하다는 말에 의사는 서둘러 왕진을 준비했다.

탕감(蕩減) | 빚, 세금 따위의 물어야 할 것을 없애서 줄여 줌.

예 개인회생에 들어가면 법원은 심사를 거쳐 빚을 탕감해주는데, 소득이 적으면 그만큼 많은 빚을 갚지 않아도 된다.

| 관련 사항 | '탕(蕩)'은 '방탕하다, 씻어내다, 허물어뜨리다, 없애다'의 뜻으로 쓰이는 한자다.

★소탕(掃蕩): 휩쓸어 죄다 없애 버림. 예 금주 안에 폭력배들이 소탕될 것이다.

태두(泰斗) | 세상 사람으로부터 존경을 받거나 어느 방면에서 권위 있는 사람.

예 선생님께서는 국어학계의 태두로 알려져 있다.

| 관련 사항 | '태산북두(泰山北斗)'는 태산(泰山)과 북두칠성(北斗七星)을 합해서 이르는 말인데, 이로부터 '태두'라는 말이 나왔다.

통찰(洞察) | 예리한 관찰력으로 사물을 꿰뚫어 봄.

예 베르디는 사랑하는 아내와 자식들의 죽음을 경험하면서 '삶과 죽음'이라는 인간의 숙명에 대한 깊은 통찰을 음악 속에 담아내기도 했다.

| 관련 사항 | '洞'은 '꿰뚫다'의 뜻으로 쓰일 때는 '통'으로 읽고, '고을'의 뜻일 때는 '동'으로 읽는다.

★통촉(洞燭): 윗사람이 아랫사람의 사정이나 형편 따위를 깊이 헤아려 살핌.

예 그 논이 떨어지면 저의 식구가 다 굶어죽게 되겠사오니 통촉하여 주십시오.

파행(跛行) | 일이나 계획 따위가 순조롭지 못하고 이상하게 진행됨.

예 여당 단독의 파행적 국회 운영은 의회주의(議會主義)의 본질을 왜곡하는 짓이다.

| 관련 사항 | 본디 '파행(跛行)'은 병으로 인하여 생기는 보행의 이상, 즉 '절뚝거림'을 뜻하는데, 이로부터 연유한 말이다.

팔불출(八不出) | 몹시 어리석은 사람을 이르는 말.

예 자식 자랑은 팔불출이라지만 우리 아들 자랑 좀 해야겠다.

| 관련 사항 | '팔불출(八不出)'은 모든 방면[八面]으로 보아도 뛰어나지 못하다[不出]는 뜻이다. '팔불용(八不用)'이나 '팔불취(八不取)'도 비슷한 의미로 쓰이는 단어다.

피로연(披露宴) | 결혼이나 출생 따위의 기쁜 일을 널리 알리기 위하여 베푸는 연회.

예 결혼식은 태국에서 하고 한국에서는 피로연만 가볍게 할 예정이다.

| 관련 사항 | '피로(披露)'는 '널리 알림'의 뜻이다. '과로로 정신이나 몸이 지쳐

힘듦'의 뜻으로 쓰이는 '피로(疲勞)'와는 동음어다.

★피력(披歷): 생각하는 것을 털어놓고 말함. 예 이 책에는 그의 평소 생각이 자세하게 피력되어 있다.

해장(解酲) | 전날의 술기운을 풂. 또는 그렇게 하기 위하여 해장국 따위와 함께 술을 조금 마심.

예 어디 가서 시원한 북엇국으로 해장이나 합시다.

| **관련 사항** | '해장(解酲)'은 '숙취[酲]를 풂[解]'의 뜻이다. 그러니 '해장국(解酲-)'은 전날의 술기운으로 거북한 속을 풀기 위하여 먹는 국을 이르는 말이다. '해장(解腸)'이 아니다.

현학적(衒學的) | 학식이 있음을 자랑하는.

예 글이 너무 현학적이어서 내용을 이해하기 어렵다.

| **관련 사항** | '현학(衒學)'은 학식[學]이 많음을 뽐낸다[衒]는 뜻이다.

홍일점(紅一點) | 많은 남자 사이에 끼어 있는 한 사람의 여자.

예 그녀는 우리 공과대학의 홍일점이다.

| **관련 사항** | '홍일점(紅一點)'은 '푸른 잎 가운데 피어 있는 붉은 꽃 한 송이'라는 뜻이다. 왕안석의 〈영석류시(詠石榴詩)〉에 있는 '만록총중홍일점(萬綠叢中紅一點)'이란 구절에서 따온 말이다. '청일점(靑一點)'은 '홍일점'에 대응하여 생긴 말이다.

★청일점(靑一點): 많은 여자 사이에 끼어 있는 한 사람의 남자. 예 김 간호사는 우리 병원의 청일점이다.

---

1 **문맥을 고려할 때, 밑줄 친 부분의 단어 사용이 부적절한 것은?**

① 그 회사는 경제 전문가에게 매사를 자문하고 있다.

② 어제는 현금이 없어 숙박비를 카드로 결재하였다.

③ 경제 전쟁에서 살아남기 위해서는 국가 경쟁력을 제고해야 한다.

④ 그녀는 경위가 밝은 사람이기 때문에 항상 예의 바르게 행동한다.

2 **밑줄 친 부분의 한자 표기가 부적절한 것은?**

① 감상적(感傷的)으로 일을 처리하지 마라.

② 사람들은 각자의 기호(嗜好)에 따라 물건을 선택한다.

③ 후퇴하던 적군은 도처에서 학살과 방화(防火)를 일삼았다.

④ 그는 오랫동안 적의 사주(使嗾)를 받아 내부의 기밀을 염탐했다.

3 **밑줄 친 부분과 뜻하는 바가 가장 유사한 한자어는?**

한자와의 밀착을 특징으로 하는 전통적 방법을 떨쳐 버리고 새로운 어원 연구를 개척한 학자는 권덕규였다. 지난 1920년대에 그가 논한 단어는 모두 합해야 여남은에 불과하지만, 중세어와 고대어의 연구에서 '시내'를 '실'과 '내'의 복합어로 보고 '삼국유사'에 나타나는 인명 표기와 지명 표기의 예를 들어 '실'이 골짜기를 뜻한 고대어 단어라고 한 것은 탁견이었다. 그 뒤에 충청, 전라, 경상 지역의 속지명에 '밤실[栗谷]', '돌실[石谷]' 등이 <u>정성드뭇하게 흩어져 있음이</u> 확인됨으로써 '실[谷]'의 존재가 확증되었다.

① 편재(遍在) ② 편재(偏在) ③ 실재(實在) ④ 잠재(潛在)

4 밑줄 친 단어의 독음이 올바르지 <u>않은</u> 것은?

① 徒勞(도로)에 그치다.

② 報酬(보수)가 박하다.

③ 강력히 示唆(시사)했다.

④ 標識(표식)이 눈에 띄다.

5 〈보기〉의 □에 공통적으로 들어갈 한자로 적절한 것은?

> **보기**
>
> • 유괴범이 오랫동안 잡히지 않자 현상금(□賞金)을 배로 올렸다.
>
> • 선거철이라 거리 곳곳에 현수막(□垂幕)이 내걸려 있다.
>
> • 정상 회담에서 양국의 현안(□案)과 관심사에 대한 언급이 있을 것이다.

① 現　　　② 賢　　　③ 懸　　　④ 玄

6 밑줄 친 단어 중 표준어가 <u>아닌</u> 것은?

① 적자가 연일 사상 최대치 기록을 경신(更新)하고 있다.

② 회사에서는 이번에 임대 계약을 갱신(更新)하기로 했다.

③ 여자 사원들이 갱의실(更衣室)을 설치해 달라고 요구했다.

④ 그는 범죄자들을 갱생(更生)의 길로 이끄는 일에 앞장섰다.

7 **문맥에 맞게 단어를 고친 결과가 적절하지 않은 것은?**

① 당신의 혐의를 반박할 방증(傍證)이 있는가?

　→ ~ 반증(反證)이 있는가?

② 가축의 시체(屍體)를 매몰한 토지는 3년 이후에 복원할 수 있다.

　→ 가축의 사체(死體)를 ~

③ 내가 염치를 불고(不顧)하고 또 이렇게 자네에게 부탁을 하게 됐구먼그래.

　→ ~ 염치를 불구(不拘)하고 ~

④ 정부는 이번 홍수로 농부들이 입은 피해에 대하여 배상(賠償)하기로 결정했다.

　→ ~ 보상(補償)하기로 결정했다.

8 **밑줄 친 어구 중, 군더더기가 없어 가장 간결한 표현은?**

① 이렇게 되기까지 그 사달을 일으킨 장본인(張本人)은 그였다.

② 이번에 출시한 상품에 회사의 성패(成敗) 여부(與否)가 달려 있다.

③ 현실적으로 증언의 진위(眞僞) 여부(與否)를 알아내는 일은 쉽지 않다.

④ 실내 공기를 환기(換氣)하지 않아 생선 구운 냄새가 방 안에 가득 차 있다.

9 **다음 중 상황에 대한 부정적인 판단을 함의하지 않는 표현은?**

① 구설수(口舌數)가 있다.

② 지역감정을 조장(助長)하다.

③ 행각(行脚)이 드러났다.

④ 널리 회자(膾炙)되고 있다.

10 밑줄 친 부분의 단어 사용이 적절하지 <u>않은</u> 것은?

① 물은 모든 생명체에게 불가결(不可缺)한 요소이다.

② 심청의 효행은 많은 사람들에게 타산지석(他山之石)이 된다.

③ 그 문제는 당사자(當事者)들 간의 합의하에 조용히 해결되었다.

④ 역대 대통령 성대모사(聲帶模寫)와 흘러간 유행가 모창이 그의 장기이다.

11 다음 단어의 뜻풀이로 적절하지 <u>않은</u> 것은?

① 부인(夫人): 자기 아내를 높여 이르는 말.

② 존함(尊銜): 남의 이름을 높여 이르는 말.

③ 춘부장(椿府丈): 남의 아버지를 높여 이르는 말.

④ 선친(先親): 남에게 돌아가신 자기 아버지를 이르는 말.

12 다음 중 언어 예절에 <u>어긋난</u> 것은?

① [퇴근하면서] 부장님, 수고하십시오.

② [조카에게] 그동안 무고하게 잘 지냈니?

③ [아침 인사말로] 어머니, 안녕히 주무셨어요?

④ [퇴임식장에서] 선생님의 노고에 충심으로 감사드립니다.

13 다음 중 가장 많은 나이를 나타내는 단어는?

① 불혹(不惑)　　② 이순(耳順)　　③ 고희(古稀)　　④ 약관(弱冠)

14 〈보기〉의 뜻풀이에 가장 잘 부합하는 단어는?

> ┌─ 보기 ┌
> 얼마 동안의 시간 간격을 두고 되풀이하여 일어나는.

① 간헐적(間歇的)　　② 우발적(偶發的)　　③ 충동적(衝動的)　　④ 단속적(斷續的)

1 ②   2 ③   3 ①   4 ④   5 ③
6 ③   7 ③   8 ①   9 ④   10 ②
11 ①   12 ①   13 ③   14 ①

| 해설 |

1 비용을 돈 따위로 지급할 때는 '결제하다'를 쓴다. '결재하다'는 결정 권한이 있는 상관이 부하가 제출한 안건을 허가하거나 승인하는 일을 두고 쓰는 말이다.

2 '방화(防火)'는 불이 나는 것을 미리 막는 일이고, '방화(放火)'는 일부러 불을 지르는 일이다.

3 '겅성드뭇하다'는 '많은 수효가 듬성듬성 흩어져 있다'는 뜻이다. 두루 존재하는 것은 '편재(遍在)'이고 한 곳에 치우쳐 존재하는 것은 '편재(偏在)'이다.

4 '識'은 '알 식' 또는 '적을 지'이다. 단어에 따라 뜻과 음이 다름에 유의해야 한다.

　　예 인식(認識), 지식(知識), 표지(標識), 관지(款識) .

5 '현(懸)'은 '매달다, 걸다'의 뜻으로 쓰이는 한자다. 그래서 무엇을 모집하거나 구하거나 사람을 찾는 일 따위에 내건 돈을 '현상금'이라 하고, 선전문·광고문 따위를 적어 걸어 놓은 막을 '현수막'이라 한다. 또 이전부터 의논하여 오면서도 아직 해결되지 않은 채 남아 있는 문제나 의안을 '현안'이라 한다.

6 옷을 갈아입는 방을 이르는 단어는 '갱의실'이 아니라 '경의실'이 표준어이다.

7 '사람이 체면이나 염치 따위를 돌아보지 않다'의 뜻으로는 '체면 불고하고', '염치 불고하고'를 쓴다.

8 ② → 성패가,   ③ → 진위를,   ④ → 환기하지

9 '회자(膾炙)'는 칭찬을 받으며 사람의 입에 자주 오르내림을 이르는 말이므로 상황에 대한 부정적인 판단을 함의하는 단어로 보기 어렵다.

10 '거울로 삼아 본받을 만한 모범'의 뜻으로는 '타산지석(他山之石)'이 아니라 '귀감(龜鑑)'이 적절하다.

11 '부인(夫人)'은 남의 아내를 높여 이르는 말이다.

12 '수고하십시오.'를 윗사람에게 사용하는 것은 언어 예절에 어긋난다.

13 ① 40세, ② 60세, ③ 70세, ④ 20세

14 '우발적(偶發的)'은 '어떤 일이 예기치 아니하게 우연히 일어나는'의 뜻으로 쓰는 말이고, '단속적(斷續的)'은 '끊어졌다 이어졌다 하는'의 뜻으로 쓰는 말이다.

가없다 (주로 '가없는'의 꼴로 쓰여) 무엇이 끝이나 한도가 없다.

가엾다 딱하고 불쌍하다.

가엽다 딱하고 불쌍하다.

그지없다 끝이나 한량이 없다.

II 고유어의 이해

갈음 다른 것으로 바꾸어 대신함.

가름 쪼개거나 나누어 따로따로 되게 하는 일.

가늠 사물을 어림잡아 헤아림.

갑절 배(倍). 어떤 수나 양을 두 번 합한 만큼.

곱절 (흔히 고유어 수 뒤에 쓰여) 일정한 수나 양이 그 수만큼 거듭됨을 이르는 말.

걔 '그 아이'가 줄어든 말.

게 듣는 이를 조금 낮잡아 이르는 이인칭 대명사.

계네 상대방의 무리를 조금 낮추어 가리키는 말.

쟤 '저 아이'가 줄어든 말.

거름 식물이 잘 자랄 수 있도록 흙을 걸게(=비옥하게) 하기 위하여 주는 물질.

걸다 흙이나 거름 따위가 기름지고 양분이 많다.

거치다 오가는 도중에 어디를 지나거나 들르다.

걷히다 (날씨나 어둠이) 흩어져 사라지다.

소리는 비슷하지만 **뜻**이 다른 말

국어에는 소리는 같거나 비슷한데 뜻이 전혀 다른 단어가 많다. 예컨대 '걷잡다[걷짭따]'와 '겉잡다[걷짭따]'는 표기가 다를 뿐 소리는 같다. 그러나 그 뜻은 전혀 다르다.

가 세차게 몰아치는 바람으로 산불은 **걷잡을** 수 없이 번져 나갔다.
나 한 달 생활비를 대충 **겉잡지** 말고 꼼꼼하게 예산을 짜서 살림을 해야지!

먼저 '걷잡다'는 '어떤 일이 잘못 진행되어 가는 기세를 거두어 바로잡다'의 뜻으로 쓰인다. 다음 '겉잡다'는 '겉으로 보고 대강 짐작하여 헤아리다'의 뜻으로 쓰인다. '걷–'은 '겉'이 아닌 '거두다'에서 온 말이기 때문에 '겉'이 아닌 '걷'으로 쓰는 것이다. 결국 둘은 시쳇말로 족보가 다른 단어인 셈이다.

다 할아버지는 추운 날씨에도 밖에서 호미와 낫을 **벼리고** 계신다.
라 혼내 주려고 **벼르던** 참인데 너 잘 만났다.

'벼리다'와 '벼르다'는 소리가 비슷하다. 같은 단어에서 분화한 단어일 수도 있다. 그러나 뜻은 다르다. '벼리다'는 '무디어진 연장의 날을 불에 달구어 두드려서 날카롭게 만들다'의 뜻으로, '벼르다'는 '어떤 일을 이루려고 마음속으로 준비를 단단히 하고 기회를 엿보다'의 뜻으로 쓰인다. 당연히 둘은 쓰이는 문맥이 다르다.

마 하늘이 갑자기 **끄물끄물** 흐려지다.
바 하늘이 갑자기 **그물그물** 흐려지다.

한편 (마), (바)의 '끄물끄물/그물그물'은 사정이 다르다. 둘 다 '날씨가 활짝 개지 않고 몹시 흐려지는 모양'의 뜻으로 쓰인다. '끄물끄물'이 '그물그물'보다 센 느낌을 준다는 정도의 차이만 있다.

가없다 | (주로 '가없는'의 꼴로 쓰여) 무엇이 끝이나 한도가 없다.

    (예) **가없는** 하늘에 여전히 휘영청 밝은 달이 떠 있다.

가엾다 | 딱하고 불쌍하다.

    (예) 그는 세상에 의지할 곳 없는 **가엾은** 존재이다.

가엽다 | 딱하고 불쌍하다.

    (예) 어린 나이에 부모를 잃다니 참 **가여운** 아이구나.

그지없다 | 끝이나 한량이 없다.

    (예) **그지없는** 어버이의 은혜에 보답할 길이 없다.

[가없다/가엾다/가엽다/그지없다] 현실적으로는 '가없다'보다 '가이없다'가 더 많이 쓰인다. 그럼에도 국어사전은 전자만을 수록하고 있다. '가이없다[邊+無]'에서 온 말이 '가엾다/가엽다'이다. 그 과정에서 '가[邊]'라는 공간적인 의미는 사라지고, '딱하고 불쌍함'이라는 정서적인 의미만 남게 된다. '가엾다/가엽다'는 복수 표준어다. 의미 차이는 없다. 다만 활용을 할 때는 '가엾다-가엾고-가엾은/가엽다-가엽고-가여운'으로 형태상의 차이가 있다.

한편 '그지없다'는 '한량(限量)이 없다'는 뜻인데, '끝(이) 없다'에서 온 말이다. '자식에 대한 부모의 사랑은 그지없다.'처럼 '끝이나 한량이 없음'의 뜻으로 쓰이지만, '무섭기가 그지없다'처럼 '이루 다 말할 수 없음'의 뜻으로도 쓰인다.

갈음 | 다른 것으로 바꾸어 대신함.

    (예) 여러분의 가정에 행운이 가득하기를 기원하는 것으로 치사를 **갈음합니다.**

가름 | 쪼개거나 나누어 따로따로 되게 하는 일.

    (예) 차림새만 봐서는 여자인지 남자인지 **가름**이 되지 않는다.

가늠 | 사물을 어림잡아 헤아림.

    (예) 도대체 나는 그의 속마음을 **가늠할** 수가 없다.

[갈음/가름/가늠] '갈음'은 '갈다(≒대체하다)'에서 온 말이고, '가름'은 '가르다'에서 온 말이다. 소리는 같아도 족보는 다르다. 승부나 등수 따위를 정하는 일에도 '가름'을 쓴다. **(예)** 이제 지쳤으니 승패의 **가름**은 가위바위보로 합시다.

갑절 │ 배(倍). 어떤 수나 양을 두 번 합한 만큼.

    (예) 그의 몸무게는 나보다 **갑절**이나 무겁다.

곱절 │ (흔히 고유어 수 뒤에 쓰여) 일정한 수나 양이 그 수만큼 거듭됨을 이르는 말.

    (예) 제조 방식을 이처럼 개선하면 생산량을 몇 **곱절** 높일 수 있다.

[갑절/곱절] '갑절'은 '어떤 수나 양을 두 번 합한 만큼'의 뜻으로 쓰인다. '곱절'도 '갑절'과 같은 의미로 쓰인다. 그러나 '곱절'은 '갑절'의 뜻 외에 일정한 수나 양이 그 수만큼 거듭된다는 의미도 가지고 있다. '세 곱절, 여러 곱절, 몇 곱절'처럼 사용된다. 결국 '(두) 배'의 뜻일 때는 '갑절'도 맞고, '곱절'도 맞는다. 그렇지만 '몇 배'의 의미일 때에는 '곱절'만 쓴다.

걔 │ '그 아이'가 줄어든 말.

    (예) 걔도 너처럼 이 꽃을 좋아하니?

게 │ 듣는 이를 조금 낮잡아 이르는 이인칭 대명사.

    (예) 이 일에 대해서 게는 어떻게 생각해?

게네 │ 상대방의 무리를 조금 낮추어 가리키는 말.

    (예) 게네는 그저 허수아비지 실세가 아니야.

쟤 │ '저 아이'가 줄어든 말.

    (예) 쟤는 꼭 제 아버지를 닮았다.

[걔/게/게네/쟤] 좀 무리가 따르는 설명이나, '게'는 '거기'의 준말로 본다. 즉 '거기는 대학생이고 난 집에서 밥이나 짓고 빨래나 하고 애나 보는 가난뱅이 집 딸이야. 거기하고 난 알맞은 상대가 아니야.'에서 '거기'를 '게'로 바꿔 쓸 수 있다. 이때 '거기(=게)'는 듣는 이를 조금 낮잡아 이르는 이인칭 대명사다. 이와 달리 '게네'는 말하는 이와 듣는 이가 아닌 사람의 무리를 조금 낮잡아 이르는 삼인칭 대명사로 쓰인다. 한편 '걔'는 '그 아이'가 줄어든 말이다. 같은 이치로 '이 아이'는 '얘', '저 아이'는 '쟤'로 줄어든다.

거름 │ 식물이 잘 자랄 수 있도록 흙을 걸게(=비옥하게) 하기 위하여 주는 물질.

    (예) 농부들이 밭에 거름을 주고 있다.

걸다 │ 흙이나 거름 따위가 기름지고 양분이 많다.

    (예) 퇴비로 밭을 걸게 만들었다.

걸음 │ 두 발을 번갈아 옮겨 놓는 동작.

예 김 선생님은 **걸음**이 너무 빨라서 웬만해서는 따라잡기가 힘들다.

[거름/걸다/걸음/걷음] '거름'은 본디 '(땅이) 걸다'의 '걸-'에 '-음'이 붙어서 생긴 말이다. 그럼에도 '걸음'으로 적지 않는 것은 '(땅이) 걺'이라는 본뜻에서 멀어져 '비료'를 뜻하게 된 사정을 반영한 것이다. 그래서 소리 나는 대로 '거름'으로 적는다.

한편 '걸음'은 'ㄷ' 불규칙 용언 '걷다'의 어간 '걷-'에 '-음'이 붙은 형태이므로 '거름'과 구별하여 '걸음'으로 적는다. 물론 '늘어진 것을 말아 올리거나 열어젖히다'의 뜻으로 쓰이는 '걷다'는 규칙 용언이며, 그 명사형은 '걷음'이다. **예** 모기장을 걷다. → 모기장을 **걷음**.

거치다 | 오가는 도중에 어디를 지나거나 들르다.

        예 비행기가 일본을 **거쳐** 미국으로 갔다.

걷히다 | (날씨나 어둠이) 흩어져 사라지다.

        예 멀리 눈 덮인 산봉우리에서 서서히 안개가 **걷히고** 있었다.

[거치다/걷히다/걷다] '거치다'는 '경유(經由)하다'의 뜻으로 쓰인다. 물론 '가장 어려운 문제를 해결했으니 이제 특별히 거칠 문제는 없다.'에서처럼 '마음에 거리끼거나 꺼림'의 뜻으로도 쓰인다.

'걷히다'는 '걷다'의 피동사다. 즉 '안개가 걷다'의 피동문이 '안개가 걷히다'이다. 물론 '걷히다'는 '거두다'의 준말인 '걷다'의 피동사로도 쓰인다. **예** 세금을 잘 **거두다**. → 세금을 잘 **걷다**. → 세금이 잘 **걷힌다**.

거나하다 | 술 따위에 어지간히 취한 상태에 있다.

        예 모두들 **거나하게** 취한 얼굴이었다.

건하다 | '거나하다'의 준말.

        예 **건하게** 취해서 돌아오신 아버지의 모습만이 내 기억에 남아 있다.

[거나하다/건하다] '거나하다'의 준말은 '거하다'가 아니라 '건하다'이다. 따라서 '거하게 취한 얼굴'이 아니라, '건하게 취한 얼굴'이 맞는 표현이다.

겹사돈(-査頓) | 이미 사돈 관계에 있는 사람끼리 또 사돈 관계를 맺은 사이.

        예 그 두 집안은 **겹사돈**하는 것을 나쁘게 생각하지 않았다.

곁사돈(-査頓) | '직접 사돈 간이 아니고 같은 항렬(行列)의 방계 간의 사돈.

⑩ 나와 그와는 풋낯이나 다름없는 **곁사돈** 간이다.

[겹사돈/곁사돈/사돈] '사돈'은 혼인한 두 집안의 부모들 사이 또는 그 집안의 같은 항렬이 되는 사람들 사이에 서로 상대편을 이르는 말이다.

'겹사돈'은 이미 사돈 관계에 있는 사람끼리 또 사돈 관계를 맺는 것을 이르는 말이다. 이와 달리 '곁사돈'은 '나와 형부의 동생'과 같은 사이를 이르는 말이다. 즉 며느리, 사위의 동기와 그 배우자, 조카 등 아래 항렬인 사람을 이르는 말이 '사돈총각, 사돈처녀'인데, 그냥 '사돈'이라 부르기도 한다. 이때의 '사돈'이 엄밀히 말하면 '곁사돈'이다.

고들고들하다 | 밥알 따위가 물기가 적거나 말라서 속은 무르고 겉은 조금 굳어 있다.

⑩ 밥이 너무 질면 죽처럼 되고 밥이 너무 되면 **고들고들하고** 빡빡하게 된다.

고슬고슬하다 | 밥 따위가 되지도 질지도 아니하고 알맞다.

⑩ 조금만 기다리면 **고슬고슬하고** 따뜻한 밥을 지어 주마.

가슬가슬하다 | 살결이나 물건의 거죽이 매끄럽지 않고 가칠하거나 빳빳하다.

⑩ 밤이슬에 젖은 옷도 어느새 말라 **가슬가슬하다**.

[고들고들하다/고슬고슬하다/가슬가슬하다/까칠하다] '고두밥'은 아주 되게 지어져 고들고들한 밥을 말한다. 먹기에 알맞지 않다. 되지도 질지도 않은, 즉 고슬고슬한 밥이 먹기에 알맞다. '가슬가슬하다'는 매끄러운 정도와 관련이 깊은 말이다. '턱에 수염이 가슬가슬하게 돋다.'와 같이 쓰인다. 의미가 확장되어 '성질이 보드랍지 못하고 매우 까다롭다.'의 뜻으로도 쓰인다. '까칠하다'도 비슷하게 쓰이는데, 정도가 조금 더하다고 할 수 있다.

★**까칠하다:** 야위거나 메말라 살갗이나 털이 윤기가 없고 조금 거칠다. ⑩ 거친 바닷바람에 그의 얼굴이 **까칠하게** 말랐다.

곤두서다 | (비유적으로) 신경 따위가 날카롭게 긴장하다.

⑩ 신경이 **곤두서** 있어서 그런지 그녀는 조그만 일에도 짜증을 부렸다.

곤두박질하다 | (비유적으로) 좋지 못한 상태로 급히 떨어지다.

⑩ 경기가 **곤두박질하면서** 실업률이 증가하기 시작했다.

[곤두서다/곤두박질하다] '곤두서다'는 '거꾸로 꼿꼿이 서다'의 뜻으로도 쓰이며, '곤두박질하

다는 '몸이 뒤집혀 갑자기 거꾸로 내리박히다'의 뜻으로도 쓰인다.

그러모으다 | 흩어져 있는 사람이나 사물 따위를 거두어 한곳에 모으다.

　　　　　예 그는 방안에 널린 편지들을 **그러모으더니** 밖으로 들고 나가 태우기 시작했다.

긁어모으다 | 물건을 긁어서 한데 모으다.

　　　　　예 낙엽을 갈고리로 **긁어모으다**.

끌어모으다 | 어떤 대상을 자신이 원하는 목적을 이루기 위해 한곳에 모으다.

　　　　　예 있는 대로 다 **끌어모았지만** 이것밖에 되지 않아요.

[그러모으다/긁어모으다/끌어모으다] 셋은 '모으다'의 의미를 공유한다. 쓰임새가 비슷해서, 그 의미 차이를 변별하기가 쉽지 않으며, 넘나들어도 어색하지 않은 경우가 많다. 그러나 간과해서는 안 되는 미묘한 의미의 차이가 있다.

예컨대 돈을 '그러모을' 수도 있고, 돈을 '긁어모을' 수도 있고, 돈을 '끌어모을' 수도 있다. 그런데 돈을 모으는 방법과 수단이 부정한 것이라면 '긁어모으다'가 더 잘 어울린다. 또 사람을 '그러모을' 수도 있고, 사람을 '끌어모을' 수도 있다. 그러나 사람을 '긁어모을' 수는 없다. 그런가 하면 낙엽을 '그러모을' 수도 있고, 낙엽을 '긁어모을' 수도 있다. 그런데 만약 낙엽이나 지푸라기, 곡물 따위를 긁어모으는 데 쓰이는 도구인 갈퀴를 이용했다면 '긁어모으다'가 더 잘 어울린다.

그리하다 | (주로 문어체에서 쓰여) 사람이 그렇게 하다. 준말은 '그러다'임.

　　　　　예 너마저 **그리하면**(≒그러면) 후배들이 무엇을 보고 배우겠니?

그러하다 | 상태, 모양, 성질 따위가 그와 같다. 준말은 '그렇다'임.

　　　　　예 연구진이 부실하다. 인간적으로도 **그러하고**(≒그렇고) 실력으로도 **그러하다**(≒그렇다).

[그리하다/그러다/그러하다/그렇다/그러고 나서] 먼저 '그리하다'는 동사고, '그러하다'는 형용사다. 이런 품사의 차이는 활용하게 되면 '그리하는(←그리하다) 행동'과 '그러한(←그러하다) 행동'의 차이를 낳는다. 그런데 그 준말에서는 활용을 하면 차이가 없어지기도 한다. 즉 '그런(←그러다) 행동'과 '그런(←그렇다) 행동'은 활용한 결과가 같다.

한편 이와 관련하여 알아 둘 것은 '그리고 나서'가 아니라 '그러고 나서'가 맞는 표현이라는 점이다. **예** 저녁을 먹었다. 그러고 나서 바로 이를 닦았다.

깔보다 | 얕잡아 보다.

> **예** 어리다고 그 녀석을 무시하고 **깔보다가는** 큰코다친다.

깐보다 | 어떤 형편이나 기회에 대하여 마음속으로 가늠하다. 또는 속을 떠보다.

> **예** 그렇게 상대를 **깐보는** 것을 좋아하는 사람은 거의 없다.

깐 | 마음속으로 헤아리는 생각이나 가늠.

> **예** 제 **깐**에는 그만하면 일이 잘될 줄 알았던 모양이다.

[깔보다/깐보다/깐/딴] '깔보다(=실상보다 낮추보다)'라고 해야 할 때, '깐보다'라고 하는 경우가 있다. 일부 지역의 방언에서 특히 그렇다. 하지만 '깐보다'가 '깔보다'의 의미로 쓰일 때에 '깐보다'는 비표준어다. 그러나 '깐보다'가 '어떤 형편이나 기회에 대하여 마음속으로 가늠을 하다'의 의미로 쓰일 때에는 표준어로 인정한다. '깐'은 명사로도 쓰인다. 이때는 '딴'과 의미가 비슷하다.

★**딴**: ('내', '자기', '제' 등과 함께 쓰여) 스스로의 생각이나 가늠. **예** 자기 **딴**에는 잘한답시고 했겠지.

꼬리 | ❶ 동물의 꽁무니에 가늘고 길게 내밀어 뻗친 부분.

> **예** 여우 중 제일 무서운 여우는 **꼬리**가 아홉 개 달린 구미호이다.

> ❷ 어떤 사건이나 현상이 완전히 사라지지 않고 자취를 남겨 놓은 것.

> **예** 그놈이 **꼬리**가 잡히지 않도록 모든 증거물을 없애 버렸다.

꽁지 | ❶ 새의 꽁무니에 있는 기다란 깃.

> **예** 비가 오는 날 새 한 마리가 우연히 내 방 창 앞에서 **꽁지**로 몸에 묻은 물기를 터는 모습을 보았다.

> ❷ 주로 기다란 물체나 몸통의 맨 끝 부분.

> **예** 말에 대꾸를 하지 않고 풋고추 **꽁지**에 된장을 찍는다.

꽁무니 | 사물의 맨 뒤나 맨 끝. ≒뒤꽁무니.

> **예** 택시의 **꽁무니**가 뛰는 바람에 그녀는 여러 번 머리를 다칠 뻔하였다.

꼬랑이 | 배추나 무 따위의 뿌리 끝 부분.

예 이곳에선 무 **꼬랑이** 하나도 버려지는 것이 없다.

[꼬리/꽁지/꽁무니/꼬랑이] '꽁지'는 '꼬리'를 낮잡아 이르는 말로 쓰이는 경우도 있으나, 대체로 새의 꽁무니에 있는 기다란 깃을 이르는 말로 쓰인다. '꼬랑지'는 '꽁지'를 낮잡아 이르는 말이다. 또 '꽁무니'는 몸에서 엉덩이를 중심으로 한 뒷부분을 이르는 말로 쓰이는 경우도 있으나, 대개는 '사물의 맨 뒤나 맨 끝(≒뒤꽁무니)'의 뜻으로 쓰인다.

주의할 것은 '꼬리'를 낮잡아 이르는 말로 쓰이는 '꼬랑이'가 '배추나 무 따위의 뿌리 끝 부분'을 이르는 말로도 쓰인다는 점이다. 즉 '배추꼬랑지'가 아니라 '배추꼬랑이'가 올바른 표현이다.

예 먹을 것이 없어 무를 깎아 먹거나 **배추꼬랑이**로 요기를 하던 시절도 있었다.

끄물끄물하다 | 날씨가 활짝 개지 않고 몹시 흐려지다.

예 아침부터 하늘이 **끄물끄물하더니** 마침내 비를 퍼붓기 시작하였다.

꾸물꾸물하다 | 굼뜨고 게으르게 행동하다.

예 동생에게 심부름을 시켰더니 **꾸물꾸물하는** 게 영 귀찮은 눈치다.

[끄물끄물하다/꾸물꾸물하다] '끄물끄물(≒그물그물)'은 '날씨가 활짝 개지 않고 몹시 흐려지는 모양'이나 '불빛 따위가 밝게 비치지 않고 몹시 침침해지는 모양'을 나타낼 때 쓰는 말이다. 굼뜬 행동과 관련해서는 '꾸물꾸물(≒구물구물)'을 쓴다. 최근에 젊은이들 사이에서 '오늘 날씨가 참 꿀꿀하다.'와 같은 표현을 쓰는 경우가 많다. 이때의 '꿀꿀하다'는 '끄물끄물하다'와 의미가 거의 같다.

나다 | 병 따위가 발생하다.

예 나는 찬 것을 많이 먹으면 배탈이 **난다.**

낫다 | 병이나 상처 따위가 고쳐져 본래대로 되다.

예 그는 병이 다 **나았다고** 했지만 조금 핼쑥해 보였다.

[나다/낫다] 기본형일 때 둘의 표기나 의미를 혼동하는 사람은 별로 없다. 그러나 활용하여 쓸 때에는 혼동하는 사람이 많다. 한글맞춤법에서는 모음 'ㅏ, ㅓ'로 끝난 어간에 '-아/-어, -았-/-었-'이 어울릴 적에는 준 대로 적는다고 규정하고 있다. 이 원칙에 따라 '나다'의 경우 '그거 잘못 먹으면 병이 나아.'가 아니라 '그거 잘못 먹으면 병이 나.'가 맞는다. 또 '힘든 일을 하더니 병이 나았다.'가 아니라 '힘든 일을 하더니 병이 났다.'가 맞는다.

'낫다'는 사정이 다르다. '그 약을 먹으면 감기가 금세 나.'가 아니라, '그 약을 먹으면 감기가 금세 나아.'가 맞는다. 또 '그 약을 먹고 감기가 금세 났다.'가 아니라, '그 약을 먹고 감기가 금세 나았다.'가 맞는다.

낟알 | 알곡 따위의 하나하나의 알.
　　　　예 우리 조상들은 음식을 소홀히 하지 않고 **낟알**을 아까워하며 살았다.
낟알 | 아직 껍질을 벗기지 않은 곡식의 알맹이.
　　　　예 그는 도리깨를 들고 곡식의 이삭을 두드려서 **낟알**을 떨어내고 있었다.
나달 | 나흘이나 닷새 가량.
　　　　예 **나달**에 할 수 있는 일을 이레나 걸려서 했다.

[낱알/낟알/낟알 구경] '낱'은 '셀 수 있는 물건의 하나하나'를 이르는 말이다. 그러니 '낱알'은 낱개의 알, 즉 따로따로인 한 개 한 개의 알이라는 뜻이다. 또 담배, 성냥, 장작 따위의 따로따로인 한 개비 한 개비를 이르는 말은 '낱개'이고, 따로따로인 한 권 한 권의 책을 이르는 말은 '낱권'이다.
'낟'은 '곡식의 알'을 이르는 말이다. 그러니 '낟알'이라고 해도 결국 '곡식의 알'이라는 뜻이다. 즉 '낟'은 곡식과 관련해서 쓰는 말이다. 따라서 '이 약을 낱알로는 팔지 않는다.'와 같은 문장은 가능하지만, '이 약을 낟알로는 팔지 않는다.'는 불가능하다.
한편 '낟알'은 '쌀알'이라는 의미로도 쓰인다. 그래서 '오래간만에 밥을 먹어 보다.'의 뜻으로 '낟알 구경을 하다.'라고 한다. **예** **낟알** 구경을 하지 못한 지 사흘이 되니 일어설 힘도 없다.

넨다하다 | 어린아이나 아랫사람을 사랑하여 너그럽게 대하다.
　　　　예 아이를 너무 **넨다하며** 길렀더니 버릇이 없다.
내로라하다 | 어떤 분야를 대표할 만하다.
　　　　예 **내로라하는** 재계의 인사들이 한곳에 모였다.

[넨다하다/내로라하다/오냐오냐하다/하노라고/하느라고] '어린아이의 어리광이나 투정을 다 받아 주다'의 뜻으로 흔히 쓰는 말이 '오냐오냐하다'이다. '아이의 응석을 모두 오냐오냐하면 버릇이 나빠진다.'와 같이 쓴다. 이와 비슷한 문맥에서 쓰이는 말이 '넨다하다'이다.
한편 '내로라하다'라고 할 문맥에서 '내노라하다'를 쓰는 것은 잘못이다. '나+이-+-로-+-라'로 분석되는 말이기 때문이다.

이와 비슷한 오류를 범하기 쉬운 것이 '하노라고/하느라고'이다. 둘은 쓰임이 다르다.

예 **하노라고** 했는데 마음에 드실지 모르겠습니다. ['–노라고'는 화자가 자신의 행동에 대한 의도·목적을 나타내는 연결 어미임]

예 그는 어제 공부를 **하느라(고)** 밤을 새웠다. ['–느라(고)'는 앞 절의 사태가 뒤 절의 사태의 목적·원인이 됨을 나타내는 연결 어미임]

눌은밥 ┃ 솥 바닥에 눌어붙은 밥에 물을 부어 불려서 긁은 밥.

　　　　예 그는 누룽지에 물을 붓고 푹 끓인 **눌은밥**을 좋아한다.

누룽지 ┃ 솥 바닥에 눌어붙은 밥.

　　　　예 그녀는 가마솥에 눌어붙은 **누룽지**를 닥닥 긁었다.

눌어붙다 ┃ 뜨거운 바닥에 조금 타서 붙다.

　　　　예 누룽지가 밥솥 바닥에 **눌어붙어** 떨어지지 않는다.

[눌은밥/누룽지/눌어붙다/들러붙다] '누룽지'는 '솥 바닥에 눌어붙은 밥'인데, 그것을 물에 불려서 먹는 것을 '눌은밥'이라고 한다. 물론 밥을 지은 솥에서 밥을 푼 뒤에 물을 붓고 데운 물은 '숭늉'이라고 한다. '숭늉'이 고소한 맛을 내려면 눌어붙은 밥알이 좀 남아 있어야 한다.
하여튼 이들은 모두 '눋다'에서 온 말이다. '눋다'는 '누런빛이 나도록 조금 타다'의 뜻이다. 따라서 '눌어붙다'와 '들러붙다'는 그 쓰임이 다르다. 즉 '눋다'의 의미가 살아있을 때에만 '눌어붙다'를 쓸 수 있다. 단순히 끈질기게 찰싹 붙는 모양을 말할 때는 '들러붙다'를 쓴다. **예** 신발 바닥에 껌이 **들러붙어** 떼어지지 않는다.

다리다 ┃ 사람이 옷이나 천 따위를 다리미나 인두로 문질러 구김살을 펴다.

　　　　예 새로 빨아 **다린** 와이셔츠가 아주 산뜻하다.

달이다 ┃ 약재, 차 따위를 물에 넣고 끓여서 우러나오게 하다.

　　　　예 남의 집 행랑방에 사글세로 들어 있는 홀아비살림이라 약 한 첩 **달여** 먹기도 힘들다.

[다리다/달이다] '다리미로 옷이나 천 따위를 다리는 일'을 이르는 말은 '다리미질'이며, 그 줄임말은 '다림질'이다. '달임질'이 아니다. 또 '복날에 그해의 더위를 물리친다는 뜻에서 고깃국을 끓여 먹음'을 이르는 말은 '복달임'이다. '복다림'이 아니다. '복달음'이라고도 하는데, 이는 방언으로 본다.

달리다 | 재물이나 기술, 힘 따위가 모자라다.

  예 이제 기운이 **달려** 일을 더 이상 못하겠다.

딸리다 | 어떤 것에 매이거나 붙어 있다.

  예 그 집에는 비교적 넓은 앞마당이 **딸려** 있다.

[달리다/딸리다] '걔네들과 맞서기에는 우리 실력이 턱없이 딸려서 어렵다.'에서 '딸려서'는 '달려서'의 잘못이다. '부족하다'의 뜻을 가진 말이 와야 하기 때문이다.

당기다 | ❶ 사물을 잡아끌어 가까이 오게 하다.

  예 운동회에서 청군과 백군이 밧줄을 서로 **당기고** 있다.

  ❷ 일정을 정한 때보다 앞으로 옮기다.

  예 선생님께서는 시험 날짜를 예정보다 하루 **당기셨다**.

  ❸ 사람의 마음이나 입맛을 생기게 하다.

  예 오늘은 김치찌개가 입맛을 **당기지** 않는다.

땅기다 | 몹시 단단하고 팽팽하게 되다.

  예 나는 건조한 겨울만 되면 얼굴이 **땅기고** 튼다.

댕기다 | 불이 옮아 붙다. 또는 그렇게 하다.

  예 바싹 마른 나무가 불이 잘 **댕긴다**.

팽기다 | 힘이나 근력 따위가 남아 있지 않다.

  예 힘들고 근력이 **팽기더라도** 조금만 견디자.

[당기다/땅기다/댕기다/팽기다] 우선 '팽기다'는 표준어가 아니다. 그러므로 줄다리기에서 '줄을 당기는' 것이지, '줄을 팽기는' 것이 아니다. 또 피부 따위가 건조해지면서 팽팽해지는 것은 '당기는' 것이 아니라 '땅기는' 것이다.

도사리 | 다 익지 못한 채로 떨어진 과실.

  예 새벽 과수원에 나가 **도사리**를 줍는 마음으로 우리말 자료를 수집했습니다.

도가니 | 소 무릎의 무릎뼈와 거기에 붙은 고깃덩이.

  예 소의 무릎뼈와 관절을 끓여낸 **도가니탕**은 보양식으로도 인기가 높다.

도가니 | 흥분이나 감격 따위로 들끓는 상태를 비유적으로 이르는 말.
> (예) 그의 끝내기 홈런은 응원단을 열광의 **도가니**에 빠지게 했다.

[도사리/도가니] 세찬 비바람이 치면 감나무에서 아직 덜 익은 감이 떨어진다. 그런 감을 '도사리 감'이라고 한다. 또 우리가 흔히 먹는 '도가니탕'은 동물의 무릎뼈와 거기에 붙어 있는 고깃덩이를 주된 재료로 하여 끓인 국이다. 한편 '흥분의 도가니'라는 비유적 표현에 사용된 '도가니'는 원래 '쇠붙이를 녹이는 그릇'을 이르는 말이다. 쇠를 녹이거나 녹인 쇳물을 옮기기 위한 도구로 쓴다.

돋우다 | 감정이나 기색 따위가 생겨나게 하다.
> (예) 그의 농담이 잔치 분위기를 더욱 더 **돋우었다**.

돋구다 | 안경의 도수 따위를 더 높게 하다.
> (예) 눈이 침침한 걸 보니 안경의 도수를 **돋굴** 때가 되었나 보다.

[돋우다/돋구다] '돋우다'는 그 쓰임이 비교적 다양하지만, '돋구다'는 그렇지 않다. '돋구다'는 안경의 도수와 관련해서만 사용된다. 그러니까 '바닥을 돋구다', '방석을 돋구다', '목청을 돋구다', '화를 돋구다', '식욕을 돋구다'의 '돋구다'는 모두 '돋우다'의 잘못이다.

들고양이 | 살쾡이.

도둑고양이 | 사람이 기르거나 돌보지 않는 고양이.

[들고양이/도둑고양이] 요즘 거리에서 가장 흔하게 볼 수 있는 동물이 고양이다. 주인 없는 고양이인데, 이를 흔히 '길고양이'라고들 한다. 아직 사전에 오른 단어가 아니다. 사전에 오른 단어로 표현하자면 '도둑고양이'이며, 그 준말이 '도둑괭이'이다. 어감이 좋지 않다. '길고양이'가 훨씬 나아 보인다. 그렇지만 '들고양이'라고 하는 것은 곤란하다. '들고양이'는 '삵(=살쾡이)'를 달리 이르는 말이기 때문이다.

들르다 | 지나는 길에 잠깐 들어가 머무르다.
> (예) 퇴근하는 길에 포장마차에 **들렀다가** 친구를 만났다.

들리다 | '듣다'의 피동사.

> (예) 밤새 천둥소리가 **들렸는데** 아침에는 날이 맑게 개었다.

[들르다/들리다] 둘을 기본형에서 혼동하는 사람은 거의 없다. 그러나 활용을 할 때는 틀리는 사람이 많다. 즉 '포장마차에 들러서'라고 해야 할 때, '포장마차에 들려서'라고 잘못 쓰기 쉽다. 이러한 오류는 '무르다/물리다' 등에서 흔히 보인다. (예) 물건을 언제든지 **물려** 드릴 테니 안심하고 사 가세요. → 물건을 언제든지 **물러** 드릴 테니 안심하고 사 가세요.

들이다 | 물감, 색깔, 물기, 소금기가 스미거나 배게 하다.

> (예) 옷감에 물을 곱게 **들였다.**

드리다 | '주다'의 높임말.

> (예) 이것 좀 너희 아버지께 가져다 **드려라.**

들리다 | 귀신이나 넋 따위가 덮치다.

> (예) 그녀는 마치 귀신에 **들린** 사람처럼 하리망당해 보였다.

[들이다/드리다/들리다] '들이다'는 '들다'의 사동사다. '속옷에 파란 물이 들었다.'의 사동문이 '속옷에 파란 물을 들였다.'이다. 물론 '들이다'는 '어떤 일에 돈, 시간, 노력, 물자 따위를 쓰다'의 뜻으로도 쓰인다. (예) 아내는 실내 장식에 많은 돈을 **들였다.**

들이켜다 | 물이나 술 따위의 액체를 단숨에 마구 마시다.

> (예) 사내가 막걸리 한 사발을 **들이켜고는** 손등으로 입을 닦는 모습이 아주 자연스럽다.

들이키다 | 안쪽으로 가까이 옮기다.

> (예) 사람이 다닐 수 있도록 발을 **들이키는** 행동이 민첩하다.

[들이켜다/들이키다/켜다/켜다] 둘은 발음은 물론 표기상으로도 차이가 분명하다. 그런데 둘에 '-어/-었'이 붙어 활용을 하면 형태가 같아지기도 한다. 그래서 둘을 혼동하기가 쉽다.

(예) 그는 목이 마르다며 물을 벌컥벌컥 **들이켰다.**

(예) 그는 사람이 다닐 수 있도록 얼른 발을 **들이켰다.**

이러한 혼동은 이 두 단어에 그치는 것이 아니다. '켜다'라고 해야 할 때, '키다'라고 하는 예가 그렇다. 또 '펴다'라고 해야 할 때, '피다'라고 하는 예가 그러하다.

(예) 등잔불을 **키니(→켜니)** 주위가 밝아졌다.

(예) 합격했으니, 이제 얼굴 좀 **피고(→펴고)** 다녀라.

띠다 | ❶ 용무나, 직책, 사명 따위를 지니다.

 (예) 무슨 특수한 임무를 **띠고** 온 간첩이 아닌가 싶다.

 ❷ 빛깔이나 색채 따위를 가지다.

 (예) 붉은빛을 **띤** 장미

 ❸ 감정이나 기운 따위를 나타내다.

 (예) 얼굴에 미소를 **띤** 사진이 제일 낫다.

띄다 | '뜨이다(눈에 보이다)'의 준말.

 (예) 요즘 들어 형의 행동이 눈에 **띄게** 달라졌다.

[띠다/띄다] '띠다'는 '색깔이나 빛을 표면에 나타낸다'는 뜻이다. 용무 등을 가지고 있다는 뜻도 있다. 표정이나 감정을 표시하기도 한다. 이와 달리 '띄다'는 '뜨이다'의 준말이다. '눈에 보인다'는 뜻이다. '붉은 글씨가 눈에 띄었다.' 청각을 긴장시킨다는 뜻도 있다. '귀가 번쩍 띄었다.' 등.

마무리하다 | 사람이 일을 끝을 맺다.

 (예) 나는 이번 일을 좋은 방향으로 **마무리하고** 싶었다.

매조지다 | 일의 끝을 단단히 단속하여 마무리하다.

 (예) 새로운 일을 하기 전에 우선 이 글을 **매조지는** 것이 순서일 것 같다.

매듭짓다 | 어떤 일을 순서에 따라 마무리하다.

 (예) 경찰은 일단 허위 신고로 보고 수사를 **매듭지었다**.

[마무리하다/매조지다/매듭짓다] 셋은 의미가 비슷하다. '매조지다'의 활용과 관련하여 주의할 것은 '매조지하다'가 아니라 '매조지다'라는 점이다. 즉 '하던 일을 매조지하고 나서'가 아니라, '하던 일을 매조지고 나서'라고 해야 맞는다.

매무새 | 옷, 머리 따위를 수습하여 입거나 손질한 모양새.
　　　　(예) 옷은 여기저기 기워 입었으나 **매무새**는 정갈하고 단정했다.
매무시 | 옷을 입을 때 매고 여미는 따위의 뒷단속.
　　　　(예) 손을 씻고 나서 **매무시**를 다시 하였다.
맵시 | 아름답고 보기 좋은 모양새.
　　　　(예) 그녀는 다른 때보다 **맵시**를 더 내느라 오랫동안 거울 앞에 앉아 있었다.

[매무새/매무시/맵시/맨드리] 저고리 따위를 입을 때 매고 여미는 뒷단속을 '매무시'라고 하고, 매무시한 뒤의 모양새나 맵시를 '매무새'라 한다. 한편 옷을 입고 매만진 맵시를 이르는 말로는 '맨드리'가 더 있다. **(예)** 굳이 그녀의 흠을 잡아 말한다면 키가 너무 커서 **맨드리**가 없고 귀가 쪽 박귀고 눈에 독살이 들어 보인다는 것이다.

매다 | 끈이나 줄 따위의 두 끝을 엇걸고 잡아당기어 풀어지지 아니하게 마디를 만들다.
　　　　(예) 신발 끈을 **매다**./옷고름을 **매다**.
메다 | 어깨에 걸치거나 올려놓다.
　　　　(예) 어깨에 배낭을 **메다**.

[매다/메다/걸머메다] '묶다'의 의미가 있을 때는 '매다'라고 한다. 그냥 어깨 따위에 올려놓는 것은 '메다'라고 한다. 그래서 '어떤 책임을 지거나 임무를 맡다'의 뜻으로는 '매다'가 아니라 '메다'를 쓴다. '짊어지다'의 뜻에 가깝기 때문이다. **(예)** 젊은이는 나라의 장래를 **메고** 나갈 사람이다. 한편 한쪽 어깨에 걸치어 놓는 것은 '걸머메다(=걸메다)'라고 한다. **(예)** 그는 배낭을 어깨에 **걸머메고(=걸메고)** 길을 떠났다.

매질 | 매로 때리는 일.
　　　　(예) 그는 매질을 견디다 못해 그만 기절하고 말았다.
메질 | 메로 무엇을 치는 일.
　　　　(예) 대장간의 메질 소리가 요란하다.
태질 | 세게 메어치거나 내던지는 짓.
　　　　(예) 말도 채 끝내기 전에 덜렁 그자를 들어 물속에 **태질**을 해 버렸다는 것이다.

[매질/메질/태질] '메'는 묵직하고 둥그스름한 나무토막이나 쇠토막에 자루를 박아 무엇을 치

거나 박을 때 쓰는 물건을 이르는 말이다. 떡을 치거나, 말뚝을 박는 데에 주로 쓴다. '망치', 즉 단단한 물건이나 불에 달군 쇠를 두드리는 데 쓰는 연장과는 다르다. 떡은 메로 치는 것이지, 망치로 치는 것이 아니다. 한편 메질을 할 때, 마주 서서 엇바꾸어 메질을 하는 경우가 있다. 이를 '맞메질'이라 한다. 또 인절미나 흰떡 따위를 만들기 위하여 찐 쌀을 치는 메는 '떡메'라고 한다.

목마(木馬) | 나무로 말의 모양을 깎아 만든 물건. 어린이의 오락이나 승마 연습 따위에 씀.

  (예) 놀이동산에서 **목마**를 탄 아이들이 싱글벙글하며 즐거워한다.

목말 | 남의 어깨 위에 두 다리를 벌리고 올라타는 짓.

  (예) 내가 어렸을 적에 아빠는 가끔 **목말**을 태워 주시곤 했다.

[목마/목말/무동] 놀이공원에 가면 흔히 볼 수 있는, 기둥 둘레의 원판 위에 설치한 목마에 사람을 태워 빙글빙글 돌리는 놀이기구의 이름이 '회전목마'다. 물론 '목마'의 일종이다. '목말'과는 다르다. 한편 '무동(舞童)'은 남의 어깨 위에 두 발로 딛고 올라서거나 두 다리를 벌려 목 뒤로 걸터앉는 일을 이르는 말이다. '목말'로 표현할 수도 있긴 하다. 하지만 농악이나 걸립패에서, 남의 어깨 위에 서서 춤을 추고 재롱을 부리던 아이를 가리킬 때는 반드시 '무동'이라고 해야 한다. (예) 조카에게 **무동**을 해 주었다. (예) 농악패에서 가장 인기가 좋았던 것은 **무동**이었다.

벗겨지다 | ❶ 덮이거나 씌워진 물건이 외부의 힘에 의하여 떼어지거나 떨어지다.

  (예) 바람이 불어 모자가 **벗겨졌다**./때가 눌어붙어 잘 안 **벗겨진다**.

  ❷ 사실이 밝혀져 죄나 누명 따위에서 벗어나다.

  (예) 죽어서야 자식들에 의해 오명이 **벗겨졌다**.

벗어지다 | ❶ 덮이거나 씌워진 물건이 흘러내리거나 떨어져 나가다.

  (예) 신발이 커서 자꾸 **벗어진다**.

  ❷ 누명이나 죄 따위가 없어지다.

  (예) 누명이 **벗어져** 다행이다.

  ❸ 머리카락이나 몸의 털 따위가 빠지다.

  (예) 나이가 들면서 점점 머리가 **벗어진다**.

❹ 피부나 거죽 따위가 깎이거나 일어나다.

예) 넘어져서 무릎이 **벗어졌다.**

❺ 때나 기미 따위가 없어져 미끈하게 되다.

예) 기미가 **벗어지다.**/촌티가 **벗어지다.**

[벗겨지다/벗어지다] 둘을 넘나들어 사용해도 별 문제가 없는 경우가 있다. 하지만 다음 두 경우에는 분명히 가려서 써야 한다. 먼저 '대머리'를 두고는 머리털이 많이 빠져서 '벗어진' 머리라고 하지, '벗겨진' 머리라고 하지 않는다. 또 촌티는 '벗어지지' 않는다고 하지, '벗겨지지' 않는다고 하지 않는다.

불콰하다 | 얼굴빛이 술기운을 띠거나 혈기가 좋아 불그레하다.

예) 술에 약한 장 소장은 술잔이 겨우 한 순배 돌았을 뿐인데 벌써 얼굴이 **불콰하다.**

불쾌하다 | 사람이 무엇이 못마땅하여 기분이 좋지 않다.

예) 방안으로 들어가니 무언지 알 수 없는 **불쾌한** 냄새가 났다.

[불콰하다/불쾌하다] 순우리말 단어 중에 '콰르르'나 '콰르릉' 정도를 제외하면 '콰'가 포함된 단어가 거의 없다. 그래서 '불콰하다'가 잘못된 표기인 것으로 잘못 알기 쉽다.

붇다 | 물에 젖어서 부피가 커지다.

예) 오래되어 **불은** 국수는 맛이 없다.

붓다 | 살가죽이나 어떤 기관이 부풀어 오르다.

예) 벌에 쏘인 자리가 **부어서** 말하기가 어렵다.

붓다 | 불입금, 이자, 곗돈 따위를 일정한 기간마다 내다.

예) 그는 매월 은행에 적금을 **붓는다.**

[붇다/붓다/부기] '붇다'는 '라면이 붇다'와 같이 쓰는 단어다. 활용할 때 주의해야 한다. '불어, 불으니, 붇는'과 같이 활용한다. 따라서 라면을 너무 오래 끓이면 '붇고', 그렇게 '불어서' 부피만 커진 '불은' 라면은 맛이 없다고 해야 맞는다.

또 '몸은 산후 조리도 변변찮아 아직 붓기가 빠지지 않았다.'와 같은 오류를 범하는 경우가 많다. '부종(浮腫)으로 인하여 부은 상태'를 이르는 말은 '붓기'가 아니고, '부기(浮氣)'다. 따라서

200

'아직 부기가 빠지지 않았다.'라고 해야 맞는다. 물론 '벌에 쏘인 자리가 붓기 전에 얼른 약을 바르자.'와 같은 표현은 가능하다.

한편 '붙다'와 '붓다'의 차이도 알아 두어야 한다. 은행에 저금을 하면 '원금에 이자가 붙는다.'고 해야 맞는다. 이와 달리 은행에 가서 불입금, 이자 따위를 일정한 기간마다 내는 것은 '붓다'이다. 즉 '은행에 적금을 붓는다.'고 해야 맞는다.

비어지다 | 무엇이 속에서 겉 또는 밖으로 밀려나오다.

　　　　(예) 주리를 틀려 앞정강이의 살이 문드러지고 허연 뼈가 **비어져도** 그는 자복하지 않았다.

삐져나오다 | 속에 있는 것이 겉으로 불거져 나오다.

　　　　(예) 가방에 물건을 너무 많이 넣었더니 자꾸 뭐가 **삐져나오려고** 한다.

불거지다 | 물체의 거죽으로 둥글게 툭 비어져 나오다.

　　　　(예) 미간이 좁고 양쪽의 턱뼈가 유난히 **불거져서** 얼굴이 험상궂다.

[비어지다/삐져나오다/불거지다] '비어지다'는 '삐져나오다'와 비슷한 의미로 쓰인다. 이와 관련하여 궁금한 것은 '비어지다'를 써야 할 자리에 '삐지다'를 쓸 수 있느냐이다. 예컨대 '해어진 잠바에서 오리털이 삐져서 보기에 흉하다.'와 같이 쓸 수 있는가의 여부다. 이런 용법의 '삐지다'를 인정하는 사전도 있고, 그렇지 않은 사전도 있다. 물론 '해어진 잠바에서 오리털이 삐져나와서 보기에 흉하다.'는 가능하다.

비질 | 비로 바닥 따위를 쓰는 일.

　　　　(예) 동생은 마루를 **비질**하고, 나는 뒤에서 걸레질을 한다.

빗질 | 머리카락이나 털 따위를 빗으로 빗음.

　　　　(예) 헝클어진 머리를 단정하게 **빗질**했다.

[비질/빗질] '빗자루'로 하는 일은 '비질'이고, '빗'으로 하는 일은 '빗질'이다.

빼닮다 | 생김새나 성품 따위를 그대로 닮다.

　　　　(예) 그는 아버지를 쏙 **빼닮았다**.

빼다(가) 박다 | 모양이나 상황 따위가 비슷하다.

　　　　(예) 수사관은 이번 사건이 3년 전 사건을 **빼다 박았다고** 파악하고 수사를 시작했다.

빼쏘다 | 성격이나 모습이 꼭 닮다.
　　　　예 맏아들은 생김새가 아버지를 빼쏐다.

[빼닮다/빼다가 박다/빼쏘다] '빼닮다'와 '빼쏘다'는 유의어다. 둘을 넘나들어도 크게 어색하지 않은 경우가 대부분이다. 한편 '빼다(가) 박다'는 한 단어가 아니라, 관용구(慣用句)다. 한 단어가 아니므로 띄어 쓴다.

삐지다 | 성나거나 못마땅해서 마음이 토라지다.
　　　　예 그 아이는 조그마한 일에도 자주 삐진다.

삐치다 | 성나거나 못마땅해서 마음이 토라지다.
　　　　예 아내는 허물을 나무라면 어린애처럼 삐치곤 한다.

[삐지다/삐치다] '삐지다'와 '삐치다'는 같은 뜻으로 쓰이는 복수 표준어다. 얼마 전까지만 해도 '삐치다'의 뜻으로 쓰는 '삐지다'를 비표준어로 간주했으나, 최근에 둘을 복수 표준어로 인정했다.

사발(沙鉢) | 사기로 만든 국그릇이나 밥그릇.
　　　　예 대학 문화가 변모하면서 **사발**에 따라 먹던 막걸리의 향취가 점점 사라져 가고 있다.

주발(周鉢) | 놋쇠로 만든 밥그릇.
　　　　예 어머니는 **주발**에다가 밥을 가득 퍼서 상에 올려놓으셨다.

[사발/주발] '사발'과 '주발'은 그릇을 만드는 소재에 따른 명칭이다. 사기로 만들어서 '사발'이고, 놋(구리에 아연을 10~45% 넣어 만든 합금)으로 만들어서 '주발'이다. 그러니 '놋사발'이라고 하면 뜻이 아리송해지고, '놋주발'은 군더더기가 많은 표현이 된다.

삭히다 | 김치나 젓갈 따위의 음식물이 발효되어 맛이 들게 하다.
　　　　예 민속주는 곡식을 **삭혀서** 만드는 경우가 많다.

삭이다 | 사람이 분노나 슬픔, 고통 따위를 가라앉혀 풀리도록 하다.
　　　　예 그는 아무도 없는 빈방에서 외로움과 서글픔을 **삭이고자** 노력했다.

[삭히다/삭이다/썩히다/썩이다] '삭이다'와 '삭히다'는 모두 '삭다'의 사동사이지만, '삭히다'는 음식물을 익혀서 맛을 들게 한다는 의미로만 쓰이고, 나머지는 모두 '삭이다'를 써야 한다.
(예) 김치를 **삭히다**./분을 **삭이다**./먹은 것을 **삭이다**./가래를 **삭이다**.

이러한 구별은 '썩히다'와 '썩이다'에도 비슷하게 적용된다. 즉 '썩히다'는 '부패하다, (재능 따위를) 사용하지 않고 묵히다' 등의 의미를 갖는다. 이는 '썩다'로부터 파생된 말로 '근심이나 걱정으로 몹시 힘들고 괴로운 상태가 되다'의 의미를 갖는 '썩이다'와 구별된다. 전자는 '풀을 썩히다, 재능을 썩히다'와 같이 사용되고, 후자는 '부모님의 속을 썩이다'와 같이 사용된다.

생생하다 | 바로 눈앞에 보는 것처럼 명백하고 또렷하다.
　　　　　　(예) 아직도 전쟁 때의 기억이 **생생하게** 남아있다.
성성(星星)하다 | 머리털 따위가 희끗희끗하게 세다.
　　　　　　(예) 저 어르신은 백발이 **성성해도** 기운은 장사이다.

[생생하다/성성하다] '생생하다'는 여러 가지 뜻으로 쓰인다. '생선이 물이 좋아서 아주 생생하다.'라고도 하는데, 이때는 '싱싱하다'와 거의 비슷한 뜻이다. 그러나 '성성하다'는 매우 제한적으로 쓰인다. 머리털과 관련해서만 쓰인다.

습(濕)하다 | 메마르지 않고 물기가 많아 축축하다.
　　　　　　(예) 장마철이라 방 안이 **습하다**.
습습(習習)하다 | 바람이 산들산들하다.
　　　　　　(예) **습습한** 바람결에 어디선가 은은한 귤꽃 향기가 묻어오고 있는 것 같았다.

[습하다/습습하다] '습습하다'와 '습하다'가 비슷한 말로 착각하기 쉽다. 전혀 느낌이 다른 상황을 나타내는 말이라 잘 구별하여 써야 한다.

시래기 | 무청이나 배추의 잎을 말린 것. 새끼 따위로 엮어 말려서 보관하다가 대개 국을 끓이는데 씀.
　　　　　　(예) 말린 **시래기**를 볶아 대보름에 먹는 풍습이 있다.
쓰레기 | 비로 쓸어 낸 먼지나 티끌, 또는 못쓰게 되어 내다 버릴 물건이나 내다 버린 물건을 통틀어 이르는 말.

예 이 동네에는 골목마다 **쓰레기**가 쌓여 있어 지저분하다.

[시래기/쓰레기/무말랭이/우거지/우거지상] '시래기'는 음식의 재료로 쓰는 것이니 '쓰레기'일 수 없다. 대개 시래기는 무잎을 말려서 만든다. 이를 '무시래기'라 한다.

한편 '무시래기'와 '무말랭이'를 혼동하는 사람도 있다. '무말랭이'는 무청이 아닌 무를 반찬거리로 쓰려고 썰어 말린 것을 말하니, 둘이 같은 것일 수 없다. 또 배추와 같은 푸성귀를 다듬을 때에 골라 놓은 겉대를 이르는 말은 '우거지'이며, 그것으로 끓인 국이 '우거짓국'이다. 잔뜩 찌푸린 얼굴의 모양을 속되게 이르는 말인 '우거지상'이 여기에서 왔다. 예 그 사람은 뭐가 불만인지 언제나 **우거지상**을 하고 다닌다.

쌓이다 | '쌓다'의 피동사.

예 십 년 동안 **쌓인** 그 경험이 이번 일을 해결하는 데에 많은 도움이 되었다.

싸이다 | '싸다'의 피동사.

예 나는 신문지로 **싸여** 있는 것이 무엇인지 무척 궁금했다.

[쌓이다/싸이다] '쌓다'와 '싸다'를 혼동하는 사람은 거의 없다. 그런데 피동이 되면 혼동하기 쉽다. 예컨대 '그녀는 고운 포장지에 싸인 조그만 물건을 불쑥 내밀었다.'에는 '싸이다'가 쓰인다. 왜냐하면 문맥상 물건을 '싸는' 것이지 '쌓는' 것이 아니기 때문이다. 또 '그 둘 사이에는 나날이 신뢰가 쌓여 갔다.'에는 '쌓이다'가 쓰인다. 왜냐하면 문맥상 신뢰를 '쌓는' 것이지, 신뢰를 '싸는' 것이 아니기 때문이다.

아귀 | 사물의 갈라진 부분.

예 장식장의 문짝이 **아귀**가 잘 맞질 않는지 여닫을 때마다 덜컹거린다.

아퀴 | 어수선한 일을 정돈하여 마무리하는 끝매듭.

예 그는 말을 뚝 잘라 **아퀴**를 지으며 더 이상 대꾸하지 않았다.

[아귀/아퀴] '아귀'는 '그의 이야기는 앞뒤 아귀가 맞는다.'와 같이 쓰인다. 이때 '아귀가 맞다'는 '앞뒤가 빈틈없이 들어맞다'의 뜻이다. 또 계산이 잘 맞지 않을 때도 '아귀가 맞지 않는 돈'과 같이 표현한다. '아귀가 맞다'와 비슷한 말로 '사개가 맞다'가 있다. '사개'는 상자 따위의 모퉁이를 끼워 맞추기 위하여 서로 맞물리는 끝을 들쭉날쭉하게 파낸 부분을 이르는 말이다.

★**사개가 맞다:** 말이나 사리의 앞뒤 관계가 빈틈없이 딱 들어맞다. 예 그의 판결은 언제나 사

개가 맞아 원고와 피고 모두가 동의하지 않을 수 없게 만든다.

한편 '아퀴'는 '내 손에서 아퀴를 짓고 말겠소.'와 같이 쓰인다. 이때 '아퀴를 짓다'는 '일이나 말을 끝마무리하다'의 뜻이다.

아니오 | 어떤 사실을 부정하는 뜻을 나타내는 말인 '아니다'의 종결형.

　　　(예) 그 문제의 정답은 2번이 **아니오**.

아니요 | 윗사람이 묻는 말에 부정하여 대답할 때 쓰는 말.

　　　(예) "이놈, 네가 꽃병을 깨뜨렸지?" "**아니요**, 제가 안 그랬어요."

[아니오/아니요] 우선 '아니오'는 '아니다'의 종결형이다. 즉 아랫사람에게는 '그것은 꽃이 아니야.'라고 하고, 윗사람에게는 '그것은 꽃이 아니오.'라고 한다. 다시 말하면 '아니오'의 품사는 형용사다. 물론 종결형이 아닌 연결형에서는 '아니요'도 쓸 수 있다. 즉 '이것도 꽃이 아니요, 저것도 꽃이 아니다.'처럼 쓰인다.

한편 윗사람이 묻는 말에 부정하여 대답할 때 쓰는 말로 쓰이는 '아니요'는 감탄사다. 윗사람이 묻는 말에 긍정하여 대답할 때 쓰는 감탄사 '네/예'에 대응한다. 이때의 '아니요'는 '아니오'로 대체될 수 없다. (예) "약국에 좀 다녀올래?" "**아니요**, 좀 바쁩니다."

암구다 | 교미를 붙이다.

　　　(예) 새끼를 얻기 위해 옆집 소를 우리 소와 **암궜다**.

앙구다 | ❶ 음식 따위를 식지 아니하게 불 위에 놓거나 따뜻한 데에 묻어 두다.

　　　(예) 아랫목에 밥주발을 **앙구다**.

　　　❷ 곁들이다.

　　　(예) 쌀에 보리를 **앙구어** 팔다.

[암구다/앙구다] '앙구다'는 비교적 여러 가지 의미로 사용되는 단어다. 위에 제시한 예문 말고도 '아내는 고기와 나물을 한데 앙구어 놓았다.'나 '나는 두 손으로 물을 앙구어(≒움키어) 세수했다.'와 같이도 사용된다. 그러나 '암구다'는 '가축의 교미를 붙이다'의 뜻으로만 사용된다.

애먼 | ❶ 일의 결과가 다른 데로 돌아가 억울하게 느껴지는.

예 애먼 사람에게 누명을 씌우지 마라.

❷ 일의 결과가 다른 데로 돌아가 엉뚱하게 느껴지는.

예 해야 할 일은 제쳐 놓고 애먼 일을 붙들고 있다.

엄한 | 성격이나 행동이 철저하고 까다로운.

예 그녀를 두고 며느리에게 엄한 시어머니라고 할 순 없다.

애매하다 | 아무 잘못 없이 꾸중을 듣거나 벌을 받아 억울하다.

예 경찰이 애매한 시민을 범인으로 지목하여 가혹행위까지 한 사실이 밝혀졌다.

[애먼/엄한/애매하다] '애먼 사람'과 '애매한 사람'은 비슷한 의미로 쓰이는데, 이 둘을 써야 할 자리에 '엄한 사람'이라고 하는 것은 잘못이다. 예컨대 '애먼 사람 잡아들이지 않도록 수사를 똑바로 해라.'라고 할 것을 '엄한 사람 잡아들이지 않도록 수사를 똑바로 해라.'라고 하면 잘못이다. 한편 '애매하다'와 동음어인 '애매(曖昧)하다'는 '의미나 개념이 명확하지 못하다.'의 뜻으로 쓰인다. 예 그는 비웃음 같기도 하고 미소 같기도 한 애매(曖昧)한 표정을 지었다.

- -

우려먹다 | 이미 썼던 내용을 다시 써먹다.

예 몇 년 전에 준비했던 원고를 한동안 우려먹었기 때문에 이제는 좀 새로운 것으로 바꿔야겠어요.

알겨먹다 | 남의 재물 따위를 좀스러운 말과 행위로 꾀어 빼앗아 가지다.

예 동네 사람들에게 땅을 비싸게 팔아 주겠다며 사례비를 알겨먹은 사기꾼이 경찰에 붙잡혔다.

[우려먹다/알겨먹다] '우려먹다'는 '우려서 먹다'에서 온 말이다. '우리다'는 '어머니는 멸치를 우려 국물을 만드셨다.'와 같이 쓰는 말이다. 대개는 한 번만 우려서 먹는 것이 아니라, 두세 번 우려서 먹는다. 이로부터 '한 번 더 써먹다'의 뜻이 나왔다.

'알겨먹다'는 '알기어 먹다'에서 온 말이다. '알기다'는 '조금씩 갉아 내거나 빼내 가지다'의 뜻으로 쓰는 말이다. 이로부터 '빼앗아 가지다'의 뜻이 나왔다. 예 그놈 우리 집 판 돈까지 알겨 가지고 달아난 그런 몹쓸 놈이에요.

- -

이기다 | ❶ 가루나 흙 따위에 물을 부어 반죽하다.

예 흙을 잘 이겨서 벽에 발랐다.

❷ 칼 따위로 잘게 썰어서 짓찧어 다지다.

⒠ 마늘을 이겨 찌개에 넣었다.

으깨다 | 굳은 물건이나 덩이로 된 물건을 눌러 부스러뜨리다.

⒠ 감자를 으깨어 요리를 하다.

[이기다/으깨다] 우선 '이기다'와 '으깨다'라는 단어는 있어도 '으기다'라는 단어는 없다. 예컨데 벽의 갈라진 틈새는 '회반죽을 이겨서' 틀어막는 것이지, '회반죽을 으겨서' 틀어막는 것이 아니다. 한편 마늘은 '이길' 수도 있고 '으깰' 수도 있다. 물론 '이기는' 것은 '짓찧어 다지다'는 뜻이고, '으깨는' 것은 '눌러 부스러뜨리다'는 뜻이다.

자릿내 | 오래도록 빨지 아니한 빨랫감에서 나는 쉰 듯한 냄새.

⒠ 그는 한때 **자릿내** 진동하는 옷을 걸친 채 지칫지칫 술판을 전전했다.

지린내 | 오줌에서 나는 것과 같은 냄새.

⒠ 어둑어둑하고 습한 그의 방에서는 늘 **지린내**가 코를 찌른다.

[자릿내/지린내/군내] 먼저 '지린내'는 '오줌에서 나는 것과 같은 냄새'를 가리키고, '오줌내'는 '오줌의 냄새'를 가리킨다. 엄밀히 따지자면 둘을 구별해서 써야 하지만 흔히들 넘나들면서 쓴다. 한편 오래도록 빨지 아니한 빨랫감에서는 특유의 냄새(=자릿내)가 난다. '쉰내', 즉 '음식 따위가 쉬었을 때 나는 시큼한 냄새'와 비슷한 냄새가 난다. 이를 '군내'라고 하는 경우가 많은데, '군내'는 '오래되거나 맛이 변한 음식 등에서 풍겨 나오는 좋지 않은 냄새'를 이르는 말이므로 적절하지 않다. ⒠ 머쓱해진 주모가 우선 막걸리를 큼지막한 사발에다 가득히 붓고 **군내** 나는 묵은 김치를 한 보시기 갖다 놓았다.

전짓대 | 감을 따는 데 쓰는, 끝이 두 갈래로 갈라진 막대.

⒠ 이 **전짓대**는 조금 짧아서 우리 집 감나무의 감을 따기에 적합하지 않다.

간짓대 | 대나무로 된 긴 장대.

⒠ 깃발을 있는 대로 꺼내 **간짓대**에 매달고 풍물을 치며 의기양양하게 행군을 했다.

전봇대(電報—) | 전선이나 통신선을 늘여 매기 위하여 세운 기둥.

⒠ 중앙선을 벗어난 차는 맞은편 인도의 **전봇대**를 들이받고 멈춰 섰다.

[전짓대/간짓대/바지랑대] '전짓대'는 감이 달린 가지를 끼워 틀어서 꺾는 방식으로 감을 따는 데에 쓴다. '전봇대'와는 전혀 다른 단어다.

한편 '간짓대'는 대나무로 된 긴 장대를 이르는 말인데, 깃발을 매다는 데에 많이 썼지만, 용도가 특정된 것은 아니다. 이런저런 용도로 두루 쓰인다. '간짓대'는 빨랫줄을 받치는 막대기로 쓰일 수도 있는데, 그럴 경우는 '바지랑대'라고 한다. 물론 '바지랑대'의 소재가 반드시 대나무여야 하는 것은 아니다. **예** 마당에서 술래잡기를 하다가 **바지랑대**를 차는 바람에 널어놓은 빨래가 다 떨어졌다.

절이다 | 생선이나 야채 따위에 간이 들거나 숨이 죽도록 소금기가 배어들게 하다.
　　　　예 어머니는 김장을 하기 위해서 배추 오십 포기를 소금에 **절여** 놓으셨다.

저리다 | 뼈마디나 몸의 일부가 오래 눌려서 피가 잘 통하지 못하여 감각이 둔하고 아리다.
　　　　예 그는 다리가 **저려서** 더 이상 쭈그리고 앉아 있을 수가 없을 때에야 일어섰다.

[절이다/저리다/결리다] '절이다'는 '절다'의 사동사다. 즉 '배추가 소금에 절다.'의 사동문이 '소금으로 배추를 절이다.'이다. '저리다'는 '가슴이나 마음 따위가 못 견딜 정도로 아프다.'의 뜻으로도 쓰인다. **예** 고생만 하다 병을 얻어 죽은 아내 생각만 하면 그의 마음은 **저리고** 아팠다.

한편 '결리다'는 '숨을 크게 쉬거나 몸을 움직일 때에, 몸의 어떤 부분이 뜨끔뜨끔 아프거나 뻐근한 느낌이 들다.'의 뜻으로 쓰는 말이다. **예** 나는 구둣발에 채인 옆구리가 **결려서** 한동안 숨도 쉬지 못했다.

조리다 | 고기나 생선, 채소 따위를 양념하여 국물이 거의 없게 바짝 끓이다.
　　　　예 장조림은 간장에다 쇠고기를 넣고 **조린** 반찬이다.

졸이다 | 찌개, 국, 한약 따위의 물을 증발시켜 분량이 적어지게 하다.
　　　　예 이제 다듬은 생선과 야채에 양념을 넣고 짭짤하게 **졸이시면** 됩니다.

[조리다/졸이다/통조림] 마음, 가슴 따위와 함께 쓰여 '속을 태우다시피 초조해하다'의 뜻으로는 '졸이다'를 쓴다. **예** 철수는 사람들 앞에서 망신을 당하면 어쩌나 하고 마음을 **졸였다**.

한편 고기나 생선, 야채 등을 양념하여 국물이 거의 없게 바짝 끓이는 조리법. 또는 그렇게 만든 음식을 이르는 말은 '졸임'이 아니라 '조림'이다. **예** 어머니는 어제 저녁에 고등어로 **조림**을 만들었다.

따라서 고기, 과일 등의 식료품을 오래 저장할 수 있도록 가열하거나 살균한 뒤 양철통에 넣고 꼭 봉한 식품을 이르는 말은 '통졸임'이 아니라 '통조림'이다.

짬짬이 | 짬이 날 때마다 그때그때.
> 예 아내는 은행에 다니면서 **짬짬이** 공인중개사 공부를 하고 있다.

짬짜미 | 남이 모르게 자기들끼리만 짜고 하는 약속이나 수작.
> 예 입시 부정에 대한 조사에서 몇몇 교수들이 **짬짜미**를 하고 특정 학생들을 합격시킨 사실이 드러났다.

잠잠(潛潛)히 | 가만히 있으면서 아무 말이 없이.
> 예 영희는 내 말을 듣기만 하면서 **잠잠히** 앉아 있었다.

짭짤히 | 일이 잘 되어 실속이 있게.
> 예 보잘것없는 가게지만 수익이 **짭짤히** 들어와서 재미가 있다.

[짬짬이/짬짜미/잠잠히/짭짤히] '틈틈이'와 비슷한 뜻으로는 '짬짬이'를 쓴다. '담합(談合)'과 비슷한 뜻으로는 '짬짜미'를 쓴다. 한편 '짭짤히'는 '짭짤하다'에서 온 말이다. '짭짤하다'는 본디 '감칠맛이 있게 조금 짜다'의 뜻이지만, '일이 잘 되어 실속이 있다' 또는 '물건이 실속 있고 값지다'의 뜻으로도 쓰인다. 예 그녀는 **짭짤하고** 값진 물건들만 골라서 딸에게 보냈다.

찌들다 | ❶ 물건이나 공기 따위에 때나 기름이 들러붙어 몹시 더러워지다.
> 예 작업복이 기름에 **찌들어서** 때가 잘 빠지지 않는다.
> ❷ 좋지 못한 상황에 오랫동안 처하여 그 상황에 몹시 익숙해지다.
> 예 나는 살결이 검고 거친 모습에서 술에 **찌든** 사람임을 한눈에 알아보았다.

쪼들리다 | 어떤 일이나 사람에 시달리거나 부대끼어 괴롭게 지내다.
> 예 그는 언제나 돈에 **쪼들려** 살면서도 학문에의 열정을 굽히지 않았다.

[찌들다/쪼들리다] 우선 '살림살이나 생활이 넉넉하지 못하여 어려움'을 표현할 때는 '찌들다'가 아니라 '쪼들리다'를 쓴다. 따라서 '잠시 돈이 부족하여 쪼들리는 생활을 해야 했다.'처럼 표현한다. '가난에 찌든 생활'이라고 할 수 있는데, 이때의 '찌들다'는 '가난'이라는 '좋지 못한 상황에 오랫동안 처하여 그 상황에 몹시 익숙해졌다'는 뜻이다.

다음으로 '찌들다'라는 단어는 있어도 '찌들리다'라는 단어는 없다. 그러니 '땀에 찌들린 옷'이 아니라, '땀에 찌든 옷'이 맞다. 물론 '녹슨 기찻길'이라고 해야 할 때 '녹슬은 기찻길'이라고 하면 안 되는 것처럼, '땀에 찌든 옷'이라 해야 할 때 '땀에 찌들은 옷'이라고 하면 안 된다.

한낱 | 기껏해야 대단한 것 없이 다만. 늑한개.
> (예) 부도가 난 어음은 **한낱** 휴지 조각에 불과했다.

한갓 | 다른 것 없이 겨우.
> (예) 나라가 망한 지금 이 나라의 화폐는 **한갓** 휴지 조각일 뿐이다.

[한낱/한갓/한갓지다] '한갓'은 '고작해야 다른 것 없이 겨우'의 뜻을 나타낼 때 쓰는 말이고, '한낱'은 '기껏해야 대단한 것 없이 다만'의 뜻을 나타낼 때 쓰는 말이다. 실질적으로 둘은 거의 비슷한 문맥에서 큰 차이 없이 쓰인다. 그런데 '한갓지다'는 '한가하고 조용하다'의 뜻으로 쓰는 말이다. 위의 '한갓'과는 쓰임새가 전혀 다른 말이다. **(예)** 아이들이 방학을 맞아 외가에 간 뒤, 그녀는 오랜만에 **한갓지게** 낮잠을 즐겼다.

한목 | 한꺼번에 몰아서 함을 나타내는 말.
> (예) 그곳은 유럽의 예술과 낭만을 **한목**에 즐길 수 있는 곳이었다.

한몫 | ❶ 한 사람에게 부여된 역할이나 임무.
> (예) 아버지가 담배를 끊는 데 어머니의 잔소리가 **한몫**을 톡톡히 했다.

> ❷ 한 사람 앞에 돌아가는 이익.
> (예) 그는 투기 바람에 **한몫**을 톡톡히 챙겼다.

[한목/한몫/목돈] '한꺼번에'라는 뜻일 때는 '한목'이라 한다. 부여된 역할이나 할당된 이익이라는 뜻일 때는 '한몫'이라 한다. 한편 뭉칫돈, 즉 한몫이 될 만한, 비교적 많은 돈을 이르는 말은 '몫돈'이 아니라 '목돈'이다. '몫돈'이란 단어는 없다. **(예)** 푼돈 모아 **목돈** 만들기는 어려워도, 목돈을 푼돈으로 만들기는 쉽다.

허방 | 땅바닥이 움푹 패어 빠지기 쉬운 구덩이.
> (예) 내 앞을 정신없이 뛰어가던 영희는 **허방**을 디딘 것처럼 비틀거렸다.

헛방 | 미덥지 아니하거나 보람 없는 말.
> (예) 그는 괜히 **헛방**을 쳐서 기대만 품게 한다.

허탕 | 어떤 일을 시도하였다가 아무 소득이 없이 일을 끝냄.

> (예) 이번에도 수색대는 **허탕**을 치고 돌아왔다.

[허방/헛방/허탕] '허방'은 '부실한 통계에 의존하다가 허방을 짚고 마는 우를 범해서는 안 된다.'처럼 쓰인다. 이때의 관용구 '허방을 짚다'는 '잘못 알거나 잘못 예산하여 실패하다'의 뜻이다. 결과적으로 '허방을 짚는' 것과 '허탕을 치는' 것은 유사한 상황을 나타내는 말인 경우가 많다.

홀몸 | 배우자나 형제가 없는 사람.

> (예) 그는 사고로 남편을 잃고 **홀몸**이 되었다.

홑몸 | ❶ 딸린 사람이 없는 혼자의 몸.

> (예) 나도 처자식이 없는 **홑몸**이면 그 일에 당장 뛰어들겠다.

> ❷ 아이를 배지 아니한 몸.

> (예) **홑몸**도 아닌데 장시간의 여행은 무리다.

[홀몸/홑몸/홑바지/홑청] '홀몸'의 '홀–'은 '짝이 없이 혼자뿐인'의 뜻을 더하는 접두사다. 임신을 하지 않은 부녀자를 이르는 말로 쓰일 수 없는 이유다. '홑몸'의 '홑–'은 '한 겹으로 된' 또는 '하나인, 혼자인'의 뜻을 더하는 접두사다. '홑몸'이 임신을 하지 않은 몸을 이르는 말로는 물론 딸린 사람이 없는 혼자의 몸을 이르는 말로도 쓰일 수 있는 이유다.

한편 '홑–'은 '홑바지'나 '홑청'과 같은 단어를 이루기도 한다.

★**홑바지**: 홑겹으로 지은 바지. (예) **홑바지**를 입고서 이런 추위를 견디기는 힘들다. 겹바지나 핫바지를 준비해야겠다.

★**홑청**: 요나 이불 따위의 겉에 씌우는 홑겹으로 된 껍데기. (예) 이불을 뜯고 **홑청**을 벗겨 내어 빨았다.

---

2 뜻은 비슷하지만 **쓰임새**가 다른 말

　어떤 단어의 뜻이 비슷하다는 것은 그 쓰임새가 비슷하다는 뜻이다. 예컨대 '그을다'와 '그슬다'는 '무엇이 불에 타다'와 연관이 있는 단어이다. 그러나 그 쓰임새는 다르다.

가 햇볕에 얼굴이 검게 **그을었다.**
나 새우를 불에 **그슬어서** 먹다.

　먼저 '그을다'는 (가)처럼 '햇볕이나 불, 연기 따위를 오래 쬐어 검게 되다'의 뜻으로 쓰인다. 또 '그슬다'는 (나)처럼 '불에 겉만 약간 타게 하다'의 뜻으로 쓰인다. 그러니 새우를 불에 '그슬려서' 먹어야지 '그을려서' 먹을 수는 없는 것이다. 또 여름에 해변에서 놀다 보면, 햇볕에 피부가 '그을리는' 것이지, '그슬리는' 것은 아니다.

다 그의 얼굴에는 미소가 **깃들어** 있었다.
라 여우도 제 굴이 있고 공중에 나는 새도 **깃들일** 곳이 있다.

　(다)에는 '깃들다'가, (라)에는 '깃들이다'가 쓰였다. 둘은 아마도 어원이 같을 것이다. 그렇지만 뜻이 분화했고, 결과적으로 쓰임새가 다른 말이 되었다. (다)에서 보듯 '깃들다'는 '감정, 생각, 노력 따위가 어리거나 스미다'의 뜻으로 쓰인다. (라)에서 보듯 '깃들이다'는 '주로 조류가 보금자리를 만들어 그 속에 들어 살다'의 뜻으로 쓰인다.

　이렇듯 국어에는 뜻은 비슷하지만, 그 의미에 차이가 있고, 그래서 쓰임새가 다른 단어가 적지 않다.

값 | 사고파는 물건에 일정하게 매겨진 액수.

　　예 이 비행기는 낡아서 값이 좀 헐하다.

삯 | 어떤 물건이나 시설을 이용하고 주는 돈.

　　예 쟁기와 소를 빌린 삯을 지불하다.

품 | 삯을 받고 하는 일. 어떤 일에 드는 힘이나 수고.

　　예 어머니는 이 집 저 집에 품을 팔아 우리 가족의 생계를 꾸려 나가셨다.

[값/삯/품] '값'은 물건을 사고팔기 위하여 정한 액수이다. 교환 개념이다. '값'이라는 말은, 구체적으로 어떤 물건이 남의 손에서 내 손으로, 또는 내 손에서 남의 손으로 건너가는 것을 뜻한다. 반면 우리가 비행기를 타고 내는 '요금'은 남의 것을 사용하거나 빌려 쓴 데 따라 대가로 지불하는 돈이다. 어떤 물건이 오고가는 것은 아니다. 이때는 '삯'을 쓴다. 한자어로 '값'은 '가액(價額)'이라 하고, '삯'은 '임료(賃料)'라 한다.

- -

껍데기 | **❶** 달걀이나 조개 따위의 겉을 싸고 있는 단단한 물질.

　　　　예 나는 굴 껍데기가 닥지닥지 달라붙은 바위를 짚고 내렸다.

　　　　❷ 알맹이를 빼내고 겉에 남은 물건.

　　　　예 속에 든 과자는 다 먹고 껍데기만 남았다.

껍질 | 물체의 겉을 싸고 있는 단단하지 않은 물질.

　　　예 이 사과는 껍질이 너무 두껍다.

깍지 | 콩 따위의 꼬투리에서 알맹이를 까낸 껍질.

　　　예 어머니는 완두 꼬투리를 후벼서 완두와 빈 깍지를 갈라놓았다.

[껍데기/껍질/깍지] 통상 안에 있는 알맹이와 분리가 잘 되고[분리성], 딱딱한 것[견고성]은 대개 '껍데기'라고 하고, 그렇지 않은 것은 '껍질'이라고 한다. 하지만 이런 설명이 그리 신통한 것은 아니다. 동일한 대상을 두고 '조개껍데기'라고도 하고, '조개껍질'이라고도 하는 것만 봐도 그렇다.

- -

꼬투리 | 어떤 이야기나 사건의 실마리.

　　　　예 경찰은 용의자의 말에서 꼬투리를 찾아내려고 이리저리 질문을 던졌다.

빌미 | 재앙이나 탈 따위가 생기는 원인.

> (예) 이번 외박이 빌미가 되어 나는 아내에게 꼼짝을 못하게 되었다.

사달 | 사고나 탈.

> (예) 일이 꺼림칙하게 되어 가더니만 결국 사달이 났다.

사단(事端) | 사건의 단서. 또는 일의 실마리.

> (예) 사소한 오해가 사단이 되어 총격전까지 벌이게 되었다.

[꼬투리/빌미/사달/사단] 잘 알려진 것처럼 '꼬투리'는 본디 '콩과 식물의 열매를 싸고 있는 껍질'을 이르는 말이다. 어떤 일의 빌미를 삼기 위한 실마리라는 뜻으로 쓰인다. '꼬투리를 잡다/꼬투리를 캐다'처럼 쓰이는데, 긍정적인 맥락에서는 잘 쓰지 않는 말이다.

'사달' 역시 긍정적인 일을 뜻하지 않기는 마찬가지인데, 주의해야 할 것은 '사달이 나다'라고 해야 할 문맥인데 '사단이 나다'라고 하면 안 된다는 것이다. (예) 일이 꺼림칙하게 되어 가더니만 결국 **사단**이 났다. → 일이 꺼림칙하게 되어 가더니만 결국 **사달**이 났다.

꼭두각시 | 남의 조종에 따라 움직이는 사람이나 조직.

> (예) 벼랑 끝에 몰린 우왕이 결국 다시 이인임의 꼭두각시 노릇을 하게 됐다.

허수아비 | 제구실을 하지 못하고 자리만 차지하고 있는 사람.

> (예) 일본 통감부 밑에선 학부대신은 고사하고 상감마마도 허수아비예요.

망석중 | 남이 시키는 대로만 하는 사람.

> (예) 날 망석중으로 아는지, 자기가 시키는 일이면 다 따라할 줄 안다.

바지저고리 | 자기주장이나 능력이 없어 마땅히 제 할 일을 못하는 사람.

> (예) 뭐든지 자기들 마음대로 하다니, 이 녀석들이 누굴 바지저고리로 아나?

[꼭두각시/허수아비/망석중/바지저고리] '괴뢰(傀 허수아비 괴, 儡 꼭두각시 뢰)'는 한자에서 알 수 있듯이 '꼭두각시'다. 망석중과 한뜻인 꼭두각시는 '꼭두각시놀음에 나오는 여러 가지 인형'으로 여기서 '남의 조종에 따라 움직이는 사람이나 조직을 비유적으로 이르는 말'이라는 뜻이 나왔다. 삼팔선이 그어진 뒤 남북은 '(소련의) 괴뢰정부', '(미국의) 괴뢰정부'로 서로 헐뜯기도 했다.

한편 '허수아비'는 '주로 곡식을 축내는 새나 짐승 따위를 막으려고 막대기와 짚 등으로 사람 모양을 만들어 논밭에 세우는 물건'을 이르는 말이다. 비유적으로 쓰이면 '무기력'이라는 뜻이 내포된다. 그래서 제구실을 하지 못하고 자리만 잡고 있으면서 주관 없이 행동하는 사람을 비유적으로 이르는 말로 쓰인다.

꼿꼿하다 | 사람이나 그 의지가 굳세고 곧다.
　　　　　예 생도들은 꼿꼿한 기상으로 임무를 수행했다.

꿋꿋하다 | 사람이나 그 의지, 태도 따위가 무르지 않고 굳세다.
　　　　　예 우유부단하게만 보였던 김 부장이 이번 사건에서 보여 준 의지는 참으로 꿋꿋했다.

[꼿꼿하다/꿋꿋하다] 둘 다 '곧다'에서 온 말이다. 그래서 둘은 '무엇이 휘거나 굽은 데가 없이 쪽 바르다'의 뜻으로도 쓰인다. **예** 우리 할머니는 팔순이 넘으셨는데도 아직 허리가 꼿꼿하셔(≒꿋꿋하셔).
다만 어감의 분화가 이루어져 '꼿꼿하다'는 '바르다'의 의미가, '꿋꿋하다'는 '굳세다'의 의미가 좀 강하게 느껴지는 차이가 있다. **예** 그는 어떤 유혹도 이겨 나갈 꿋꿋한 정신을 지니고 있다.
예 그들은 시련과 고통을 꿋꿋하게 이겨 나갔다.

넓이 | 일정한 평면에 걸쳐 있는 공간이나 범위의 크기.
　　　　예 방은 두 사람이 겨우 누울 만한 넓이였다.

너비 | 평면이나 넓은 물체의 가로로 건너지른 거리.
　　　　예 대한 해협의 너비는 가장 좁은 곳이 약 50킬로미터이다.

나비 | 피륙이나 종이 따위의 너비.
　　　　예 이 옷감은 길이만 길고 나비는 좁아서 옷을 만들기에 나쁘다.

[넓이/너비/나비] '넓이'는 면적 개념이고, '너비'는 폭 개념이다. '나비'는 폭 개념이긴 한데, 피륙이나 종이 등에 대해서만 쓰는 개념이다.

느리다 | 일이 진행되는 속도가 일정한 기준보다 뒤져 있거나 더디다.
　　　　　예 극의 전개가 느려서 시청률이 떨어졌다.

늦다 | 시간이 어떤 기준보다 또는 상대적으로 많이 흐른 시점이다.
　　　　예 극장 사정으로 공연이 20분 늦게 시작했다.

빠르다 | 움직임이나 일의 진행이 이루어지는 데 걸리는 시간이 짧다.

例 기차가 아주 빠르다.

이르다 | 일이나 그 시기가 다른 일정한 기준보다, 또는 일을 하기에 시간상 앞서 있다.
例 의사는 그녀에게 퇴원을 하기에는 너무 이르다고 말했다.

[느리다/늦다/빠르다/이르다] '느리다'와 '빠르다'는 속도 개념이다. 이와 달리 '늦다'와 '이르다'는 '시기' 개념이다. 이렇게 이해하면 쉽다. 택배 배달원이 '느리게' 움직이면 물품이 '늦게' 도착한다. 또 '빠르게' 움직이면 '이르게' 도착한다.

덩이 | 작게 뭉쳐서 이루어진 것.
例 오래된 장화 속에서 먼지 덩이가 나왔다.

덩어리 | 크게 뭉쳐서 이루어진 것.
例 겨자 덩어리가 간장에 풀리도록 잘 저어라.

덩지 | 좀 작게 뭉쳐서 쌓인 물건의 부피.
例 덩지가 작은 물건.

덩치 | 몸의 전체적인 부피나 크기. =몸집.
例 대문 앞에는 언제 왔는지 두 명의 덩치 좋은 사내들이 딱 버티고 서 있었다.

[덩이/덩어리/덩지/덩치] 뭉쳐진 결과의 크기로 둘을 구별하는 것이 보통이다. '덩이'는 상대적으로 작고, '덩어리'는 상대적으로 크다고 한다. 한편 '덩지'와 달리 '덩치'는 몸의 부피와 관련해서만 쓰인다.

등 | 사람이나 동물의 몸통에서 가슴과 배의 반대쪽 부분.
例 어머니는 칭얼대는 아이의 등을 다독거리며 달래 주셨다.

등골 | 등 한가운데로 길게 고랑이 진 곳.
例 교통사고 장면은 생각만 해도 등골이 오싹하다.

등골 | 머리뼈 아래에서 엉덩이 부위까지 33개의 뼈가 이어져 척주를 이룰 때, 그중 하나하나의 뼈를 가리키는 말. 늑척추뼈.
例 춘궁에 쌀을 매점하여 고가로 내어놓아 배고픈 사람의 등골을 빼먹지 않았나.

등살 | 등에 있는 근육.
例 처음으로 공사판에서 질통을 졌더니 이튿날 등살이 발라 허리를 잘 쓰지 못했다.

등쌀 | 몹시 귀찮게 구는 짓. ≒성화(成火).

ⓔ 혁이는 집에서 쉬고 싶었지만 아내의 등쌀을 못 이겨 밖으로 나오고 말았다.

[등/등골/등살/등쌀/눈살] '등'과 관련된 말이다. 먼저 '등 한가운데로 길게 고랑이 진 곳'이란 뜻의 '등골'은 '등+곬'에서 온 말이다. '등에 난 고랑'이라는 뜻이다. 척추뼈의 뜻으로 쓰는 '등골'은 '등+골(骨)'에서 온 말이다. '등을 이루는 뼈'라는 뜻이다. '등살'은 '등을 이루는 살'이라는 뜻이다. 한편 '성화(成火)'의 뜻으로 '등쌀'의 어원은 불분명하다. 신체 부위의 일부인 '등'과는 별 상관이 없어 보인다.

그런데 '등쌀' 때문인지 '눈살'이라고 해야 할 때 '눈쌀'이라고 잘못 말하는 경우를 간혹 본다.

★**눈살**: 눈에 독기를 띠며 쏘아보는 시선. ≒눈총. ⓔ 시어미는 뛰어나오는 며느리에게 날카로운 **눈살**을 던지었다.

맏물 | 푸성귀나 해산물 또는 과일 등에서 그해에 맨 먼저 거두어들이거나 생산된 것.

ⓔ 아버지는 늘 맏물로 딴 담뱃잎은 새끼로 엮어서 벽에 말리셨다.

끝물 | 과일, 푸성귀, 해산물 따위에서 그해의 맨 나중에 나는 것.

ⓔ 햇빛을 못 봐서 과일들이 싱겁더니 날이 개어선지 참외도 끝물일 텐데 달았다.

[맏물/끝물/막물/첫물/중물] '끝물'을 달리 '막물'이라고도 한다. 그러나 '맏물'을 '첫물'이라고 하지는 않는다. '첫물'은 '그해에 처음으로 나는 홍수'를 이르는 말이거나, '옷을 새로 지어 입고 처음으로 빨 때까지의 동안'을 이르는 말이다. 한편 '과일, 푸성귀, 해산물 따위에서 맏물과 끝물의 중간에 나는 것'은 '중물'이라 한다.

밑천 | 어떤 일을 하는 데 바탕이 되는 돈이나 물건, 기술, 재주 따위.

ⓔ 열심히 일해서 장가갈 밑천을 장만하였다.

본전(本錢) | 장사나 사업을 할 때 본밑천으로 들인 돈.

ⓔ 까짓것 한 일 년 벌어서 본전 빼면 되는 거 아닙니까.

[밑천/본전] '밑천'과 '본전'은 본디의 뜻이 거의 같으나 그 쓰임새는 좀 다르다. '본전'은 돈과 관련해서만 쓰이지만, '밑천'은 돈은 물론 물건, 기술, 재주 따위를 이르는 말로도 쓰인다. 예컨대 '밑천이 드러나다'는 '평소에 숨겨져 있던 제 바탕이나 성격이 표면에 나타나다'의 뜻으로도 쓰이는데, 이때의 '밑천'을 '본전'으로 대신할 수 없다. ⓔ 지식인으로 거짓 행세한 그는 자기

밑천이 드러나지 않도록 말을 삼갔다.

벌리다 | 둘 사이를 넓히거나 멀게 하다.
　　　　(예) 입을 벌리고 하품을 하다.

벌이다 | 여러 가지 물건을 늘어놓다.
　　　　(예) 그는 책상 위에 책을 어지럽게 벌여 두고 공부를 한다.

[벌리다/벌이다] '둘 사이'라는 개념이 개입될 때는 대체로 '벌리다'를 쓴다. 또 '펼쳐 놓다, 차려 놓다, 늘어놓다'의 개념이 개입될 때는 대체로 '벌이다'를 쓴다. 따라서 '가랑이를 벌리다/양팔을 옆으로 벌리다'처럼 쓰고, 또 '잔치를 벌이다/사업을 벌이다'처럼 쓴다. 즉 '벌려 놓은 사업이 많다.'가 아니라 '벌여 놓은 사업이 많다.'가 맞는다.

볼멘소리 | 서운하거나 성이 나서 퉁명스럽게 하는 말투.
　　　　(예) 그는 나에게 기분 나쁜 일이 있는지 내가 묻는 말에 볼멘소리로 대꾸했다.

푸념 | 마음속에 품은 불평을 늘어놓음.
　　　　(예) 그녀는 시간이 너무 늦어 차가 끊기겠다고 푸념하였다.

하소연 | 억울한 일이나 잘못된 일, 딱한 사정 따위를 간곡히 호소함.
　　　　(예) 시집간 친구는 만났다 하면 시집살이에 대한 하소연이다.

넋두리 | 불만을 길게 늘어놓으며 하소연하는 말.
　　　　(예) 어머니는 한숨을 내쉬며 넋두리 같은 혼잣말을 했다.

신세타령(身世--) | 자신의 불행한 신세를 넋두리하듯이 늘어놓는 일.
　　　　(예) 그녀는 사람들만 보면 자신의 신세타령에 시간 가는 줄 모른다.

[볼멘소리/볼호령/불호령/푸념/하소연/넋두리/신세타령] '볼멘소리'는 볼 안에 무엇인가를 가득 담고 내는 소리라는 뜻에서 온 말이다. 상대방에 대한 서운함이 배어 있는 말이라는 의미와 상대를 대하는 어투가 퉁명스럽다는 의미가 내포되어 있다. '볼호령'은 '볼멘소리로 거만하게 꾸짖음'의 뜻으로 쓰는 말인데, 같은 맥락에서 이해할 수 있다. '불호령'도 '몹시 심하게 하는 꾸지람'의 뜻으로 쓰는 말인데, 이때의 '불–'은 '몹시 심한'의 뜻을 더하는 접두사이다.
한편 '푸념'은 굿을 할 때, 무당이 귀신의 뜻을 받아 정성들이는 사람을 꾸짖는 일을 가리키는 말이며, 거기에서 온 말이다. 또 '넋두리'는 굿을 할 때 무당이나 가족의 한 사람이 죽은 사람

의 넋을 대신하여 하는 말을 가리키는 말이며, 거기에서 온 말이다.

불현듯이 | 갑자기 어떠한 생각이 걷잡을 수 없이 일어나는 모양.
　　　　(예) 불현듯이 집에 가고 싶은 생각이 난다.

부리나케 | 서둘러서 아주 급하게.
　　　　(예) 아이는 학교에 늦을까 봐 부리나케 뛰어갔다.

부랴부랴 | 매우 급하게 서두르는 모양.
　　　　(예) 부랴부랴 달려갔지만 버스는 이미 떠난 뒤였다.

[불현듯이/부리나케/부랴부랴] '불현듯이'는 '불을 켠 듯이'에서 온 말이다. '켜다'의 옛말이 '혀다'이다. '부리나케'는 '불이 나게'에서 온 말이다. '불현듯이' 역시 어떤 행동을 갑작스럽게 하는 모양을 나타내는 말로도 쓰인다. (예) 그녀가 불현듯이 몸을 일으켰다.
한편 '부랴부랴'는 '불이야 불이야'에서 온 말이다. 불이 나면 상황이 다급해지는 것에서 온 말이다.

빌다 | 잘못을 용서하여 달라고 호소하다.
　　　　(예) 학생은 무릎을 꿇고 선생님께 용서를 빌었다.

빌리다 | 일정한 형식이나 이론, 또는 남의 말이나 글 따위를 취하여 따르다.
　　　　(예) 그는 수필이라는 형식을 빌려 자기의 속 이야기를 풀어 갔다.

[빌다/빌리다] '빌다'와 '빌리다'를 혼동하는 경우는 대개 다음과 같은 문장에서이다. (예) 평소에 저를 보살펴 주신 은혜에 대해 이 자리를 빌려 감사의 말씀을 드립니다.
'이 자리를 빌어 ~'처럼 잘못 표현하지 않도록 주의해야 한다.

살지다 | 사람이나 짐승 따위가 몸에 살이 많다.
　　　　(예) 도둑들은 살진 짐승만을 골라 차에 싣고 도망쳤다.

살찌다 | 사람이나 짐승의 몸에 살이 오르다.
　　　　(예) 그렇게 먹는 걸 즐기다가 살찌면 어떡하니?

[살지다/살찌다] '살지다'는 형용사고, '살찌다'는 동사다. 그래서 밥상에 오른 생선을 두고 '살진 생선'이라고 하지 않고, '살찐 생선'이라고 하면 좀 부자연스러워진다. 또 '살지다'에서 파생

된 사동사는 없지만, '살찌다'에서 파생된 사동사는 존재한다. 즉 '살지우다'는 없지만, '살찌우다'는 존재한다. 예 돼지를 살찌우려고 좋은 사료를 많이 주고 있다.

씨앗 | 곡식이나 채소의 씨.

예 정선된 씨앗으로 좋은 못자리판을 만들어야 풍년 농사를 기대할 수 있다.

씨 | 식물의 열매 속에 있으며 비교적 단단한 껍질에 싸여 있는 물질.

예 요새도 씨 없는 수박을 구할 수 있나요?

시앗 | 남편의 첩.

예 시어머니는 며느리가 아들을 못 낳는다고 시앗을 들일 생각을 하고 있다.

씨아 | 목화의 씨를 빼는 기구.

예 씨아와 사위는 먹어도 안 먹는다.

[씨앗/씨/시앗/씨아] '씨앗'과 '씨'는 넘나들면서 쓰인다. 차이가 있기도 한데, 대체로 열매 속에 들어 있는 상태인 것은 '씨'라고 한다. 그것이 종자로 사용되게 되면 대개 '씨앗'이라고 한다. 하지만 이런 분별도 완벽하지는 않은데, 못자리에 뿌려 기를 벼의 씨를 '볍씨'라고 하는 것만 봐도 그렇다.

안치다 | 밥이나 떡 따위의 음식물을 만들기 위해 그 재료를 솥이나 시루 등에 넣다.

예 어머나, 떡을 안쳐 놓기만 하고 깜빡 잊고 불을 때지 않았네.

앉히다 | '앉다'의 사동사.

예 그는 딸을 앞에 앉혀 놓고 잘못을 타일렀다.

[안치다/앉히다] '앉히다'에서 '안치다'가 분화한 것으로 볼 수도 있다. 그렇더라도 요리와 관련될 때는 '안치다'를 쓴다.

알짬 | 여럿 가운데에 가장 중요한 내용.

예 세부사항이야 얼마든 변주할 수 있지만, 그 알짬은 생명을 사랑하는 마음이다.

알짜 | 조금도 모자람이 없이 꽉 차서 실속이 있는 것.

예 작은아버지는 과수원 2천 평에 논 1만 평을 가지고 있는 알짜 농사꾼이다.

알토란 같다 | 살림 · 재산 등이 옹골차게 실속이 있다.

     예 십 년간 모은 알토란 같은 재산을 화재로 한순간에 잃었다.

엉터리없다 | 정도나 내용이 전혀 이치에 맞지 않다.

     예 판사가 내리는 판결은 법에 대한 신뢰와 직결된다. 엉터리없는 판결을 남발하면 법치는 무너진다.

[알짬/알짜/알토란 같다/엉터리없다] '알토란'은 너저분한 털을 다듬어 깨끗하게 만든 토란을 이르는 말이다. '알토란 같다'와 같이 흔히 쓰인다. '살림 · 재산 등이 옹골차게 실속이 있다'의 뜻이다. 아직 사전들이 한 단어로 인정하지 않고 있지만, 머잖아 '알토란같다'라는 단어를 인정하여 표제어로 수록하게 될 것이다.

'엉터리없다'가 왜 '정도나 내용이 전혀 이치에 맞지 않다'의 뜻으로 쓰이는지 이해하려면, 본디 '엉터리'가 '대강의 윤곽'이라는 긍정적인 의미의 단어이기도 하다는 점을 알아야 한다. '일주일 만에 일이 겨우 엉터리가 잡혔다.'와 같이 쓴다.

애끊다 | 몹시 슬퍼서 창자가 끊어질 듯하다.

     예 그는 그녀의 애끊는 하소연을 거절했다.

애끓다 | 몹시 답답하거나 안타까워 속이 끓는 듯하다.

     예 그는 그녀의 애끓는 하소연을 거절했다.

애달프다 | 마음이나 사연 따위가 애가 닳도록 쓰리고 아프다.

     예 사랑하는 마음을 전달할 수 없으니 애달프고 애달프구나.

애꿎다 | (주로 '애꿎은'의 꼴로 쓰여) 그 일과는 별 상관이 없다.

     예 왜 그는 그런 무모한 짓을 하다가 애꿎은 승객 수십 명의 목숨을 잃게 했을까?

[애끊다/애끓다/애달프다/애꿎다] '애끊다'는 '단장(斷腸)', 즉 '몹시 슬퍼서 창자가 끊어지는 듯함'의 우리말 표현이다. '애끓다'는 그 변형이고, '애달프다'는 '애닳다'에서 온 말이다. '애닯다'와 '애닳다'는 비표준어로 본다.

한편 '애꿎다'는 '액(厄)+궂다'에서 온 말이다. 즉 '액(=모질고 사나운 운수)이 나쁘다'는 뜻에서 온 말이다. 그래서 본디는 '아무런 잘못 없이 억울하다'의 뜻으로 쓰인다. **예** 늙은 관노 서넛이 남아 있다가 애꿎게 몽둥이찜질을 당했다.

역성들다 | 누가 옳고 그른지는 상관하지 아니하고 무조건 한쪽 편만 들다.

> (예) 나는 아들과 딸이 싸울 때면 딸아이만 역성드는 아내의 태도에 화가 났다.

편들다 | 어떤 사람이 다른 사람을 돕거나 감싸 주다.

> (예) 선생님이 항상 성적이 좋은 학생을 편들었다.

두둔(斗頓)하다 | 편들어 감싸 주거나 역성을 들어주다.

> (예) 그가 노골적으로 그녀를 두둔하고 나섰다.

두남두다 | 잘못을 두둔하다.

> (예) 자식을 무작정 두남두다 보면 버릇이 나빠진다.

감싸다 | 편을 들어서 두둔하다.

> (예) 어머니는 늘 큰아들만 감쌌다.

[역성들다/편들다/두둔하다/두남두다/감싸다] 누군가를 옹호한다는 의미와 그것이 공정하지 못하다는 의미를 갖는 단어들이다. 그래서 이런 말들은 '~하지 마라'와 같은 구성으로 쓰이는 경우가 많다. 특정한 편을 드는 행위에 대한 사람들의 부정적인 인식이 반영된 결과다. 다만 '두남두다'와 '감싸다'는 돕는 주체에 비해 도움을 받는 대상이 조금 아랫사람일 경우가 많다는 것이 특징이다.

옹기옹기 | 서로 크기가 비슷한 작은 것들이 많이 모여 있는 모양.

> (예) 황금빛 초가지붕을 한 집들이 옹기옹기 모여 앉은 작은 마을에는 밥 짓는 연기가 모락모락 피어올랐다.

옹기종기 | 서로 크기가 다른 작은 것들이 고르지 않게 여럿이 모여 있는 모양.

> (예) 아이들은 난롯가에 옹기종기 둘러앉아 할아버지의 이야기를 들었다.

다닥다닥 | 자그마한 것들이 한곳에 많이 붙어 있는 모양.

> (예) 바닷가 바위틈에 따개비들이 다닥다닥 붙어 있다.

[옹기옹기/옹기종기/다닥다닥] 작은 것들이 모여 있을 때 쓰는 말인데, 그 크기가 엇비슷하면 '옹기옹기'를, 그 크기가 다르면 '옹기종기'를 쓴다. '다닥다닥'은 그런 것들이 한곳에 많이 붙어 있는 모양을 이르는 말이다. 다만 '다닥다닥'은 '보기 흉할 정도로 지저분하게 여기저기 기운 모양'을 이르는 말로도 쓰인다. (예) 그는 낡은 헝겊으로 옷을 다닥다닥 기워 입었다. 결과적으로 '다닥다닥'은 대상에 대한 긍정적인 평가를 내포하는 말로 보기는 어렵다.

윗옷 | 위에 입는 옷.

> (예) 그녀는 여행을 떠나기 위해 윗옷 두 벌과 아래옷 세 벌을 준비하였다.

웃옷 | 맨 겉에 입는 옷.

> (예) 그는 웃옷으로 코트 하나만 걸치고 나갔다.

[윗옷/웃옷] '상의(上衣)'를 '윗옷'이라 하고, '하의(下衣)'를 '아래옷'이라 한다. 즉 저고리는 윗옷이고, 치마는 아래옷이다. '웃옷'은 '외의(外衣)' 중에서 맨 겉에 입는 옷이다. 이처럼 '웃-'은 아래 · 위의 대립이 없는 몇몇 명사 앞에 붙어 '위'의 뜻을 더하는 접두사다. '아래'와 '위'의 대립이 있는 명사 앞에는 '윗-'을 쓴다. 즉 '아랫니', '아랫도리', '아랫목'처럼 대립하는 말이 있는 경우는 '윗니', '윗도리', '윗목'이 된다. 또 '웃어른, 웃국(뜨물, 구정물, 빗물 따위의 받아 놓은 물에서 찌꺼기가 가라앉고 남은 윗부분의 물), 웃거름(씨앗을 뿌린 뒤나 모종을 옮겨 심은 뒤에 주는 거름)'처럼 아래 · 위의 대립을 상정하기 어려울 때는 '윗어른, 윗국, 윗거름'이라 하지 않는다. 예컨대 '아랫사람'은 있을 수 있지만, '아랫어른'은 있을 수 없기 때문이다.

으슥하다 | 외지고 후미지다.

> (예) 그는 보물을 사람의 손길이 닿지 않는 으슥한 곳에 숨겨야겠다고 결심했다.

이슥하다 | 밤이 꽤 깊다.

> (예) 혼인 잔치는 밤이 이슥하도록 끝이 날 줄 몰랐다.

그윽하다 | 깊숙하고 고요하여 아늑하다.

> (예) 안개에 둘러싸인 산자락은 그윽한 정취를 자아냈다.

[으슥하다/이슥하다/그윽하다] '으슥하다'는 공간적인 개념이다. 구석지거나 후미지다는 뜻이다. 예컨대 가로등도 없는 골목쟁이의 집에 이르는 길은 대개 으슥하다. '이슥하다'는 시간적인 개념이다. 밤이 꽤 깊었다는 의미이다. 한편 '그윽하다'는 심리적인 개념이다. 조용한 가운데 아늑하다는 의미이다. 이 점은 '으슥하다'가 내포하는 심리적인 의미와도 대비된다. '으슥하다' 역시 조용함의 의미를 갖지만, 무서움을 유발한다는 점에서 '그윽함'과는 거리가 멀다.

이따가 | 조금 지난 뒤에.

> (예) 이따가 단둘이 있을 때 얘기하자.

있다가 | '있다'의 활용형

 (예) 주인 남자인 듯한 사내가 연탄불을 갈고 있다가 얼굴을 내밀고 여자를 들여다보았다.

[이따가/있다가] '이따가'는 '조금 지난 뒤에'의 뜻을 가진 부사다. 즉 시간 개념을 표현하는 말이다. '있다가'는 '있다'에 연결 어미 '-다가'가 붙은 활용형으로, "집에 있다가 심심해서 밖으로 나왔다."와 같이 쓰인다.

이바지 | 도움이 되게 힘을 씀.

 (예) 그의 꿈은 교육자가 되어 조국에 이바지하는 것이다.

바라지 | 음식이나 옷을 대어 주거나 온갖 일을 돌보아 주는 일.

 (예) 부모란 평생 자식 바라지에 늙어 가는 것이다.

치다꺼리 | 남의 자잘한 일을 보살펴서 도와줌.

 (예) 환자 치다꺼리에 생사람도 병난다.

[이바지/바라지/치다꺼리] '이바지'는 '잔치'의 옛말인 '이바디'에서 온 말이다. 정성을 들여 음식 같은 것을 보내 줌 또는 그 음식을 이르는 말로도 쓰인다. 특히 결혼을 전후하여 신부 쪽에서 예를 갖추어 신랑 쪽으로 정성 들여 만들어 보내는 음식을 이르나 지방에 따라 그 대상이 다르기도 하다. 요즘은 대개 '공헌(貢獻)하다'와 거의 같은 의미로 쓰인다.

'바라지'는 '해산바라지'나 '옥바라지'와 같은 합성어를 이루는 예가 많은 것을 보면 대체로 도움이 필요한 대상을 뒤에서 도와주는 일을 일컫는 말임을 알 수 있다. 즉 '보살핌'의 의미가 강하다. '치다꺼리'는 '뒤치다꺼리'로도 흔히 쓰이는데, 대체로 자잘한 일을 대상으로 할 때 쓴다. 수고의 대상이 되는 일이 상대적으로 가치가 있지 않은, 또는 귀찮은 일인 경우가 대부분이다. '수습'의 의미가 강하다.

잇달다 | ❶ 움직이는 물체가 다른 물체의 뒤를 이어 따르다.

 (예) 추모 행렬이 잇달았다.

 ❷ 어떤 사건이나 행동 따위가 이어 발생하다.

 (예) 실종 사건이 잇달아 발생했다.

잇따르다 | ❶ 움직이는 물체가 다른 물체의 뒤를 이어 따르다.

 (예) 대통령의 가두 행진에 보도 차량이 잇따랐다.

❷ 어떤 사건이나 행동 따위가 이어 발생하다.

㉔ 불우 이웃에 대한 각계 성원이 잇따랐다.

[잇달다/잇따르다/잇단/잇따른] '잇달다'와 '잇따르다'가 자동사로 쓰이면 같은 의미의 말이다. 그래서 다음과 같은 경우 '잇달다'와 '잇따르다' 중에서 어느 말을 써도 관계없다.

㉠ 가장행렬이 잇달았다/잇따랐다.

㉡ 주전들의 잇단/잇따른 부상으로 전력에 문제가 생겼다.

그렇지만 '잇달다'가 타동사로 쓰이는 일이 있는데 이때에는 '잇따르다'로 바꿔 쓸 수 없다.

㉠ 고향에 돌아와 보니 상념이 뒤를 잇달았다.

㉡ 화물칸을 객차 뒤에 잇달았다.

한편 '잇딴 사고'의 '잇딴'은 잘못이다. '잇달다'와 '잇따르다'의 관형형은 '잇단'과 '잇따른'이므로 '잇단 사고'와 '잇따른 사고'가 맞는다.

접질리다 | 심한 충격으로 지나치게 접혀서 삔 지경에 이르다.

㉔ 빙판에 넘어지면서 손목을 접질렸다.

겹질리다 | 근육이나 관절이 제 방향대로 움직이지 않거나 빨리 움직여서 다치다.

㉔ 차에서 내리다 발목을 겹질렸다.

[접질리다/겹질리다] 다치는 과정에서 '접히는' 움직임이 있으면 '접질리다'를 그렇지 않으면 '겹질리다'를 쓴다. '접지르다'나 '겹지르다'는 비표준어로 본다.

주리다 | 제대로 먹지 못하여 배를 곯다.

㉔ 그는 자장면으로 주린 배를 허겁지겁 채웠다.

굶주리다 | 먹을 것이 없어서 배를 곯다.

㉔ 오랜 가뭄으로 사람들은 헐벗고 굶주려서 몹시 지쳐 있었다.

곯다 | 양(量)에 아주 모자라게 먹거나 굶다.

㉔ 어머니는 객지에서 배를 곯고 있을 아들 생각에 밥 한술 뜨지 못하였다.

헐벗다 | 가난하여 옷이 헐어 벗다시피 하다.

㉔ 아내는 헐벗은 어린 남매를 끌어안고 목 놓아 울고 있었다.

[주리다/굶다/굶주리다/곯다/헐벗다] 의식주 중에서 먹는 일과 관련하여 '주리다'와 '굶다'를 쓴다. 주리는 것은 적정한 양을 못 먹는 것을 말하고, '굶다'는 끼니를 거르는 것을 말한다. 둘을 아우르는 말이 '굶주리다'와 '곯다'이다. 한편 '헐벗다'는 의식주 중 입는 일과 관련하여 쓰는 말이라는 점에서 앞의 것들과 구별된다.

죽음 | 죽는 일. 생물의 생명이 없어지는 현상을 이른다.
　　　예 그의 갑작스러운 죽음은 우리 모두에게 충격이었다.

주검 | 송장(죽은 사람의 몸을 이르는 말).
　　　예 싸늘한 주검으로 발견되다.

[죽음/주검/초주검] '죽음'은 '죽다'에서 파생된 말이다. 죽는 일을 나타낸다. 그 결과가 반영된 시체를 달리 이르는 말이 '주검'이다. '초주검(初--)'은 두들겨 맞거나 병이 깊어서 거의 다 죽게 된 상태 또는 피곤에 지쳐서 꼼짝을 할 수 없게 된 상태를 이르는 말이다. **예** 누군가를 시켜서 초주검이 되도록 두들겨 패고, 목숨만 살려서 아버지 어머니 앞에 들이밀어 보여 주고 싶었다.

추어올리다 | 실제보다 높여 칭찬하다. =추어주다.
　　　　　예 그를 옆에서 자꾸 추어올리니 그도 공연히 우쭐대는 마음이 들었다.

치켜세우다 | 정도 이상으로 크게 칭찬하다.
　　　　　예 한때는 사람들이 그를 영웅으로 치켜세운 적도 있었다.

[추어올리다/치켜세우다] 실제보다 높여 칭찬하는 일과 관련한 단어. 이런 의미로 '치켜올리다'나 '추켜세우다'를 쓰는 경우가 있으나 올바르지 않은 표현이다. 다만 '눈썹을 추켜세우다.'와 같이 '위로 치올리어 세우다'의 뜻으로 쓰이는 '추켜세우다'는 올바른 표현이다. 또 '추어올리다'는 '바지를 추어올리다'처럼 '위로 끌어 올리다'의 뜻으로도 쓰인다.

털다 | 달려 있는 것, 붙어 있는 것 따위가 떨어지게 흔들거나 치거나 하다.
　　　예 먼지 묻은 옷을 털어서 입었다.

떨다 | 달려 있거나 붙어 있는 것을 쳐서 떼어 내다.
　　　예 그는 현관에서 모자 위에 쌓인 눈을 떨고 있었다.

[털다/떨다/먼지떨이/재떨이] 비슷한 의미라서 헷갈리기 쉽다. '옷의 먼지를 떨어내기 위해 옷을 털다.'와 같이 기억해 두면 쉽다. 그래서 '먼지털이'가 아니라 '먼지떨이'이며, '재털이'가 아니라 '재떨이'이다. 한편 '털다'는 '남이 가진 재물을 몽땅 빼앗거나 그것이 보관된 장소를 모조리 뒤지어 훔치다'의 뜻으로도 쓰인다. 예컨대 '강도가 은행을 털다.'처럼 쓴다. 그래서 '은행떨이'가 아니라 '은행털이'이다.

트림 | 먹은 음식이 위에서 잘 소화되지 아니하여서 생긴 가스가 입으로 복받쳐 나옴. 또는 그 가스.
> 예 엄마는 아기가 트림하고 난 후에 침대에 눕혔다.

용틀임 | 이리저리 비틀거나 꼬면서 움직임.
> 예 수백 년 묵은 담쟁이덩굴은 용틀임을 하여 절벽으로 오르고, 절벽에는 틈틈이 고란이 파랗게 나고, 그 밑에서는 맑은 샘이 흐른다.

[트림/용틀임] '용틀임'의 '틀임'은 '틀다'에서 온 말이므로 '용트림'으로 적지 않는다.

키우다 | '크다'의 사동사.
> 예 아이를 키우는 일이 그에게는 유일한 즐거움이다.

기르다 | 동식물이나 아이를 보살펴 키우다.
> 예 그녀는 아이도 잘 기르고 살림도 잘했다.

가꾸다 | 식물이나 그것을 기르는 장소 따위를 손질하고 보살피다.
> 예 화단에 아름답게 핀 장미꽃을 보니, 그동안 장미를 열심히 가꾼 보람을 느낀다.

[키우다/기르다/가꾸다] '동·식물을 보살펴 자라게 하다', '아이를 보살펴 키우다'의 뜻을 나타낼 때에는 '그는 취미로 화초를 기르고 있다./아이를 기르기 위해 그녀는 회사를 사직해야 했다.'와 같이 '기르다'를 쓴다. '동식물이 몸의 길이가 자라다./사람이 자라서 어른이 되다.'라는 뜻을 나타내는 '크다'의 사동사를 쓸 때에는 '나무를 키우다/소를 키우다/자녀를 키우다'와 같이 '키우다'를 쓴다.
한편 '가꾸다'의 대상이 되는 것은 대개 식물이다. 동물에는 부자연스럽다. 물론 '가꾸다'는 '몸을 잘 매만지거나 꾸미다'의 뜻으로도 쓰인다. 예 사람은 늙을수록 몸을 잘 가꿔야 한다.

----

1 밑줄 친 부분의 단어 사용이 적절한 것은?

① 예산을 대충 걷잡아서 말하지 말고 잘 뽑아 보시오.

② 간략하게나마 우선 이것으로 소개의 말을 갈음할까 합니다.

③ 내가 잘 모르긴 하지만 걔네는 그저 허수아비지 실세가 아니야.

④ 거하게 취해서 돌아오신 아버지의 모습만이 내 기억에 남아 있어.

2 다음 단어의 뜻풀이로 적절하지 않은 것은?

① 낟알: 껍질을 벗기지 아니한 곡식의 알.

② 고두밥: 아주 되게 지어져 고들고들한 밥.

③ 눌은밥: 솥 바닥에 눌어붙은 밥에 물을 부어 불려서 긁은 밥.

④ 곁사돈: 이미 사돈 관계에 있는 사람끼리 또 사돈 관계를 맺은 사이.

3 밑줄 친 표현 중, 어법이 부적절한 것은?

① 아침을 먹었다. 그리고 나서 바로 학교에 갔다.

② 내로라하는 인기 연예인들이 모두 한곳에 모였다.

③ "이놈, 네가 술잔을 깨뜨렸지?"/"아니요, 제가 안 그랬어요."

④ 수사관은 이번 사건이 3년 전 사건을 빼다 박았다고 파악하고 수사를 시작했다.

4 문맥에 맞는 단어로 고친 결과가 부적절한 것은?

① 퇴근하는 길에 포장마차에 들렸다가 친구를 만났다.

　→ 들렀다가

② 새로운 일을 하기 전에 이 글을 매조지는 것이 순서일 것 같다.

　→ 매조지하는

③ 아버지의 벗겨진 이마를 생각하면 그저 죄송스럽고 가슴이 아프다.

　→ 벗어진

④ 막걸리 한 사발을 들이키고는 손등으로 입을 닦는 모습이 자연스럽다.

　→ 들이켜고는

5 **밑줄 친 단어의 활용이 적절하지 않은 것은?**

① 붇다: 오래되어 불은 국수는 맛이 없다.

② 붓다: 편도선이 부어서 말하기가 어렵다.

③ 낫다: 그 약을 먹으면 감기가 금세 나.

④ 눋다: 부엌에서 밥이 눋는 냄새가 구수하게 났다.

6 **밑줄 부분의 단어 사용이 부적절한 것은?**

① 그의 얼굴은 살기를 띠기까지 했다.

② 그녀는 밥을 삭혀 끓인 감주를 내놓았다.

③ 그녀는 반찬을 결국 썩여서 버리곤 한다.

④ 그 수프를 만들려면 약한 불에다가 졸여야 한다.

7 **어법에 맞게 고쳐 쓴 결과가 적절하지 않은 것은?**

① 엄한 짓 할 생각 말고 가만히 있어라. → 애먼

② 쭈그리고 앉아 있으면 다리가 절인다. → 저린다.

③ 그녀는 바쁜 와중에도 짬짜미 봉사활동을 한다. → 짬짬이

④ 돼지 스무 마리를 한목에 다 팔아도 빚을 다 갚을 수가 없다. → 한몫에

8 **다음 단어의 뜻풀이가 적절하지 않은 것은?**

① 홀몸: 임신하지 않은 몸.

② 목말: 남의 어깨 위에 두 다리를 벌리고 올라타는 짓.

③ 자릿내: 오래도록 빨지 않은 빨랫감에서 나는 쉰 냄새.

④ 꼭두각시: 남의 조종에 따라 움직이는 사람이나 조직.

9 문장을 어법에 맞고 자연스럽게 고쳐 쓴 결과가 부적절한 것은?

① 일이 꺼림칙하게 되어 가더니만 결국 사단이 났다.

    → 일이 꺼림칙하게 되어 가더니만 결국 사달이 났다.

② 대한 해협의 넓이는 가장 좁은 곳이 약 50킬로미터이다.

    → 대한 해협의 너비는 가장 좁은 곳이 약 50킬로미터이다.

③ 그는 책상 위에 책을 어지럽게 벌려 두고 공부를 한다.

    → 그는 책상 위에 책을 어지럽게 벌여 두고 공부를 한다.

④ 성경 말씀을 빌려 말하자면, 사람은 빵만으로 살 것이 아니라고 하였다.

    → 성경 말씀을 빌어 말하자면, 사람은 빵만으로 살 것이 아니라고 하였다.

10 밑줄 친 단어의 활용이 올바르지 않은 것은?

① 하숙집 아줌마의 음식 맛은 내 입에 잘 맞는다.

② 그녀의 애닲은 사연을 듣고 있으면 눈물이 난다.

③ 어수선한 방을 들어서면서 남편은 미간을 찌푸렸다.

④ 그녀는 역경을 디디고 재기하는 데 성공하였다.

11 밑줄 친 단어의 표기가 적절하지 않은 것은?

① 더 자세한 이야기는 이따가 만나서 하자.

② 이제 더 이상 남의 뒤치닥꺼리는 하고 싶지 않다.

③ 웃어른을 모시고 술을 배워야 점잖은 술을 배운다.

④ 아침부터 하늘이 끄물끄물하더니 마침내 비를 퍼붓기 시작하였다.

12 다음 중 단어의 표기가 부적절한 것은?

① 배 곯지 말고 밥을 잘 챙겨 먹어라.

② 담배 꽁초는 재털이에 버려 주십시오.

③ 그 애는 조금만 추어올리면 기고만장해진다.

④ 누군가를 시켜서 초주검이 되도록 두들겨 팼다.

13 밑줄 친 단어의 쓰임이 적절하지 않은 것은?

① 그렇게 어물어물하다 보면 허송세월하기가 십상이다.

② 하루 종일 하는 일이 없으니 벼라별 생각이 다 나더라.

③ 양 팀의 실력은 백중이므로 정신력이 승부를 가를 것으로 보인다.

④ 지연이와 나는 중학교를 졸업할 때까지 첫째 둘째를 놓고 겨루던 사이였다.

14 밑줄 친 단어가 문맥에 잘 어울리지 않는 것은?

① 많은 사람이 전란의 와중(渦中)에 가족을 잃었다.

② 자식에게는 가난을 물려주지 않기 위해 악착같이 돈을 그러모았다.

③ 영농 방식을 이처럼 개선하면 소득이 몇 갑절 높아지게 될 것이다.

④ 노사 양측의 견해차를 어떻게 좁히느냐가 초미(焦眉)의 관심사이다.

15 혼동하기 쉬운 단어를 올바르게 구별하여 사용한 것은?

① 미나리를 맛깔스럽게 묻혀서 먹었다.

　붓에 먹물을 듬뿍 무치고 글씨를 썼다.

② 보리가 한참 무성하게 자란다.

　그녀는 한창 그를 기다리더니 뒤돌아섰다.

③ 왠 까닭인지 몰라 어리둥절하다.

　오늘은 웬지 불길한 예감이 든다.

④ 둘은 원래 친분이 두텁다.

　추워서 옷을 두껍게 입었다.

1 ②	2 ④	3 ①	4 ②	5 ③
6 ③	7 ④	8 ①	9 ④	10 ②
11 ②	12 ②	13 ②	14 ③	15 ④

| 해설 |

1 ① → 겉잡아서, ③ → 게네는, ④ → 건하게

2 '곁사돈'은 직접 사돈 간이 아니고 같은 항렬(行列)의 방계 간의 사돈을 이르는 말이다.

3 ① → 그러고 나서. 먼저 '그러고 나서'는 동사 '그러다'의 어간 '그러–'에 '–고 나서'가 연결된 말이다. 이때의 동사 '나다'는 본동사 다음에 쓰여 뜻을 더해 주는 보조동사이다. '이러고 나서', '저러고 나서'도 비슷하다.

4 '끝을 단단히 단속하여 마무리하다'의 뜻으로는 '매조지다'를 쓴다.

5 ③ '낫다'는 '병이 나아.'처럼 활용하고, '나다'는 '병이 나.'처럼 활용한다.

6 ③ → 썩혀서

7 '한 번에 모두'의 뜻으로는 '한목에'를 써야 적절하다.

8 '임신하지 않은 몸'을 이르는 말은 '홑몸'이다.

9 '다른 사람의 말이나 글, 형식 따위를 취하여 쓰다'의 뜻으로는 '빌다'가 아니라 '빌리다'를 써야 맞는다.

따라서 '빌려 말하자면'이 맞는다.

10 '애닲다'는 비표준어이며, '애달프다'가 표준어이다. 따라서 '애달픈 사연'이 맞는다. ① '맞다'는 형용사가 아니라 동사이므로, 현재 사건이나 사실을 서술하는 뜻을 나타내는 경우에는 종결 어미 '–는다'를 붙여 '네 말이 맞는다./음식 맛이 내 입에 맞는다./반지가 손가락에 맞는다.'와 같이 적는다.

11 ② → 뒤치다꺼리 ④ '끄물끄물하다'는 '날씨가 활짝 개지 않고 몹시 흐려지다.'의 뜻으로 쓰는 말이고, '꾸물꾸물하다'는 '굼뜨고 게으르게 행동하다'의 뜻으로 쓰는 말이다.

12 '담뱃재를 떨어 놓는 그릇'을 이르는 말은 '재털이'가 아니라, '재떨이'이다.

13 '별의별'은 '보통과는 다른 갖가지의'의 뜻으로 쓰는 말이다. '벼라별'은 '별의별'의 잘못이다. ① 열에 여덟이나 아홉 정도로 거의 예외가 없음을 뜻하는 말은 '십상(十常)[=십상팔구(十常八九)]'이다. '쉽상이다'로 잘못 적기 쉽다.

14 '몇 갑절'는 '몇 곱절'로 써야 올바른 표현이다.

15 ① 미나리는 '무쳐서' 먹고, 붓에 먹물은 '묻히는' 것이다. ② 보리는 '한창' 자라는 것이고, 누군가를 '한참' 기다리는 것이다. ③ '웬 까닭'이 맞고, '왠지 불길하다'가 맞는다.

가닥이 잡히다 분위기, 상황, 생각 따위를 이치나 논리에 따라 바로 잡게 하다.

가문을 따지다 어떤 사람이 속한 가문을 특히 중요하게 여겨 검토하다.

가뭄이 들다 가뭄이라는 기상 현상이 일어나다.

가볍게 굴다 진득하지 못하게 행동하거나 대하다.

III 관용 표현의
이해

가죽만 남다 보기 흉하게 여위다.

간담이 서늘하다 몹시 놀라서 섬뜩하다.

갈등의 골이 깊다 갈등의 양상이 심각하다.

감상(感傷)에 젖다 하찮은 일에도 쓸쓸하고 슬퍼져서 마음이 상하게 되다.

강경한 어조 굳세게 버티어 굽히지 않는 어조.

갖은 양념 골고루 다 갖춘, 또는 여러 가지의 양념.

갸름한 얼굴 보기 좋을 정도로 조금 가늘고 긴 듯한 얼굴.

건성으로 듣다 성의 없이 대충 겉으로만 듣다.

검버섯이 낀 얼굴 주로 노인의 살갗에 생기는 거무스름한 얼룩이 낀 얼굴.

격동의 세월 정세 따위가 급격하게 변화하는 세월.

결정적인 실수 일의 결과를 결정지을 만큼 중요한 실수.

경제성이 높다 재물, 자원, 노력, 시간 따위가 적게 들면서도 이득이 많이 난다.

계란형의 얼굴 달걀과 같은 모양의 얼굴.

연어

연어란 이어지는 단어들의 관계에서 발생하는 어휘의 선택 제약 관계를 말한다. 물론 이때의 선택 제약은 논리적인 것이 아니라 관습적인 것이다. 이 점에서 연어 관계는 일반적인 통사적 선택 제약과는 다르다.

다음 (   )에 들어갈 말을 생각해 보자.

내가 아는 분 중에 일 잘하기로 소문난 분이 있었다. 매우 유능해서 라이벌 회사에서 근무하는 선배가 스카우트 제의를 해올 정도였다. 그러나 존경하는 선배의 제의까지 거절하며 애사심을 발휘했는데 무슨 연유인지 하루아침에 한직으로 발령이 났다. 열심히 일했던 만큼 회사에 더 정나미가 뚝 (   ).

국어에 능숙한 사람이라면 (   )에 올 말로 '떨어졌다'나 '달아났다'가 오게 될 것임을 금세 짐작할 수 있다. '정나미가 사라졌다'나 '정나미가 소멸했다'라고 해도 문법적으로는 별 문제가 없어 보이지만, 자연스럽지는 않은 것이다. 이처럼 말에는 문법적인 의미를 뛰어넘는 소위 연어 구성에 따른 제약이 따른다.

연어는 '체언+용언'형, '수식언+용언'형, '체언+(의)+체언'형으로 분류할 수 있다. 먼저 '체언+용언'형이란, '얼굴이 창백하다'나 '절차를 밟다'와 같은 연어 구성을 말한다. '창백한 얼굴'과 같이 나타나기도 하는데, 이는 '체언+용언'형의 변이형으로 볼 수 있다.

다음 '수식언+용언'형은 '덜덜 떨다'나 '뼈 빠지게 일하다'와 같은 연어 구성을 말한다. 전자는 상징부사가 용언 앞에 나타나는 유형이고, 후자는 비유적 표현이 부사어로 나타나는 유형이다.

마지막으로 '체언+(의)+체언'형은 '불굴(不屈)의 의지'나 '운명(運命)의 장난'과 같은 연어 구성을 말한다. 전자는 구성 요소가 중심 의미에서 벗어나지 않은 유형이고, 후자는 구성 요소 중 하나가 비유적으로 쓰인 유형이다.

가닥이 잡히다 | 분위기, 상황, 생각 따위를 이치나 논리에 따라 바로 잡게 하다.
> 예 당선자가 재선거를 수용함에 따라 이번 사태는 해결의 가닥이 잡히는 모습이다.
> ★'가닥'은 '한 가닥'과 같은 구성으로 쓰여 '아주 약간'의 뜻으로도 쓰인다. 예 한 가닥의 희망

가문을 따지다 | 어떤 사람이 속한 가문을 특히 중요하게 여겨 검토하다.
> 예 혼사를 치를 때 가문을 따지는 집안이 적지 않다.

가뭄이 들다 | 가뭄이라는 기상 현상이 일어나다.
> 예 남부 지방에 가뭄이 들다.

가볍게 굴다 | 진득하지 못하게 행동하거나 대하다.
> 예 그렇게 가볍게 굴면 믿음을 주기 어렵다.

가죽만 남다 | 보기 흉하게 여위다.
> 예 그는 수술을 받은 후에 가죽만 남았다.

간담이 서늘하다 | 몹시 놀라서 섬뜩하다.
> 예 나는 그의 잔인한 행동에 간담이 서늘했다.
> ★ '간담(肝膽)'은 본디 '간과 쓸개'를 아울러 이르는 말인데, 속마음을 비유적으로 이르는 말로도 흔히 쓰인다. 예 그들은 한두 번 만남으로 서로 간담을 비추는 사이가 되었다.

갈등의 골이 깊다 | 갈등의 양상이 심각하다.
> 예 새해 들어 두 계파 사이에서 갈등의 골이 더욱 깊어지고 있다.
> ★ 이때의 '골'은 '고랑'이라는 뜻이다.

감상(感傷)에 젖다 | 하찮은 일에도 쓸쓸하고 슬퍼져서 마음이 상하게 되다.
> 예 연말이면 다들 감상에 젖어 저도 모르는 사이에 푸념하는 경향이 있다.

강경한 어조 | 굳세게 버티어 굽히지 않는 어조.
> 예 당 지도부는 최고위원회의에서 시종일관 강경한 어조로 야당을 압박하고 나섰다.

갖은 양념 | 골고루 다 갖춘, 또는 여러 가지의 양념.
> 예 시금치를 끓는 물에 살짝 데친 후 갖은 양념으로 무쳐서 먹는 우리나라 나물 조리법이 건강에 좋다는 것을 입증하는 식품 영양 실험 결과가 나왔다.

갸름한 얼굴 | 보기 좋을 정도로 조금 가늘고 긴 듯한 얼굴.
　　　　📍 갸름한 얼굴에다 피부가 더할 수 없이 희고 고왔다.

건성으로 듣다 | 성의 없이 대충 겉으로만 듣다.
　　　　📍 그는 어느새 다른 생각에 빠져 이야기의 뒷부분은 건성으로 듣는 눈치였다.

검버섯이 낀 얼굴 | 주로 노인의 살갗에 생기는 거무스름한 얼룩이 낀 얼굴.
　　　　📍 검버섯이 낀 얼굴이었으나 표정은 무척 밝아보였다.

격동의 세월 | 정세 따위가 급격하게 변화하는 세월.
　　　　📍 해방 이후 그가 지내온 50년은 말 그대로 격동의 세월이었다.

결정적인 실수 | 일의 결과를 결정지을 만큼 중요한 실수.
　　　　📍 두 팀 모두 중요한 순간에 결정적인 실수로 흐름을 내주고 뺏기를 반복하며 천당과 지옥을 오르내렸다.

경제성이 높다 | 재물, 자원, 노력, 시간 따위가 적게 들면서도 이득이 많이 난다.
　　　　📍 다슬기는 담수패류 중에서 경제성이 가장 높은 수산자원으로 꼽힌다.

계란형의 얼굴 | 달걀과 같은 모양의 얼굴.
　　　　📍 예전과 달리 동그란 얼굴형보다는 위아래가 갸름한 계란형의 얼굴을 선호한다.

계산된 각본 | 미리 예상되거나 고려된 계획.
　　　　📍 지난번 후퇴는 적이 함정에 빠지도록 치밀하게 계산된 각본이었다.

계절의 별미 | 특정 계절에 특별히 좋은 맛, 또는 그 계절을 느끼게 하는 맛을 지닌 음식.
　　　　📍 추운 겨울로 접어드는 환절기인 요즘, 몸을 편안하게 보호하며 다이어트에도 좋은 음식이 있다. 바로 매생이굴국이다. 전문가들이 첫손으로 꼽는 계절의 별미다.

고무적(鼓舞的)인 현상 | 긍정적인 방향으로 의욕을 불러일으키는 현상.
　　　　📍 무엇보다 국내의 열악한 환경을 딛고 해외에 진출해 괄목할 성장을 거두고 있는 프랜차이즈 기업들이 많이 생성된 것은 고무적인 현상으로 평가하고 있다.
　　　　★'고무(鼓舞)'는 본디 '북을 치고 춤을 춤'의 뜻이다.

공론이 분분하다 | 여론 따위가 여러 갈래로 나뉘어 갈피를 잡을 수 없다.
　　　　📍 부동산 정책과 관련한 공론이 분분하다.

공염불(空念佛)에 불과하다 | 실천이나 내용이 따르지 않는 주장이나 말에 불과하다.

> (예) 이 문제를 해결하기 위해서는 결국 정부의 재정 지원이 필요하기 때문에 교육부와 행정자치부를 비롯한 정부부처의 결단이 없다면 모두가 공염불에 불과한 것이다.
>
> ★'공염불'은 본디 신심(信心)이 없이 입으로만 외는 헛된 염불을 이르는 말이다.

귓가에 맴돌다 | 귓전에서 사라지지 아니하고 들리는 듯하다.

> (예) 어찌나 놀랐던지 비명 소리가 아직도 귓가에 맴돈다.

극비리(極祕裡)에 부치다 | 다른 사람들에게는 전혀 알려지지 않도록 하다.

> (예) 2차 세계대전 도중 침몰 사건이 알려지면 군사들의 사기가 떨어질 것을 염려하여 영국 측은 바하엄 침몰 사건을 극비리에 부치기로 했다.

기지개를 켜다 | 서서히 활동하는 상태에 들다.

> (예) 경기가 바닥을 찍고 시나브로 기지개를 켜고 있다.

기하급수적(幾何級數的)으로 늘어나다 | 증가하는 수나 양이 아주 많다.

> (예) 인구가 기하급수적으로 늘어나다.

까맣게 잊어버리다 | 잊어버려서 기억하는 바가 전혀 없게 되다.

> (예) 아무리 소중한 물건도 잃어버린 지 2, 3년이 지나면 까맣게 잊어버리고 만다.

난처(難處)한 입장 | 이럴 수도 없고 저럴 수도 없어 처신하기 곤란한 입장.

> (예) 새해 벽두부터 영연방 국가의 유명 골프장들은 자신들의 개와 함께 골프장에서 라운드를 허용해 달라는 골퍼들이 급증해 난처한 입장에 처해 있다.

납덩이같은 침묵 | 말이 없는 가운데 분위기가 어둡고 밝지 못함.

> (예) 넓은 실내에는 단 두 사람뿐, 납덩이같은 침묵이 천장에서 내리 누르는 것 같은 순간이 흐르고 있었다.
>
> ★'납덩이'는 '무거움'의 비유로 흔히 등장하는 소재다.

냉담(冷淡)한 현실 | 세상 사람들이 어떤 대상에 흥미나 관심을 보이지 않음.

> (예) 정작 뚜껑을 연 결과 메이저리그 구단들의 반응은 싸늘했다. 냉담한 현실을 마주한 그와 구단은 자존심을 고려해 포스팅 금액을 받아들이지 않을 가능성이 높다.

넌더리가 나다 | 지긋지긋하게 몹시 싫은 생각이 들다.

> (예) 사는 게 매가리가 없고 시들시들하고 구질구질하고 답답하고 넌더리가 났다.

녹초가 되다 | 기가 빠지거나 맥이 풀어져 힘을 쓰지 못할 상태가 되다.

예 그는 열두 시간의 노동을 하고 난 후 거의 녹초가 되어 퍼더버렸다.

눈먼 돈 | 임자 없는 돈.

예 나랏돈을 눈먼 돈으로 아는 것은 관청이나 기업이나 똑같은 꼴이다. 이런 사례가 끊이지 않으니 관청이 보조금을 퍼준다는 비난이 뒤따르는 것이다.

눈을 피하다 | 남이 보는 것을 피하다.

예 남의 눈을 피해 새벽에 도망가다.

느닷없는 죽음 | 아주 뜻밖이고 갑작스러운 죽음.

예 느닷없는 죽음은 그의 삶을 더 신비하게 만들었다.

담을 지다 | 서로 사귀던 사이를 끊다.

예 그만한 일로 동료들과 담을 지고 지내는 것은 좀 너무하지 않나?

답보(踏步) 상태 | 상태가 나아가지 못하고 제자리에 머무르는 일.

예 경찰이 다각도로 화재의 원인을 찾고 있으나 아직은 답보 상태에 머물러 있다.

더럼(=더러움)을 타다 | 쉽게 오염되는 성질이 있다.

예 이 목재는 더럼을 잘 타고 진이 스미어 나오며 잘 갈라지는 약점이 있다.

덜미를 잡다 | 꼼짝 못하게 하다.

예 지금의 너의 방탕한 생활이 앞으로 네 덜미를 잡을 것이다.

★'덜미'는 본디 '목덜미'를 이르는 말이다. 예 뒷머리를 짧게 잘랐더니 덜미가 시리다.

도의적(道義的) 책임 | 도덕적 의리라는 차원에서의 책임.

예 그는 검찰총장에 발탁됐지만 피의자 사망사건이 터지자 도의적 책임을 지고 스스로 사퇴했다.

땅에 떨어지다 | 명예나 권위 따위가 회복하기 어려울 정도로 손상되다.

예 이번 사건으로 총장의 권위가 땅에 떨어졌다.

땅이 꺼지게 | 한숨을 쉴 때 몹시 깊고도 크게.

예 젊은 아이가 왜 그리 땅이 꺼지게 한숨을 쉬니?

맥(脈)이 풀리다 | 기운이나 긴장이 풀어지다.

예 시험을 보고 나니 온몸에 맥이 풀리고 잠이 왔다.

★'매가리'는 '맥(脈)'을 낮잡아 이르는 말이다. '매가리가 풀리다'와 같이 쓴다.

맹랑한 소문 | 생각하던 바와 달리 허망한 소문.

예 인사철만 되면 '줄을 잘 서야 살아남는다.', '살생부가 존재한다.'는 등의 맹랑한 소문이 돌며 본분에 충실한 직원들까지 괴롭히곤 했다.

몹쓸 소리 | 악독하고 고약한 말.

예 나는 술에 취해 아이에게 몹쓸 소리를 마구 해 대고 말았다.

★'몹쓸'은 '악독하고 고약한'이라는 뜻을 나타내는 관형사. 따라서 '몹쓸 짓'이라고 표현한다면, '악독하고 고약한 짓'을 뜻하게 된다. 비슷한 예로 '몹쓸 것/몹쓸 곳/몹쓸 말/몹쓸 병/몹쓸 사람' 등이 있다.

한편 '못쓸'은 '얼굴이나 몸이 축나다./바람직한 상태가 아니다.'라는 뜻을 나타내는 동사 '못쓰다'의 관형사형이다. 이 경우 '못쓸 짓'과 같은 구성은 대개 부자연스럽다. '못쓰다'는 '얼굴이 못쓰게 상하다./거짓말을 하면 못써./그는 너무 게을러서 못쓰겠다.'와 같이, '못쓰게'의 꼴로 쓰이거나, 주로 '―으면', '―어서'와 함께 쓰인다.

문전성시(門前成市)를 이루다 | 찾아오는 사람이 많아 집 문 앞이 시장을 이루다시피 사람들로 들끓다.

예 소문이 쫙 퍼져 일부러 구경 오는 사람들로 하루 종일 문전성시를 이루었다.

미수(未遂)에 그치다 | 목적한 바를 시도하였으나 이루지 못하다.

예 그는 불을 붙이려다 옆 테이블에 있던 손님에 의해 제지당해 미수에 그쳤다.

미연(未然)에 방지하다 | 어떤 일이 생겨 문제가 되기 전에 미리 막다.

예 위원장은 사소한 실수로 야기될지 모를 큰 사고를 미연에 방지하고자 했던 것이다.

부아가 나다 | 노엽거나 분한 마음이 생기다.

예 재수를 하고 있는 내 앞에서 학교 자랑을 하는 친구를 보니 은근히 부아가 났다.

비명(非命)에 가다 | 제명대로 다 살지 못하고 죽다.

예 제 포부를 펴 보지도 못하고 낯선 땅에서 비명에 간 그녀를 모두 불쌍히 여겼다.

사활(死活)이 걸리다 | 지극히 중대하다.

예 공장에서 공정 시간의 단축은 사활이 걸린 문제이다.

살을 에는 듯한 추위 | 칼 따위로 살을 도려내듯 베는 것 같은 매서운 추위.

　　예 살을 에는 듯한 추위 속에서 일하는 이들은 따끈한 황태 국물을 들이켜며 고단함을 이겨낸다.

상당수(相當數)에 이르다 | 어지간히 많다.

　　예 식약청은 원산지 표시 규정을 위반한 업소가 상당수에 이르고 적발된 업체 가운데 고급 유명 식당도 포함돼 있어 원산지 표시제가 완전히 정착되지 않은 것으로 해석했다.

새까맣게 멀다 | 시간이나 거리로 보아 매우 아득하게 멀다.

　　예 산 정상에 도착하려면 아직도 새까맣게 멀었다.

새빨간 거짓말 | 뻔히 드러날 만큼 터무니없는 거짓말.

　　예 그가 어제 전화를 했다는 것은 새빨간 거짓말이다.

새 지평(地平)을 열다 | 새로운 전망이나 가능성을 제시하다.

　　예 그의 연구는 유전 공학의 새 지평을 여는 것이었다.

성황리(盛況裡)에 끝나다 | 모임 따위에 사람이 많이 모여 규모나 분위기가 성대한 상황을 이룬 가운데 끝나다.

　　예 청소년들에게 지역사회 위인의 충·효·예 정신을 함양하기 위해 운영한 전통예절교실이 성황리에 끝났다.

소기(所期)의 목적 | 기대한 바의 목적.

　　예 소기의 목적을 달성한 것으로 만족한다.

신기원(新紀元)을 이루다 | 새로운 시대를 열다.

　　예 1761만 관객 동원이라는 신기원을 이룬 '명량'이 최근 투자사와 제작사 간의 정산을 모두 마치고 촬영에 참여한 이들에게 보너스를 지급했다.

심심찮은 화제 | 드물지 않고 꽤 잦은 화제.

　　예 그는 책벌레라는 소문이 날 정도로 책을 많이 읽었는데, 책을 모으는 방법으로 심심찮은 화제를 뿌렸다.

심심(甚深)한 경의 | 매우 깊고 간절하게 존경하는 마음.

　　예 그동안의 노고에 심심한 경의를 표하는 바입니다.

악순환(惡循環)을 거듭하다 | 나쁜 현상이 끊임없이 되풀이되다.

ⓔ 지난 10년간 야당 지도부는 '선거 패배→비상대책위원회 구성→조기 전당대회'로 이어지는 악순환을 거듭했다.

양해(諒解)를 구하다 | 사정을 잘 헤아려 너그러이 받아들여 줄 것을 청하다.

ⓔ 그 소녀가 한 사람 더 앉을 수 없겠느냐고 그들에게 양해를 구하자, 젊은이들은 엉덩이를 옮겨 두어 뼘 될 만한 자리 하나를 마련해 주었다.

어깃장을 놓다 | 짐짓 고분고분 따르지 않고 뻗대다.

ⓔ 사람이란 늙으면 대개의 경우 어깃장도 놓고 이기적으로 된다고들 한다.

어깨가 무겁다 | 무거운 책임을 져서 마음에 부담이 크다.

ⓔ 분에 넘치는 일을 맡게 되어 어깨가 무겁습니다.

어깨를 펴다 | 굽힐 것이 없이 당당하다.

ⓔ 이제는 어깨를 펴고 또렷한 목소리로 '한국인'이라고 말할 수 있습니다.

얼토당토아니한 소리 | 전혀 합당하지 아니한 말.

ⓔ 그는 그렇게 얼토당토아니한 소리에 넘어갈 사람이 아니다.

★'얼토당토않다'는 본디 '옳지도 마땅하지도 않다'는 뜻이다.

엎치나 메치나 매한가지다 | 이렇게 하나 저렇게 하나 결과는 마찬가지다.

ⓔ 엎치나 메치나 매한가지야. 용쓴다고 무슨 새로운 게 나오겠어.

★'엎치다'는 '엎다'를 강조하여 이르는 말이고, '메치다'는 '메어치다(어깨 너머로 둘러메어 힘껏 내리치다)'의 준말이다.

역효과(逆效果)를 가져오다 | 기대하였던 바와는 정반대가 되는 효과를 초래하다.

ⓔ 좋은 약도 과용하면 오히려 역효과를 가져온다.

열화(熱火)와 같은 호응 | 매우 강렬하고 뜨거운 호응.

ⓔ 가수는 관객의 열화와 같은 호응에 보답하고자 한 곡 더 불렀다.

영혼(靈魂)의 양식 | 인간의 정신을 고양하는 원천.

ⓔ 어린 시절부터 길들여진 엄마의 음식은 일생을 두고 자식들의 심신을 위로하는 영혼의 양식이 된다.

오금을 박다 | 큰소리치며 장담하던 사람이 그와 반대되는 말이나 행동을 할 때에, 장담하던 말을 빌미로 삼아 몹시 논박하다.

(예) 마침 그는 공 노인에게 오금을 박기에 충분한 공 노인의 행적이 생각났던 것이다.

오금을 펴다 | 마음을 놓고 여유 있게 지내다.

(예) 기말 보고서를 내고 나서야 비로소 오금을 펼 수 있었다.

★'오금'은 본디 '무릎의 구부러지는 오목한 안쪽 부분'을 이르는 말이다.

옥신각신 싸우다 | 서로 옳으니 그르니 하며 다투다.

(예) 맨날 두 사람은 사소한 일로 옥신각신 싸우는 것이 일이었다.

일말(一抹)의 가능성 | 약간의 가능성.

(예) 일말의 가능성만 있어도 도전을 그만 둘 수 없다.

임기응변(臨機應變)에 능하다 | 그때그때 처한 사태에 맞추어 대처하는 능력이 있다.

(예) 그는 공격에서 일대일 돌파가 탁월하며, 수비에 막힐 경우 임기응변에도 능한 선수다.

입지(立地)를 다지다 | 개인이나 단체 따위가 차지하고 있는 기반이나 지위를 강화하다.

(예) 이번 문학상 수상으로 그녀는 작가로서의 확고한 입지를 다질 수 있었다.

절호(絶好)의 기회 | 무엇을 하기에 더할 수 없이 좋은 기회.

(예) 다음 게임은 저번의 패배를 설욕할 수 있는 절호의 기회다.

조예(造詣)가 상당하다 | 학문이나 예술, 기술 따위의 분야에 대한 지식이나 경험이 깊은 경지에 이른 정도가 꽤 높다.

(예) 한국음악에 대한 조예가 상당하다.

지그시 누르다 | 슬며시 힘을 주어 누르다.

(예) 무릎을 세운 상태로 양쪽 무릎의 오목하게 들어간 부분을 엄지손가락으로 5초쯤 지그시 눌러준다.

★'지그시'는 '지그시 누르다/지그시 참다'와 같이, '슬며시 힘을 주는 모양'이나 '조용히 참고 견디는 모양'을 이르는 말이다. 이와 달리 '지긋이'는 '그는 나이가 지긋이 들어 보인다.'와 같이, '나이가 비교적 많아 듬직하게'의 뜻을 나타내는 말이다.

진저리가 나다 | 몹시 싫증이 나거나 몹시 귀찮은 생각이 들다.

(예) 이제는 그 사람 얘기만 들어도 진저리가 난다.

★'진저리'는 본디 차가운 것이 몸에 닿거나 무서움을 느낄 때에, 또는 오줌을 눈 뒤에 으스스 떠는 몸짓을 이르는 말이다.

치명적(致命的)인 실수 | 일의 흥망, 성패에 결정적으로 영향을 주는 실수.
> 예 이 점을 단단히 명심해서 두 번 다시 오늘과 같은 치명적인 실수가 없어야 하네.

칠흑(漆黑) 같은 밤 | 매우 어두운 밤.
> 예 국경의 칠흑 같은 밤. 강변에서 희끗한 형체가 포착됐습니다.

턱없는 거짓말 | 그럴 만한 근거가 전혀 없는 거짓말.
> 예 박 의원은 전에도 그의 이런 주장에 대해 턱없는 거짓말이라고 해명한 바 있다.
> ★'턱없는 거짓말'은 '터무니없는 거짓말'과 거의 같은 뜻으로 쓰는 말이다.

평정(平靜)을 되찾다 | 평안하고 고요한 상태를 회복하다.
> 예 웃음을 띠던 그의 얼굴이 굳어지더니 곧 평정을 되찾았다.

한가락 하다 | 어떤 방면에서 썩 훌륭한 재주나 솜씨를 발휘하다.
> 예 이번 모임에는 바둑에서 한가락 한다는 기사들이 모두 모인다.

한사코 우기다 | 상대방의 의견 또는 의지에 반하여 몹시 자기의 고집을 피우다.
> 예 그는 자기가 점심을 사겠다고 한사코 우겼다.

한술 더 뜨다 | 이미 잘못되어 있는 일에 대하여 한 단계 더 나아가 엉뚱한 짓을 하다.
> 예 그는 미안한 기색은커녕 한술 더 떠서 도리어 내게 화를 내는 것이었다.
> ★'한술'은 숟가락으로 한 번 뜬 음식이라는 뜻으로, 적은 음식을 이르는 말이다.

화근(禍根)을 뿌리 뽑다 | 재앙을 일으키는 원인을 없애다.
> 예 섭정을 하자마자 그분은 당파의 화근을 뿌리 뽑았다.

회포(懷抱)를 풀다 | 마음에 맺혀 있는 것을 해결하여 없애거나 품고 있는 것을 이루다.
> 예 오랜만에 만났으니 우리 오늘은 시간에 구애되지 말고 한번 회포를 풀어 봅시다.

2 관용구

관용구는 두 개 이상의 단어로 이루어져 있으면서 그 단어들의 의미만으로는 전체의 의미를 알 수 없는, 특수한 의미를 나타내는 어구를 뜻한다. 즉, 둘 이상의 단어가 결합하여 특정한 뜻을 나타내는 말이다.

다음의 경우는 해당 관용구에 대한 이해가 전제되지 않은 상식적인 상상만으로는 의미 이해가 거의 어렵다.

가 그는 나이 스물에 **청운(靑雲)의 꿈**을 안고 상경했다.
나 영희는 그 **고사리 같은 손**을 흔들어 보이면서 "아빠 잘 다녀와." 했다.

먼저 '청운의 꿈'은 입신출세하려는 꿈을 비유적으로 이르는 말이다. 이와 관련하여 푸른색의 구름이 어두운 색의 구름보다 높이 떠있는 데에서, '청운'이 높은 지위나 벼슬을 비유적으로 이르는 말로 쓰인다는 설명을 덧붙일 수 있다. 그렇지만 이러한 설명은 우리 문화권을 떠나면 보편성을 상실한다.

다음으로 '고사리 같은 손'도 비슷하다. 이를 두고 어린아이의 여리고 포동포동한 손을 비유적으로 이르는 말이라는 설명을 덧붙일 수 있다. 그러나 '고사리'가 '여리고 포동포동함'만을 연상케 하는 것은 아니다. 관용적으로 그렇게 쓰인다는 점을 빼면 필연성이 떨어진다.

관용구에는 '용언형 관용구'와 '체언형 관용구'가 있다.

먼저 '쐐기를 박다'는 '용언형 관용구'이다. 이를 단어 그 자체로 이해하면, 물건의 틈에 박아서 사개가 물러나지 못하도록 나무나 쇠를 박는 것을 말한다. 하지만 관용적으로 '그 선수는 홈런을 날려 승부에 쐐기를 박았다.'와 같이 쓰인다. 즉 '뒤탈이 없도록 미리 단단히 다짐을 두다'라는 뜻으로 쓰인다.

또 '요원(燎原)의 불길'은 '체언형 관용구'이다. 매우 빠르게 번지는 벌판의 불길이라는 뜻으로, 무서운 기세로 퍼져 가는 세력 따위를 비유적으로 이르는 말이다. '시위가 요원의 불길처럼 전국으로 퍼지고 있다.'와 같이 쓰인다.

(1) 체언형 관용구

간발의 차이 | 서로 엇비슷할 정도의 아주 작은 차이.
　　　　　　⑩ 이번 달리기에서 나는 간발의 차이로 그를 이겼다.

거지 밥주머니 | 너절한 것들을 되는대로 뒤섞어 넣어 둠.
　　　　　　⑩ 너는 가방이 무슨 거지 밥주머니냐, 왜 이리 복잡해?

고양이 소리 | 겉으로 발라맞추는(=말이나 행동을 남의 비위에 맞게 하는) 말.
　　　　　　⑩ 듣기 좋은 고양이 소리나 하는 인간은 상종할 필요가 없다.

고양이와 개 | 서로 앙숙(怏宿)인 관계.
　　　　　　⑩ 두 사람은 고양이와 개의 관계이다.

고추 먹은 소리 | 못마땅하게 여겨 씁쓸해 하는 말.
　　　　　　⑩ 돌아가면서도 고추 먹은 소리 하는 것이 영 불만인 모양이었다.

굴레 벗은 말 | 구속이나 통제에서 벗어나 몸이 자유로움.
　　　　　　⑩ 그는 경찰서를 나오자 굴레 벗은 말이 된 듯한 기분이었다.

귀밑에 피도 안 마른 놈 | 아직 어리면서 잘난 척하는 사람을 핀잔하는 말.
　　　　　　⑩ 귀밑에 피도 안 마른 놈들이 어른들을 함부로 대한다네.

그림의 떡 | 아무리 마음에 들어도 이용할 수 없거나 차지할 수 없는 경우.
　　　　　　⑩ 좋은 목적이라도 그것을 실현할 수 있는 수단이 없다면 그야말로 그림의 떡이다.

깨소금 맛 | 남의 불행을 보고 몹시 통쾌하다는 뜻으로 이르는 말.
　　　　　　⑩ 잘난 척하다 선거에서 떨어졌다니 깨소금 맛이다.

낙동강 오리알 | 홀로 소외되어 처량하게 된 신세.
　　　　　　⑩ 남북 관계가 개선되지 않은 상황에서 북미 관계가 속도를 낼 경우 한국만 낙동강 오리
알이 될 수 있다.

놀부 심사[심보] | 인색하고 심술궂은 마음씨.
　　　　　　⑩ 그는 무슨 놀부 심사인지 남이 잘 되는 꼴을 못 본다.

눈 위에 혹 | 몹시 미워 눈에 거슬리는 사람.
　　　　　　⑩ 눈 위에 혹 같은 저 녀석을 없앨 좋은 방법이 없겠나?

닭똥 같은 눈물 | 몹시 방울이 굵은 눈물.

㉠ 그의 호통에 아이의 눈에서 닭똥 같은 눈물이 툭툭 떨어졌다.

돼지 멱따는 소리 | 아주 듣기 싫도록 꽥꽥 지르는 소리.

㉠ 그렇게 돼지 멱따는 소리를 해 대면서 무슨 합창 대회에 나간다는 게냐?

되잡아 흥 | 나무람을 들을 사람이 도리어 남을 나무람. ≒되짚어 흥.

㉠ 되잡아 흥이라더니, 잘못을 했으면 잘못했다고 시인을 해야지.

두말하면 잔소리[숨차기/여담] | 이미 말한 내용이 틀림없으므로 더 말할 필요가 없음.

㉠ 그 영화 재미있냐고? 두말하면 잔소리지!

땅을 칠 노릇 | 몹시 분하고 애통함.

㉠ 내가 쓰지도 않은 돈을 나더러 물어 놓으라니 땅을 칠 노릇이었다.

떠오르는 별 | 새로이 등장하여 두각을 나타내는 사람.

㉠ 그는 연극계의 떠오르는 별이다.

떼어 놓은 당상 | 떼어 놓은 당상이 변하거나 다른 데로 갈 리 없다는 데서, 일이 확실하여 조금도 틀림이 없음을 이르는 말.

㉠ 이번 일의 성사는 떼어 놓은 당상일 테니 두고 보라고.

말짱 도루묵 | 아무 소득이 없는 헛된 일이나 헛수고.

㉠ 넌 종교 문제에 제법 관심이 있는 척하더니 말짱 도루묵이었구나.

모과나무 심사(心思) | 모과나무처럼 뒤틀려서 심술궂고 순순하지 못한 마음씨.

㉠ 저렇게 지독한 모과나무 심사를 가진 놈은 처음 보겠네.

목 안의 소리 | 들릴 듯 말 듯 한 작은 소리.

㉠ 목 안의 소리로 중얼거리다.

무관의 제왕 | 관이 없는 임금이라는 뜻으로, 언론인의 막강한 힘과 책임을 가리키는 말.

㉠ 기자는 펜 한 자루를 들고 시대의 어둠을 고발하는 무관의 제왕이다.

★'무관의 제왕'이 '언론인'을 뜻하게 된 것은 민주주의 사회에서 언론이 직접적인 권력은 없지만, 영향력이 큼을 염두에 둔 말이다. 그런데 이 관용구가 최근에는 자신의 분야, 이 를테면 스포츠 등에서 우승 따위를 하지는 못했지만, 개인적으로는 좋은 성적을 거둔 사

람을 지칭하는 말로 쓰이고 있다.

문명의 이기(利器) │ 현대 기술 문명에 의하여 만들어진 편리한 생활 수단이나 기구.
    (예) 자동차라는 문명의 이기가 항상 인류를 편하게만 하는 것은 아니다.

물 만난 고기 │ 어려운 지경에서 벗어나 크게 활약할 판을 만난 처지.
    (예) 물 만난 고기처럼 희색이 만면하여 설치어 대었다.

물 위의 기름 │ 서로 어울리지 못하여 겉도는 사이.
    (예) 그는 회사에서도 물 위의 기름처럼 동료들과 어울리지 못했다.

물 찬 제비 │ 동작이 민첩하고 깔끔하여 보기 좋은 행동을 함.
    (예) 물 찬 제비같이 수비수를 제치고 공을 몰다.

밑 빠진 독[항아리] │ 아무리 힘을 들여도 한이 없고, 힘을 들인 보람도 없는 상태.
    (예) 그의 사업은 돈을 아무리 보태도 효과가 없는 밑 빠진 독이었다.

배부른 흥정 │ 되면 좋고 안 돼도 크게 아쉽다거나 안타까울 것이 없는 흥정.
    (예) 한밑천 잡고 나서 배부른 흥정만을 하니 가게를 찾는 손님이 점차로 줄었다.

밴댕이 소갈머리 │ 아주 좁고 얕은 심지(心志).
    (예) 밴댕이 소갈머리 같기는, 걸핏하면 토라지고.

병아리 눈물만큼 │ 매우 적은 수량.
    (예) 세상살이에는 공(空)으로 얻을 수 있는 것이 병아리 눈물만큼도 없다.

빙산의 일각 │ 대부분 숨겨져 있고 외부로 나타나 있는 것은 극히 일부분에 지나지 않음.
    (예) 우리가 그 사람에 대해 알고 있는 건 빙산의 일각이야.

사돈의 팔촌 │ 남이나 다름없는 먼 친척.
    (예) 뭐 그렇게 대단한 일이라고 사돈의 팔촌까지 다 불러다가 잔치를 하려느냐?

삼단 같은 머리 │ 숱이 많고 긴 머리.
    (예) 그녀는 삼단 같은 머리를 곱게 빗었다.

아쉬운 소리 │ 없거나 부족하여 남에게 빌거나 꾸려고 구차하게 사정하는 말.
    (예) 남 줄 것은 없지만 그래도 남한테 아쉬운 소리는 안 하고 삽니다.

앓는 소리 | 일부러 구실을 대며 걱정하는 모양.
> 예 돈 좀 빌려 달라고 했더니 친구는 앓는 소리만 하더라.

엎지른 물 | 다시 바로잡거나 되돌릴 수 없는 일.
> 예 후회해도 소용없어. 이미 엎지른 물인데.

오뉴월 엿가락 | 행동이나 말이 느리거나 길게 늘어진 모양.
> 예 농군들의 노래가 오뉴월 엿가락처럼 늘어져 도무지 힘이 없었다.

입 안의 소리 | 남이 알아듣지 못하게 입속에서 웅얼거리는 작은 말소리.
> 예 중대장은 군인답지 않게 입 안의 소리로 변명을 늘어놓는 병사 때문에 화가 났다.

입에 발린 소리 | 마음에도 없이 겉치레로 하는 말.
> 예 그는 입에 발린 소리를 잘하니 그의 말을 모두 믿지는 마라.

입에 침 바른 소리 | 겉만 번지르르하게 꾸며 듣기 좋게 하는 말.
> 예 입에 침 바른 소리 할 것 없이 정말 하고 싶었던 말을 해라.

코 아래 진상 | 뇌물이나 먹을 것을 바치는 일.
> 예 아마 이번 설에도 닭 마리나 코 아래 진상을 해야 할까 보다.

코 큰 소리 | 잘난 체하는 소리.
> 예 나이가 어릴 때는 제법 코 큰 소리를 하고 우쭐대던 그였다.

판에 박은 말 | 새로운 정보가 없고 한결같은 말.
> 예 그런 판에 박은 말을 하다니 실망이야.

(2) 용언형 관용구

가랑이가 찢어지다 | 살림살이가 몹시 가난하다.
　　　　예 가랑이가 찢어질 내 형편에 누구를 돕겠다고 나서겠느냐.

가리를 틀다 | 잘 되어 가는 일을 안 되도록 방해하다.
　　　　예 너는 왜 우리가 하는 일마다 가리를 틀려고 하니?

감투를 쓰다 | 벼슬자리나 높은 지위에 오르다.
　　　　예 그는 감투를 쓰더니 권력을 마음대로 휘둘렀다.

개 콧구멍으로 알다 | 시시한 것으로 알아 대수롭지 아니하게 여기다.
　　　　예 이젠 사람을 아예 개 콧구멍으로 아는군.

거간을 서다 | 거간이 되어 흥정을 붙여 주다.
　　　　예 몇천 원 더러는 몇만 원 거간을 서 먹노라 할 위인은 아닙니다.

거듭 태어나다 | 새롭게 면모를 갖추다.
　　　　예 그는 과거의 긴 방황에서 벗어나 술도 끊고 거듭 태어나 의사가 되었다.

건몸을 달다 | 공연히 혼자서만 애쓰며 안달하다.
　　　　예 그의 모친은 아들의 심정을 잘 알면서도 공연히 건몸을 다는 것 같다.

걸음을 하다 | 웃어른이나 지위가 높은 사람이 어디에 들르다.
　　　　예 집에다 전갈을 해 놓으시면 제가 찾아뵐 텐데 먼 걸음을 하셨군요.

경종을 울리다 | 잘못이나 위험을 미리 경계하여 주의를 환기하다.
　　　　예 두 번 다시 이런 일이 안 생기도록 경종을 울리는 뜻에서라도 꼭 밝혀 두어야 합니다.

곁을 주다 | 다른 사람으로 하여금 자기에게 가까이할 수 있도록 속을 터 주다.
　　　　예 그는 좀처럼 곁을 주지 않는 사람이다.

고기밥이 되다 | 물에 빠져 죽다.
　　　　예 그 배에 타고 있던 사람들은 모두 물에 빠져 고기밥이 되었다.

고동을 멈추다 | '죽다'를 완곡하게 이르는 말.
　　　　예 끝내 그의 심장은 고동을 멈추었다.

고래 등 같다 | 기와집 따위가 덩그렇게 높고 크다.

예 최 참판 댁 고래 등 같은 집을 한동안 바라보고 있었다.

고배를 들다 | 패배, 실패 따위의 쓰라린 일을 당하다.
예 시험 낙방이라는 고배를 들었다.
★'고배(苦杯)'는 본디 '쓴 술이 든 잔'을 이르는 말이다.

골이 깊어지다 | 안 좋은 사이가 더욱 악화되거나 멀어지다.
예 그녀와 남편은 남편의 외도로 회복하기 어려울 정도로 골이 깊어졌다.

구린내가 나다 | 수상쩍어 의심스러운 생각이 들다.
예 아무래도 이번 일에는 구린내가 난다.

군물이 돌다 | 물기가 음식과 한데 섞이지 않고 위에 따로 돌다.
예 커피 한 잔을 달래 놓았으나 컵에 군물이 도는 것이 구미가 당기지 않는다.
★이때의 '군물'은 '죽이나 풀 따위의 위에, 섞이지 않고 따로 떠도는 물'을 가리킨다.

굿을 보다 | 남의 일에 참견하지 아니하고 보기만 하다.
예 네가 상관할 일이 아니니 굿이나 보고 앉아 있어라.

귀를 의심하다 | 믿기 어려운 이야기를 들어 잘못 들은 것이 아닌가 생각하다.
예 평생 독신으로 있겠다던 그녀가 결혼한다는 말에 귀를 의심하지 않을 수 없었다.

귀신이 곡하다 | 신기하고 기묘하여 그 속내를 알 수 없다.
예 귀신이 곡하겠습니다. 방금 여기 있던 사람이 금세 어디로 사라졌을까요?

귓등으로 듣다 | 듣고도 들은 체 만 체 하다.
예 짓궂은 기자는 노파의 이야기는 귓등으로 듣는지 딴청을 했다.

기름을 끼얹다 | 감정이나 행동을 부추겨 정도를 심하게 만들다.
예 그녀는 화가 난 그에게 기름을 끼얹는 말만 골라서 했다.

깜빡 죽다 | 지나치게 좋아하거나 중요하게 생각하여 사리 분별을 못하다.
예 제 친구는 우정이라면 깜빡 죽는 사람입니다.

납작코가 되다 | 체면, 자존심 따위가 손상되다.
예 점원이 주인 행세를 하려다가 들통이 나서 납작코가 되었다.

너울을 쓰다 | 속이나 진짜 내용은 그렇지 않으면서 그럴듯하게 좋은 명색을 내걸다.

　　　(예) 양반이란 너울을 쓰고 이 세상의 온갖 못된 짓들만 하는 치들이 그들 아닌가.

노루 꼬리만 하다 | 매우 짧다.

　　　(예) 노루 꼬리만 한 겨울 해가 벌써 산 너머로 지고 있다.

눈에 밟히다 | 잊히지 않고 자꾸 눈에 떠오르다.

　　　(예) 그는 어머니의 모습이 눈에 밟혀 차마 발걸음을 옮길 수 없었다.

느루 먹다 | 양식을 절약하여 예정보다 더 오랫동안 먹다.

　　　(예) 쌀을 느루 먹기 위하여 보리를 많이 섞어서 밥을 지었다.

다리를 들리다 | 미리 손쓸 기회를 빼앗기다.

　　　(예) 내 자리를 그가 먼저 차지하고 있으니, 나야말로 다리를 들린 셈이군.

두 길마를 보다 | 어느 한쪽이 잘못되더라도 자기에게 불리하게 되지 아니하도록 두 쪽에 다 관계를 가지고 살펴보다.

　　　(예) 너같이 두 길마를 보는 것은 기회주의자나 하는 짓이다.

뒷다리를 긁다 | 다 끝난 말을 다시 하여 되통스럽게 굴다.

　　　(예) 이야기할 때 뭘 하고 이제야 뒷다리 긁니.

딴전을 부리다 | 어떤 일과 전혀 관계없는 일이나 행동을 하다.

　　　(예) 그는 묻는 말에는 대답하지 않고 딴전을 부렸다.

뜸을 들이다 | 쉬거나 여유를 갖기 위해 서둘지 않고 한동안 가만히 있다.

　　　(예) 그렇게 뜸을 들이지만 말고 빨리 말해.

마각을 드러내다 | 말의 다리로 분장한 사람이 자기 모습을 드러낸다는 뜻으로, 숨기고 있던 일이나 정체를 드러내다.

　　　(예) 8월 말로 접어들자 그들은 차츰 흉악한 마각을 드러내기 시작했다.

말밥에 얹다 | 좋지 아니한 화제의 대상으로 삼다.

　　　(예) 그 사람이 무슨 잘못이 있다고 말밥에 얹어 헐뜯느냐?

맞방아를 찧다 | 남의 말에 그렇다고 덩달아 호응하거나 편들다.

例 우리는 둘이서 서로 맞방아를 찧어 가며 즐겁게 이야기를 나누었다.

메지가 나다 | 한 가지 일이 끝나다.
例 한 가지 걸리던 일이 단박에 그렇게 메지가 나자 홀가분해졌다.

명토를 박다 | 누구 또는 무엇이라고 이름을 대거나 지목하다.
例 명토 박아 말하다.

모골이 송연하다 | 끔찍스러워서 몸이 으쓱하고 털끝이 쭈뼛해지다.
例 지금도 그때 생각만 하면 모골이 송연하다.

묵주머니를 만들다 | 물건을 뭉개어 망가뜨리거나 일을 망치다.
例 이번 일에 잔꾀를 부리면 묵주머니를 만들어 버리겠다.

문턱을 낮추다 | 쉽고 편하게 접할 수 있게 만들다.
例 일반인에게 낯설기만 한 법원의 문턱을 낮추어야 한다.

미립이 트이다 | 경험에 의하여 묘한 이치를 깨닫게 되다.
例 말이 번드레하기에 미립이 트인 줄 알았더니마는….

밑천이 떨어지다 | 이야깃거리가 궁해지다.
例 옛날이야기를 하던 할아버지께서는 밑천이 떨어졌는지 빙그레 웃으셨다.
★'밑천으로 쓰던 돈이나 물건이 다 없어지다'의 뜻으로는 '밑천이 드러나다'를 쓴다.
例 그렇게 도박을 즐기니 그의 밑천이 드러나는 것은 시간문제였다.

반죽이 좋다 | 노여움이나 부끄러움을 타지 아니하다.
例 그는 반죽이 좋아 웬만한 일에는 성을 내지 않는다.

발뒤축을 물다 | 은혜를 베풀어 준 상대에게 해를 입히다. ≒발꿈치를 물다.
例 저 사람의 평소 행동을 보면 충분히 발뒤축을 물고도 남을 사람이니 조심하게.

발등을 밟히다 | 자기가 하려는 일을 남이 앞질러서 먼저 하다.
例 우리는 국내 최초의 기술을 선보일 예정이었으나 상대 회사에 발등을 밟히고 말았다.

발등을 찍히다 | 남에게 배신을 당하다.
例 그는 굳게 믿었던 친구에게 결국 발등을 찍히고 말았다.

발에 채다[차이다] | 여기저기 흔하게 널려 있다. ≒발길에 채다[차이다].
　　　　ⓔ 요즘에는 발에 채는 것이 노래방이다.

밸(=배알)이 꼴리다 | 비위에 거슬려 아니꼽다.
　　　　ⓔ 어이없는 독선에 못마땅하고 밸이 꼴렸다.

베틀에 북 나들듯 | 부리나케 자주 드나드는 모양.
　　　　ⓔ 그는 무슨 일인지 베틀에 북 나들듯 사장실을 들락거렸다.
　　　　★이때의 '북'은 '베틀에서, 날실의 틈으로 왔다 갔다 하면서 씨실을 푸는 기구'를 이르는 말이다.

변덕이 죽 끓듯 하다 | 말이나 행동을 몹시 이랬다저랬다 하다.
　　　　ⓔ 그는 변덕이 죽 끓듯 하는 믿을 수 없는 인물이었다.

변죽을 울리다 | 바로 집어 말을 하지 않고 둘러서 말을 하다.
　　　　ⓔ 그렇게 변죽을 울리지 말고 바른대로 말해.

본말이 전도(顚倒)되다 | 중요한 것과 중요하지 않은 것이 구별되지 않거나 일의 순서가 잘못 바뀐 상태가 되다.
　　　　ⓔ 담당 관청은 문제 해결은 외면한 채 주동자 색출에만 매달려 본말이 전도되었다는 지적을 받고 있다.

비단 방석에 앉다 | 훌륭하고 보람 있는 지위나 자리를 차지하다.
　　　　ⓔ 과장에서 사장으로 승진했으니 그도 이제는 비단 방석에 앉았다고들 부러워한다.

사족을 못 쓰다 | 무슨 일에 반하거나 혹하여 꼼짝 못하다. ≒사지를 못 쓰다.
　　　　ⓔ 그는 친구의 말이라면 사족을 못 쓴다.

산통을 깨다 | 다 잘되어 가던 일을 이루지 못하게 뒤틀다.
　　　　ⓔ 날이 훤히 밝도록 돌아가지 않고 산통을 깨면 어쩌나.
　　　　★'산통(算筒)'은 '맹인이 점을 칠 때 쓰는, 산가지를 넣은 통'을 이르는 말이다.

서리를 맞다 | 권력이나 난폭한 힘 따위에 의하여 큰 타격이나 피해를 입다.
　　　　ⓔ 이번 세무 감사로 그 회사는 서리를 맞았다.

서슬이 시퍼렇다 | 권세나 기세 따위가 아주 대단하다.

예 군사정권의 서슬이 시퍼렇던 시절에는 말 한마디도 쉽게 할 수 없었다.

성을 갈다 | 어떤 일을 다시는 하지 않겠다고 맹세하거나 어떤 것을 장담하다.

예 지금 한 내 말이 틀리면 성을 갈겠다.

속을 뽑다 | 일부러 남의 마음을 떠보고 그 속내를 드러나게 하다.

예 그들은 술 몇 잔으로 그의 속을 뽑으려 하였다.

손이 거칠다 | 도둑질 같은 나쁜 손버릇이 있다.

예 그 아이가 어려서부터 남의 물건을 집어 오는 등 손이 거칠었다.

★'손이 거칠다'는 '일을 하는 솜씨가 세밀하지 못하다.'의 뜻으로도 쓰인다. **예** 시계를 고치는 일을 하기에는 그는 손이 너무 거칠었다.

시치미를 떼다 | 자기가 하고도 하지 아니한 체하거나 알고 있으면서도 모르는 체하다.

예 녀석은 시치미를 뚝 떼고 오리발을 내밀었다.

★'시치미'는 '매의 주인을 밝히기 위하여 주소를 적어 매의 꽁지 속에다 매어 둔 네모꼴의 뿔'을 이르는 말이다.

싸리말을 태우다 | 반갑지 아니한 손님을 쫓아내다.

예 며느리를 친정으로 싸리말을 태워 보내다.

씨도 먹히지 않다 | 제기한 방법이나 의견이 받아들여지지 않다.

예 악덕 사장한테 내 말은 씨도 먹히지 않았습니다.

애간장을 태우다 | 몹시 초조하고 안타까워서 속을 많이 태우다.

예 그동안 형님의 소식을 몰라 식구들이 무척 애간장을 태웠다.

어안이 벙벙하다 | 뜻밖에 놀랍거나 기막힌 일을 당하여 어리둥절하다.

예 갑자기 따귀를 얻어맞은 그녀는 어안이 벙벙한 얼굴로 남편을 쳐다보았다.

억장(億丈)이 무너지다 | 극심한 슬픔이나 절망 따위로 몹시 가슴이 아프고 괴롭다.

예 우리 임시정부 요인들이 개인 자격으로 귀국해야 한다는 소식을 듣고는 억장이 무너지는 심정이었다.

오갈 들다 | 두려움에 기운을 펴지 못하다.

예 장차 다가올 고초가 혹독하다 한들 여기서부터 오갈 들어야 할 이유가 없지 않은가.

★'오갈 들다'는 '식물의 잎이 병들거나 말라서 오글쪼글하게 되다'의 뜻에서 온 말이다.

오지랖이 넓다 | 쓸데없이 지나치게 아무 일에나 참견하는 면이 있다.

    (예) 넌 얼마나 오지랖이 넓기에 남의 일에 그렇게 미주알고주알 캐는 거냐?

    ★'오지랖'은 본디 '웃옷이나 윗도리에 입는 겉옷의 앞자락'을 이르는 말이다.

이면(裏面)을 모르다 | 일이 어떻게 돌아가는지도 모르고 함부로 굴다.

    (예) 제가 이면을 모르고 경솔하게 행동하지 않도록 저에게 그동안의 일에 대해 자세히 말씀해 주시기 바랍니다.

찬밥 더운밥 가리다 | 어려운 형편에 있으면서 배부른 행동을 하다.

    (예) 우리가 지금 찬밥 더운밥 가릴 처지가 못 된다.

치(齒)를 떨다 | 몹시 분해하거나 지긋지긋해하다. 늑이를 떨다.

    (예) 그는 뼈아픈 배신감에 치를 떨었다.

코를 떼다 | 무안(無顔)을 당하거나 핀잔을 맞다.

    (예) 일을 대충 마무리한 그는 동료들에게 회의 시간 내내 코를 뗐다.

태깔(이) 나다 | 맵시 있는 태도가 보이다.

    (예) 그녀는 이제 숙녀로 성장하여 제법 태깔이 난다.

퇴짜를 놓다 | 물건이나 의견 따위를 받아들이지 아니하고 물리치다.

    (예) 맞선을 본 뒤 마음에 들지 않아 퇴짜를 놓았다.

파김치가 되다 | 몹시 지쳐서 기운이 아주 느른하게 되다.

    (예) 그는 고된 일을 마치고 파김치가 되어 집에 돌아왔다.

판을 거듭하다 | 이미 출판한 책을 같은 판을 써서 다시 찍어 내다.

    (예) 이 책은 판을 거듭할수록 독자들로부터 호평을 받는다.

하루가 새롭다 | 시간이 긴요하여 그 시간이 지나가는 것이 아쉽다. 늑한시가 새롭다.

    (예) 추수철에는 하루가 새롭다.

학을 떼다 | 괴롭거나 어려운 상황을 벗어나느라고 진땀을 빼거나, 그것에 거의 질려 버리다. 늑학질(을) 떼다.

    (예) 그녀는 그 일이 있은 후 이제 남자라면 학을 뗀다.

3 속담과 한자성어

속담과 한자성어는 관용 표현이다. 예컨대 '서당 개 삼 년에 풍월을 한다.'는 속담이고, '당구풍월(堂狗風月)'은 한자성어다. 표현 방식만 다를 뿐, 서당에서 삼 년 동안 살면서 매일 글 읽는 소리를 듣다 보면 개조차도 글 읽는 소리를 내게 된다는 뜻으로, 어떤 분야에 대하여 지식과 경험이 전혀 없는 사람이라도 그 부문에 오래 있으면 얼마간의 지식과 경험을 갖게 된다는 것을 비유적으로 이르는 말이라는 점에서는 같다. 이처럼 속담과 한자성어는 그 의미가 같거나 비슷한 것들이 많다.

한편 속담과 한자성어는 그 쓰임새의 측면에서 볼 때, 두 가지 유형으로 나눠 볼 수 있다.

㉮ 낙숫물이 댓돌을 뚫는다./**수적천석(水滴穿石)**
㉯ 쇠귀에 경 읽기/**우이독경(牛耳讀經)**

먼저 (가)는 작은 힘이라도 꾸준히 계속하면 큰일을 이룰 수 있음을 비유적으로 이르는 말이다. 이런 속담과 한자성어는 대체로 교훈적인 맥락에서 쓰인다. 말을 삼가야 한다는 교훈을 일깨우는 '가루는 칠수록 고와지고 말은 할수록 거칠어진다.'나 미리 준비하는 것의 중요성을 일깨우는 '유비무환(有備無患)'도 비슷하다.

(나)는 우둔한 사람은 아무리 가르치고 일러주어도 알아듣지 못함을 비유하여 이르는 말이다. 대체로 비판적이거나 풍자적인 맥락에서 쓰이는 말이다. 자꾸 뭘 미루는 것을 풍자하는 '갖바치 내일 모레'나, 도저히 불가능한 일을 굳이 하려 함을 풍자하는 '연목구어(緣木求魚)'도 비슷하다.

(1) 뜻하는 바가 비슷한 속담과 한자성어

개밥에 도토리 | 개는 도토리를 먹지 아니하기 때문에 밥 속에 있어도 먹지 아니하고 남긴 다는 뜻에서, 따돌림을 받아서 여럿의 축에 끼지 못하는 사람을 비유적으로 이르는 말. ≒구반상실(狗飯橡實)

고래 싸움에 새우 등 터진다 | 남의 싸움에 아무 관계없는 사람이 해를 입거나 윗사람들 싸움으로 아랫사람이 해를 입을 때 쓰는 말. ≒경전하사(鯨戰蝦死)

귀 막고 방울 도적질하기 | 얕은 수를 써서 남을 속이려 하나 거기에 속는 사람이 없음을 비유적으로 이르는 말. ≒엄이도령(掩耳盜鈴)

나무에 오르라 하고 흔드는 격 | 남을 꾀어 위험한 곳이나 불행한 처지에 빠지게 함을 비유적으로 이르는 말. ≒권상요목(勸上搖木), 등루거제(登樓去梯)

나중 난 뿔이 우뚝하다 | ❶ 나중에 생긴 것이 먼저 것보다 훨씬 나음을 비유적으로 이르는 말. ❷ 후배가 선배보다 훌륭하게 되었음을 비유적으로 이르는 말. ≒후생각고(後生角高)

달걀로 바위 치기 | 대항해도 도저히 이길 수 없는 경우를 비유적으로 이르는 말. ≒이란격석(以卵擊石), 중과부적(衆寡不敵)

달도 차면 기운다 | ❶ 세상의 온갖 것이 한번 번성하면 다시 쇠하기 마련이라는 말. ❷ 행운이 언제까지나 계속되는 것은 아님을 비유적으로 이르는 말. ≒월만즉휴(月滿則虧), 월영즉식(月盈則食)

닭의 볏이 될지언정 소의 꼬리는 되지 마라 | 크고 훌륭한 자의 뒤를 쫓아다니는 것보다는 차라리 작고 보잘것없는 데서 남의 우두머리가 되는 것이 낫다는 말. ≒계구우후(鷄口牛後)

두 손뼉이 맞아야 소리가 난다 | ❶ 무슨 일이든지 두 편에서 서로 뜻이 맞아야 이루어질 수 있다는 말. ❷ 서로 똑같기 때문에 말다툼이나 싸움이 된다는 말. ≒고장난명(孤掌難鳴), 독장난명(獨掌難鳴)

마른하늘에 날벼락 | 뜻하지 않게 큰 재앙을 당했을 때 사용하는 말. ≒청천벽력(靑天霹靂)

말 타면 경마 잡히고 싶다 | 사람의 욕심이란 한이 없다는 말. ≒득롱망촉(得隴望蜀), **기마욕솔노(騎馬欲率奴)**

머리를 삶으면 귀까지 익는다 | 큰일을 하면 거기에 딸린 부분도 자연히 따라 하게 됨을 비유적으로 이르는 말. ≒**팽두이숙(烹頭耳熟)**

머리털을 베어 신발을 삼다 | 무슨 수단을 써서라도 자기가 입은 은혜는 잊지 않고 꼭 갚겠다는 것을 비유적으로 이르는 말. ≒**결초보은(結草報恩)**

모기 보고 칼 빼기 | ❶ 시시한 일로 소란을 피움을 비유적으로 이르는 말. ❷ 보잘것없는 작은 일에 어울리지 않게 엄청나게 큰 대책을 씀을 이르는 말. ≒**견문발검(見蚊拔劍)**

목마른 놈이 우물 판다 | 자기가 급해야 서둘러 일을 시작한다는 말. ≒**갈이천정(渴而穿井)**

무는 호랑이는 뿔이 없다 | 입으로 무는 호랑이에게는 받는 뿔이 없다는 뜻으로, 한 가지 장점이 있으면 단점도 있듯이 무엇이든 다 갖추기 어려움을 비유적으로 이르는 말. ≒**각자무치(角者無齒)**

무쇠도 갈면 바늘 된다 | 꾸준히 노력하면 어떤 어려운 일이라도 이룰 수 있다는 말. ≒**철저성침(鐵杵成針)**

물이 너무 맑으면 고기가 아니 모인다 | 사람이 지나치게 결백하면 남이 따르지 않음을 비유적으로 이르는 말. ≒**수청무대어(水淸無大魚)**

밑돌 빼서 윗돌 고인다 | 기껏 한다는 짓이 밑에 있는 돌을 뽑아서 위에다 고여 나간다는 뜻으로, 일한 보람이 없이 어리석은 짓을 하는 경우를 비유적으로 이르는 말. ≒**하석상대(下石上臺), 동족방뇨(凍足放尿), 미봉책(彌縫策)**

바늘구멍으로 하늘 보기 | 조그만 바늘구멍으로 넓디넓은 하늘을 본다는 뜻으로, 전체를 포괄적으로 보지 못하는 매우 좁은 소견이나 관찰을 비꼬는 말. ≒**이관규천(以管窺天)**

바늘 끝만 한 일을 보면 쇠공이만큼 늘어놓는다 | 작은 일을 과장하여 떠듦을 이르는 말. ≒**침소봉대(針小棒大)**

바닷속의 좁쌀알 같다 | 넓고 넓은 바닷속에 뜬 조그만 좁쌀알만 하다는 뜻으로, 그 존재
가 대비도 안 될 만큼 보잘것없거나 매우 작고 하찮은 경우를 비유적으로
이르는 말. ≒창해일속(滄海一粟)

밤눈 어두운 말이 워낭 소리 듣고 따라간다 | 밤눈이 어두운 말이 자기 턱 밑에 달린 쇠고
리의 소리를 듣고 따라간다는 뜻으로, 남이 하는 대로 따라 함을 비유적
으로 이르는 말. ≒고마문령(瞽馬聞鈴)

방바닥에서 낙상한다 | ❶ 안전한 곳에서 뜻밖에 실수함을 비유적으로 이르는 말. ❷ 마음
을 놓는 데서 실수가 생기는 것이니 항상 조심해야 함을 비유적으로 이르
는 말. ≒평지낙상(平地落傷)

배 먹고 이 닦기 | 배를 먹으면 이까지 하얗게 닦아진다는 뜻으로, 한 가지 일에 두 가지 이
로움이 있음을 비유적으로 이르는 말. ≒일석이조(一石二鳥), 일거양득
(一擧兩得), 일전쌍조(一箭雙鵰)

뱀을 그리고 발까지 단다 | 쓸데없는 것을 덧붙여서 오히려 못쓰게 만듦을 비유적으로 이
르는 말. ≒화사첨족(畫蛇添足)

범도 죽을 때 제 굴에 가서 죽는다 | 누구나 죽을 때는 자기가 난 고장을 그리워함을 비유
적으로 이르는 말. ≒수구초심(首丘初心)

복철을 밟지 말라 | 엎어진 수레바퀴의 자취를 그대로 밟지 말라는 뜻으로, 앞서 한 사람
의 잘못을 보고 그것을 거울삼아 그와 같은 실패를 하지 않도록 조심하라
는 말. ≒전거복철(前車覆轍)

봄 꿩이 제 울음에 죽는다 | 꿩이 소리를 내어 자기가 있는 곳을 알려 죽게 된다는 뜻으로,
제 허물을 제가 드러냄으로써 화를 스스로 불러옴을 비유적으로 이르는
말. ≒춘치자명(春雉自鳴)

비단옷 입고 밤길 가기 | 비단옷을 입고 밤길을 걸으면 아무도 알아주지 않는다는 뜻으로,
생색이 나지 않는 공연한 일에 애쓰고도 보람이 없는 경우를 비유적으로
이르는 말. ≒금의야행(錦衣夜行)

사또 덕분에 나팔 분다 | 사또와 동행한 덕분에 나팔 불고 요란히 맞아 주는 호화로운 대접을 받는다는 뜻으로, 남의 덕으로 당치도 아니한 행세를 하게 되거나 그런 대접을 받고 우쭐대는 모양을 비유적으로 이르는 말. ≒호가호위(狐假虎威)

사람은 죽으면 이름을 남기고 범은 죽으면 가죽을 남긴다 | 호랑이가 죽은 다음에 귀한 가죽을 남기듯이 사람은 죽은 다음에 생전에 쌓은 공적으로 명예를 남기게 된다는 뜻으로, 인생에서 가장 중요한 것은 생전에 보람 있는 일을 해놓아 후세에 명예를 떨치는 것임을 비유적으로 이르는 말. ≒인사유명(人死留名) 호사유피(虎死留皮)

살이 살을 먹고 쇠가 쇠를 먹는다 | 동포 형제나 가까운 이웃, 친척끼리 서로 해치려 함을 비유적으로 이르는 말. ≒골육상쟁(骨肉相爭), 동족상쟁(同族相爭), 골육상잔(骨肉相殘)

삼밭에 쑥대 | 쑥이 삼밭에 섞여 자라면 삼대처럼 곧아진다는 뜻으로, 좋은 환경에서 자라면 좋은 영향을 받게 됨을 비유적으로 이르는 말. ≒마중지봉(麻中之蓬)

상갓집 개 노릇 | 먹여 주고 돌봐 줄 주인을 잃은 상갓집 개와 같은 처지라는 뜻으로, 여기 가서도 천대를 받고 저기 가서도 천대를 받으면서도 비굴하게 얻어먹으러 기어드는 가련한 꼴을 비유적으로 이르는 말. ≒상가지구(喪家之狗)

상전의 빨래에 종의 발뒤축이 희다 | 상전의 빨래를 하여 주면 제 발뒤축이 깨끗하게 된다는 뜻으로, 하기 싫어 마지못해 하는 남의 일이라도 해 주고 나면 얼마간의 이득은 있음을 비유적으로 이르는 말. ≒세답족백(洗踏足白)

세 사람만 우겨대면 없는 호랑이도 만들어 낼 수 있다 | ❶셋이 모여 우겨대면 누구나 곧이듣게 된다는 뜻으로, 여럿이 힘을 합치면 안 되는 일이 없음을 비유적으로 이르는 말. ❷여럿이 떠들어 소문내면 사실이 아닌 것도 사실처럼 됨을 비유적으로 이르는 말. ≒증삼살인(曾參殺人), 삼인성호(三人成虎), 시호삼전(市虎三傳)

소문난 잔치에 먹을 것 없다 | 떠들썩한 소문이나 큰 기대에 비하여 실속이 없거나 소문이

실제와 일치하지 아니하는 경우를 비유적으로 이르는 말. ≒외화내빈(外華內貧)

소 잃고 외양간 고친다 | 소를 도둑맞은 다음에서야 빈 외양간의 허물어진 데를 고치느라 수선을 떤다는 뜻으로, 일이 이미 잘못된 뒤에는 손을 써도 소용이 없음을 비꼬는 말. ≒실마치구(失馬治廐), 망양보뢰(亡羊補牢)

신 신고 발바닥 긁기 | 신을 신고 발바닥을 긁으면 긁으나 마나라는 뜻으로, 요긴한 곳에 직접 미치지 못하여 안타까운 경우를 비유적으로 이르는 말. ≒격화소양(隔靴搔癢), 격화파양(隔靴爬痒), 격혜소양(隔鞋搔癢)

십 년 세도 없고 열흘 붉은 꽃 없다 | 부귀영화가 오래 계속되지 못함을 비유적으로 이르는 말. ≒권불십년(權不十年), 세불십년(勢不十年), 화무십일홍(花無十日紅)

싸고 싼 사향도 냄새 난다 | ❶ 어떤 일을 아무리 노력하여 숨기려 하여도 결국에는 드러나고야 만다는 것을 비유적으로 이르는 말. ❷ 재주와 덕망을 겸비한 사람은 알리지 아니하려고 하여도 저절로 알려짐을 비유적으로 이르는 말. ≒낭중지추(囊中之錐)

오뉴월 두룽다리 | ❶ 제철이 지나 쓸데없고, 오히려 거추장스러운 물건을 비유적으로 이르는 말. ❷ 격에 맞지 아니한 물건을 비유적으로 이르는 말. [비슷한 속담] 한더위에 털감투. ≒하로동선(夏爐冬扇)

음지가 양지 되고 양지가 음지 된다 | 운이 나쁜 사람도 좋은 수를 만날 수 있고 운이 좋은 사람도 늘 좋기만 하는 것이 아니라 어려운 시기가 있다는 말로, 세상사는 돌고 돈다는 말. ≒새옹지마(塞翁之馬), 새옹득실(塞翁得失)

자라 보고 놀란 가슴 소댕[솥뚜껑] 보고 놀란다 | 어떤 사물에 몹시 놀란 사람은 비슷한 사물만 보아도 겁을 냄을 이르는 말. ≒경궁지조(驚弓之鳥), 상궁지조(傷弓之鳥)

장대로 하늘 재기 | 끝없이 높은 하늘의 높이를 장대를 가지고 재려 한다는 뜻으로, 가능성이 전혀 없는 짓을 함을 이르는 말. ≒연목구어(緣木求魚), 사어지천

(射魚指天)

좋은 일에 마(魔)가 든다 | 좋은 일에는 흔히 마희(魔戲)가 들기 쉽다는 뜻으로, 좋은 일에 훼방꾼이 나타나는 경우를 비유적으로 이르는 말. ≒호사다마(好事多魔)

죽은 자식 나이 세기 | 이왕 그릇된 일을 자꾸 생각하여 보아야 소용없다는 말. ≒ 망자계치(亡子計齒)

콩 심은 데 콩 나고 팥 심은 데 팥 난다 | 모든 일은 근본에 따라 거기에 걸맞은 결과가 나타나는 것임을 비유적으로 이르는 말. ≒종두득두(種豆得豆), 종과득과(種瓜得瓜), 인과응보(因果應報)

하늘 보고 침 뱉기 | 하늘을 향하여 침을 뱉어 보아야 자기 얼굴에 떨어진다는 뜻으로, 자기에게 해가 돌아올 짓을 함을 비유적으로 이르는 말. ≒앙천이타(仰天而唾)

호랑이를 그리려다가 강아지를 그린다 | 시작할 때는 크게 마음먹고 훌륭한 것을 만들려고 하였으나 생각과는 다르게 초라하고 엉뚱한 것을 만들게 됨을 비유적으로 이르는 말. ≒화호유구(畫虎類狗)

(2) 쓰임새에 따른 속담의 분류

1 교훈적인 맥락에서 주로 쓰이는 속담

가난 구제는 지옥 늪이라 | 가난한 사람을 구제하는 것은 지옥에 떨어질 징조라는 뜻으로, 그 일이 결국에 가서는 자신에게 해롭게 되고 고생거리가 되니 아예 가난한 사람을 구제할 생각도 하지 말라는 것을 비유적으로 이르는 말.

가랑비에 옷 젖는 줄 모른다 | 가늘게 내리는 비는 조금씩 젖어 들기 때문에 여간해서도 옷이 젖는 줄을 깨닫지 못한다는 뜻으로, 아무리 사소한 것이라도 그것이 거듭되면 무시하지 못할 정도로 크게 됨을 비유적으로 이르는 말.

가물에 돌 친다 | 가물에 도랑을 쳐서 물길을 낸다는 뜻으로, 무슨 일이든지 사전에 준비를 해야 함을 비유적으로 이르는 말. ★'돌'은 '도랑'의 옛말임.

굽은 나무가 선산을 지킨다 | 자손이 빈한해지면 선산의 나무까지 팔아 버리나 줄기가 굽어 쓸모없는 것은 그대로 남게 된다는 뜻으로, 쓸모없어 보이는 것이 도리어 제구실을 하게 됨을 비유적으로 이르는 말.

금강산 그늘이 관동 팔십 리 간다 | 금강산의 아름다움이 관동 팔십 리 곧 강원도 지방에 널리 미친다는 뜻으로, 훌륭한 사람 밑에서 지내면 그의 덕이 미치고 도움을 받게 됨을 비유적으로 이르는 말.

누운 나무에 열매 안 연다 | 죽은 나무에 열매가 열릴 리 없다는 뜻으로, 사람도 죽은 듯이 가만히 있으면 아무것도 되는 일이 없으므로 열심히 움직이고 일하여야 성공을 거둘 수 있다는 말.

말은 할수록 늘고 되질은 할수록 준다 | 같은 내용의 말이라도 사람들의 입을 통해 전해지면 전해질수록 과장되고, 물건은 옮길수록 줄어든다는 뜻.

물이 깊을수록 소리가 없다 | 덕이 높고 생각이 깊은 사람은 겉으로 떠벌리고 잘난 체하거나 뽐내지 않는다는 말.

부뚜막의 소금도 집어넣어야 짜다 | 가까운 부뚜막에 있는 소금도 넣지 아니하면 음식이 짠맛이 날 수 없다는 뜻으로, 아무리 좋은 조건이 마련되었거나 손쉬운 일이라도 힘을 들이어 이용하거나 하지 아니하면 안 됨을 비유적으로 이

르는 말.

쇠뿔도 단김에 빼랬다 | 든든히 박힌 소의 뿔을 뽑으려면 불로 달구어 놓은 김에 해치워야 한다는 뜻으로, 어떤 일이든지 하려고 생각했으면 한창 열이 올랐을 때 망설이지 말고 곧 행동으로 옮겨야 함을 비유적으로 이르는 말. ≒단김에 소뿔 빼듯.

울력걸음에 봉충다리 | 여러 사람이 함께 걷는 경우에 절름발이도 덩달아 걸을 수 있다는 뜻으로, 여럿이 공동으로 하는 바람에 평소에 못하던 사람도 할 수 있게 됨을 비유적으로 이르는 말.

초년고생은 은 주고 산다 | 젊은 시절의 고생은 장래 발전을 위하여 중요한 경험이 되므로 그 고생을 달게 여기라는 말. ≒초년고생은 사서라도 한다. 초년고생은 양식 지고 다니며 한다. 초년고생은 은을 주어도 안 바꾼다.

혀 아래 도끼 들었다 | 말을 잘못하면 재앙을 받게 되니 말조심을 하라는 말. ≒혀 밑에 죽을 말 있다.

2 비판적이거나 풍자적 맥락에서 주로 쓰이는 속담

가게 기둥에 입춘주련 | 추하고 보잘것없는 가겟집 기둥에 '입춘대길(立春大吉)'이라 써 붙인다는 뜻으로, 제격에 맞지 않음을 비유적으로 이르는 말.

가난한 상주 방갓 대가리 같다 | ❶ 사람의 몰골이 허술하여 볼품없어 보임을 놀림조로 이르는 말. ❷ 무슨 물건이 탐탁하지 못하고 어색해 보이며 값없어 보임을 이르는 말. ❸ 머리가 모시처럼 희게 되었다는 뜻으로, 오랜 세월이 지났다는 말.

가난한 양반 씻나락 주무르듯 | 가난한 양반이 털어먹자니 앞날이 걱정스럽고 그냥 두자니 당장 굶는 일이 걱정되어서 볍씨만 한없이 주무르고 있다는 뜻으로, 어떤 일에 닥쳐 우물쭈물하기만 하면서 선뜻 결정을 내리지 못하고 있는 모양을 이르는 말.

가난할수록 기와집 짓는다 | ❶ 당장 먹을 것이나 입을 것이 넉넉지 못한 가난한 살림일수

록 기와집을 짓는다는 뜻으로, 실상은 가난한 사람이 남에게 업신여김을 당하기 싫어서 허세를 부리려는 심리를 비유적으로 이르는 말. ❷ 가난하다고 주저앉고 마는 것이 아니라 어떻게든 잘살아 보려고 용단을 내어 큰 일을 벌인다는 말.

가랑잎이 솔잎더러 바스락거린다고 한다 | 제 허물이 큰 줄은 모르고, 남의 작은 허물을 나무라는 어리석은 행동을 이르는 말. ≒겨울바람이 봄바람보고 춥다 한다.

갈치가 갈치 꼬리 문다 | 갈치를 낚는 데 갈치 꼬리를 쓰는 데서 온 말로, 동류(同類)나 친척 간에 서로 싸움을 비유적으로 이르는 말. ≒망둥이 제 동무 잡아먹는다.

강원도 포수 | 산이 험한 강원도에서는 사냥을 떠나면 돌아오지 못하는 수가 많았다는 데서, 한 번 간 후 다시 돌아오지 않거나, 매우 늦게야 돌아오는 사람을 비유적으로 이르는 말. ≒지리산 포수.

개 꼬리 삼 년 묵어도 황모 되지 않는다 | 본바탕이 좋지 아니한 것은 어떻게 하여도 그 본질이 좋아지지 아니함을 비유적으로 이르는 말.

개구멍으로 통량갓을 굴려 내다 | 개나 드나드는 조그만 개구멍으로 크고 값비싼 통량갓을 상하지 않게 굴려 뽑아낸다는 뜻으로, 교묘한 수단으로 남을 잘 속여 먹는 것을 욕으로 이르는 말.

개 머루 먹듯 | ❶ 참맛도 모르면서 바삐 먹어 치우는 것을 이르는 말. ≒개가 약과 먹은 것 같다. ❷ 내용이 틀리거나 말거나 일을 건성건성 날려서 함을 비유적으로 이르는 말. ❸ 뜻도 모르면서 아는 체함을 이르는 말.

개 보름 쇠듯 | 대보름날 개에게 음식을 주면 여름에 파리가 많이 꼬인다고 하여 개를 굶긴다는 뜻으로, 남들은 다 잘 먹고 지내는 명절 같은 날에 제대로 먹지도 못하고 지냄을 비유적으로 이르는 말.

개살구 지레 터진다 | 맛없는 개살구가 참살구보다 먼저 익어 터진다는 뜻으로, 되지 못한 사람이 오히려 잘난 체하며 뽐내거나 남보다 먼저 나섬을 비유적으로 이

르는 말.

고슴도치도 제 새끼는 함함하다고 한다 | ❶ 털이 바늘같이 꼿꼿한 고슴도치도 제 새끼의 털이 부드럽다고 옹호한다는 뜻으로, 자기 자식의 나쁜 점은 모르고 도리어 자랑으로 삼는다는 말. ❷ 어버이 눈에는 제 자식이 다 잘나고 귀여워 보인다는 말.

눈은 있어도 망울이 없다 | ❶ 있기는 있는데 가장 중요한 것이 빠져서 없는 것과 마찬가지라는 말. ❷ 사물을 바로 분별하거나 꿰뚫어 볼 줄 모름을 비유적으로 이르는 말.

달 보고 짖는 개 | ❶ 남의 일에 대하여 잘 알지도 못하면서 떠들어 대는 사람을 비유적으로 이르는 말. ❷ 대수롭지도 않은 일에 공연히 놀라거나 겁을 내서 떠들썩하는 싱거운 사람을 비유적으로 이르는 말.

똥 누러 갈 적 마음 다르고 올 적 마음 다르다 | 자기 일이 아주 급한 때는 통사정하며 매달리다가 그 일을 무사히 다 마치고 나면 모른 체하고 지낸다는 말.

똥 묻은 개가 겨 묻은 개 나무란다 | 자기는 더 큰 흉이 있으면서 도리어 남의 작은 흉을 본다는 말. ≒그슬린 돼지가 달아맨 돼지 타령한다. 뒷간 기둥이 물방앗간 기둥을 더럽다 한다. 똥 묻은 접시가 재 묻은 접시를 흉본다.

마파람에 게 눈 감추듯 | 음식을 매우 빨리 먹어 버리는 모습을 비유적으로 이르는 말. ≒ 남양 원님 굴회 마시듯. 두꺼비 파리 잡아먹듯. 사냥개 언 똥 들어먹듯.

망건 쓰고 세수한다 | 세수를 하고 머리를 빗고 그 다음에 망건을 쓰는 법인데 망건을 먼저 쓰고 세수를 한다는 뜻으로, 일의 순서를 바꾸어 함을 놀림조로 이르는 말. ≒탕건 쓰고 세수한다. 도랑 치고 가재 잡는다.

못된 송아지 엉덩이에 뿔이 난다 | 되지못한 것이 엇나가는 짓만 한다는 말. ≒못된 벌레 장판방에서 모로 긴다. 못된 송아지 뿔부터 난다.

뱁새가 황새를 따라가면 다리가 찢어진다 | 힘에 겨운 일을 억지로 하면 도리어 해만 입는다는 말. ≒촉새가 황새를 따라가다 가랑이 찢어진다.

빛 좋은 개살구 ┃ 겉보기에는 먹음직스러운 빛깔을 띠고 있지만 맛은 없는 개살구라는 뜻으로, 겉만 그럴듯하고 실속이 없는 경우를 비유적으로 이르는 말. ≒허울 좋은 하눌타리.

뿌리 깊은 나무 가뭄 안 탄다 ┃ 땅속 깊이 뿌리 내린 나무는 가뭄에 타지 않아 말라 죽는 일이 없다는 뜻으로, 무엇이나 근원이 깊고 튼튼하면 어떤 시련도 견뎌 냄을 비유적으로 이르는 말.

사후 약방문[청심환] ┃ 사람이 죽은 다음에야 약을 구한다는 뜻으로, 때가 지나 일이 다 틀어진 후에야 뒤늦게 대책을 세움을 비유적으로 이르는 말.

산지기 눈 봐라 도낏밥을 남 줄까 ┃ 몹시 인색해 보이니 그에게 무엇을 얻을까 바라지도 말라는 말.

섣달 그믐날 시루 얻으러 다니기 ┃ 어느 집이나 다 시루를 쓰는 섣달 그믐날에 남의 집에 시루를 얻으러 다닌다는 뜻으로, 되지도 않을 일에 애를 쓰는 미련한 짓을 비유적으로 이르는 말.

섶을 지고 불로 들어가려 한다 ┃ 당장에 불이 붙을 섶을 지고 이글거리는 불 속으로 뛰어든다는 뜻으로, 앞뒤 가리지 못하고 미련하게 행동함을 놀림조로 이르는 말.

소 궁둥이에다 꼴을 던진다 ┃ ❶ 아무리 힘쓰고 밑천을 들여도 보람이 없음을 비유적으로 이르는 말. ❷ 몹시 둔하여 깨닫지 못할 사람에게는 아무리 교육을 시켜도 효능이 없음을 비유적으로 이르는 말.

차돌에 바람 들면 석돌보다 못하다 ┃ 야무진 사람일수록 한번 타락하면 걷잡을 수 없게 된다는 말.

파방(罷榜)에 수수엿 장수 ┃ 기회를 놓쳐서 이제는 별 볼 일 없게 된 사람이나 그런 경우를 비유적으로 이르는 말. ≒파장에 수수엿 장수.

3 교훈 맥락과 풍자적 맥락에 두루 쓰이는 속담

가는 방망이 오는 홍두깨 | ❶ 이쪽에서 방망이로 저쪽을 때리면 저쪽에서는 홍두깨로 이쪽을 때린다는 뜻으로, 자기가 한 일보다 더 가혹한 갚음을 받게 되는 경우를 비유적으로 이르는 말. ❷ 남을 해치려고 하다가 제가 도리어 더 큰 화를 입게 됨을 비유적으로 이르는 말.

가마 밑이 노구솥 밑을 검다 한다 | 더 시꺼먼 가마솥 밑이 덜 시꺼먼 노구솥 밑을 보고 도리어 검다고 흉본다는 뜻으로, 남 못지않은 잘못이나 결함이 있는 사람이 제 흉은 모르고 남의 잘못이나 결함만을 흉봄을 비유적으로 이르는 말. 늑가마가 솥더러 검정아 한다.

굼벵이도 구르는 재주가 있다 | ❶ 아무런 능력이 없는 사람이 남의 관심을 끌 만한 행동을 함을 놀림조로 이르는 말. ❷ 무능한 사람도 한 가지 재주는 있음을 비유적으로 이르는 말. 늑굼벵이도 떨어지는 재주가 있다.

산 개 새끼가 죽은 정승보다 낫다 | ❶ 아무리 천하더라도 살아 있는 것이 죽은 것보다는 낫다는 뜻으로, 세상을 비관하지 말고 살아가라는 말. ❷ 아무리 존귀했던 몸이라도 한번 죽으면 거들떠보지 않는 것이 세상인심임을 비유적으로 이르는 말.

산돼지를 잡으려다가 집돼지까지 잃는다 | ❶ 산돼지를 잡겠다고 욕심을 부리던 나머지 집돼지를 잘못 간수한 탓으로 잃어버리게 되었다는 뜻으로, 지나치게 욕심을 부리다가 이미 차지한 것까지 잃어버리게 됨을 비유적으로 이르는 말. ❷ 새로운 일을 자꾸만 벌여 놓으면서 이미 있는 것을 챙기는 데에 소홀하면 도리어 손해를 봄을 비유적으로 이르는 말. 늑산토끼를 잡으려다가 집토끼를 놓친다.

산엘 가야 꿩을 잡고 바다엘 가야 고기를 잡는다 | ❶ 무슨 일이든지 가만히 앉아 있어서는 이루어지지 않고 발 벗고 나서서 힘을 들여야 이루어짐을 비유적으로 이르는 말. ❷ 꿩은 산에 가야 잡을 수 있고, 고기는 바다에 가야 잡을 수 있다는 뜻으로, 목적하는 방향을 제대로 잡아 노력하여야만 그 목적을 제대로 이룰 수 있음을 비유적으로 이르는 말. 늑산에 가야 범을 잡지.

철나자 망령 난다 | ❶ 철이 들 만하자 망령이 들었다는 뜻으로, 지각없이 굴던 사람이 정신을 차려 일을 잘할 만하니까 이번에는 망령이 들어 일을 그르치게 되는 경우를 비난조로 이르는 말. ❷ 무슨 일이든 때를 놓치지 말고 제때에 힘쓰라는 말. ❸ 나이 먹은 사람이 몰상식한 짓을 하는 경우를 비난조로 이르는 말.

(3) 유사한 맥락 또는 반대되는 맥락에서 쓰이는 한자성어

가담항설(街談巷說) | 길거리나 세상 사람들 사이에 떠도는 이야기. 세상에 떠도는 뜬소문. ★街 거리 가, 談 말씀 담, 巷 거리 항, 說 말씀 설 **유의어** 도청도설(道聽塗說), 유언비어(流言蜚語)

가렴주구(苛斂誅求) | 세금을 가혹하게 거두어들이고, 백성의 재물을 억지로 빼앗음. ★苛 가혹할 가, 斂 거둘 렴, 誅 벨 주, 求 구할 구 **유의어** 가정맹어호(苛政猛於虎)

가인박명(佳人薄命) | 아름다운 사람은 명이 짧음. 여자의 용모가 너무 아름다우면 운명이 기박하고 명이 짧다는 말. ★佳 아름다울 가, 人 사람 인, 薄 엷을 박, 命 목숨 명 **유의어** 미인박명(美人薄命), 홍안박명(紅顔薄命)

각골난망(刻骨難忘) | 남에게 입은 은혜가 뼈에 새길 만큼 커서 잊히지 아니함. ★刻 새길 각, 骨 뼈 골, 難 어려울 난, 忘 잊을 망 **유의어** 백골난망(白骨難忘), 결초보은(結草報恩)

각주구검(刻舟求劍) | 칼을 강물에 빠뜨리고 뱃전에 표시를 했다가 나중에 그 칼을 찾으려 함. 사리에 어두워 어리석거나 시대 변화를 모르고 완고함을 비유적으로 이르는 말. ★刻 새길 각, 舟 배 주, 求 구할 구, 劍 칼 검 **유의어** 교주고슬(膠柱鼓瑟), 수주대토(守株待兎), 미생지신(尾生之信)

격세지감(隔世之感) | 그리 오래지 않은 동안에 상당히 많이 달라져서 전혀 다른 세상 혹은 다른 세대가 된 것 같은 느낌. ★隔 사이 뜰 격, 世 대 세, 之 어조사 지, 感 느낄 감 **유의어** 금석지감(今昔之感), 상전벽해(桑田碧海)

격화소양(隔靴搔癢) | ❶ 구두를 신은 채 가려운 발바닥을 긁음. 마음으로는 애써 하려 하나 사물의 정통을 찌르지 못해 답답함을 이르는 말. ❷ 어떤 일의 핵심을 찌르지 못하고 겉돌기만 하여 매우 안타까운 상태. ★隔 사이 뜰 격, 靴 구두 화, 搔 긁을 소, 癢 가려울 양 **유의어** 격화파양(隔靴爬癢)

견리사의(見利思義) | 눈앞의 이익을 보면 의리를 먼저 생각함. ★見 볼 견, 利 이로울 리, 思 생각할 사, 義 의리 의 **반의어** 견리망의(見利忘義)

견마지로(犬馬之勞) | 개나 말 정도의 하찮은 힘. 윗사람에게 충성을 다하는 자신의 노력을 낮추어 이르는 말. ★犬 개 견, 馬 말 마, 之 어조사 지, 勞 일할 로

유의어 견마지심(犬馬之心), 분골쇄신(粉骨碎身), 진충갈력(盡忠竭力)

견문발검(見蚊拔劍) | 모기를 보고 칼을 빼어 듦. 사소한 일에 크게 성내어 덤빔을 이르는 말. 목적에 비해 동원되는 수단이 너무 거창함. ★見 **볼 견**, 蚊 **모기 문**, 拔 **뺄 발**, 劍 **칼 검** 유의어 노승발검(怒蠅拔劍)

견원지간(犬猿之間) | 개와 원숭이의 사이. 사이가 매우 나쁜 두 관계를 비유적으로 이르는 말. ★犬 **개 견**, 猿 **원숭이 원**, 之 **어조사 지**, 間 **사이 간** 유의어 빙탄불상용(氷炭不相容), 빙탄지간(氷炭之間), 불구대천(不俱戴天)

견위치명(見危致命) | 나라가 위태로울 때 자기의 몸을 나라에 바침. ★見 **볼 견**, 危 **위태로울 위**, 致 **보낼 치**, 命 **목숨 명** 유의어 견위수명(見危授命)

견토지쟁(犬兔之爭) | 개와 토끼의 다툼. ❶ 양자의 다툼에 제삼자가 힘들이지 않고 이(利)를 봄. 횡재(橫財)의 비유. ❷ 쓸데없는 다툼의 비유. ★犬 **개 견**, 兔 **토끼 토**, 之 **어조사 지**, 爭 **다툼 쟁** 유의어 전부지공(田夫之功), 방휼지쟁(蚌鷸之爭), 어부지리(漁父之利)

경거망동(輕擧妄動) | 경솔하여 생각 없이 망령되게 행동함. ★輕 **가벼울 경**, 擧 **행할 거**, 妄 **망령될 망**, 動 **움직일 동** 반의어 은인자중(隱忍自重), 자중자애(自重自愛)

경국지색(傾國之色) | 나라를 기울일 만한 여자. ❶ 매우 아름다운 여자. ❷ 나라를 위태롭게 한다는 말. ★傾 **기울 경**, 國 **나라 국**, 之 **어조사 지**, 色 **빛 색** 유의어 천하일색(天下一色), 절세가인(絶世佳人), 단순호치(丹脣皓齒)

계군일학(鷄群一鶴) | 닭의 무리 속에 한 마리의 학. 여러 평범한 사람들 가운데 뛰어난 한 사람이 섞여 있음을 비유하는 말. ★鷄 **닭 계**, 群 **무리 군**, 一 **한 일**, 鶴 **학 학** 유의어 군계일학(群鷄一鶴), 계군고학(鷄群孤鶴)

계학지욕(谿壑之慾) | 시냇물이 흐르는 산골짜기의 욕심. 물릴 줄 모르는 한없는 욕심을 이르는 말. ★谿 **시내 계**, 壑 **골 학**, 之 **어조사 지**, 慾 **욕심 욕** 유의어 거어지탄(車魚之歎), 기마욕솔노(騎馬欲率奴), 득롱망촉(得隴望蜀)

고두사은(叩頭謝恩) | 머리를 조아리며 은혜에 감사함. ★叩 **조아릴 고**, 頭 **머리 두**, 謝 **사례**

할 사, 恩 은혜 은 유의어 돈수백배(頓首百拜), 백배사례(百拜謝禮)

고량진미(膏粱珍味) ᅵ 기름진 고기와 좋은 곡식으로 만든 맛있는 음식. ★膏 **기름 고**, 粱 **기 장 량**, 珍 **보배 진**, 味 **맛 미** 유의어 산해진미(山海珍味), 수륙진미(水陸珍味), 용미봉탕(龍味鳳湯)

고복격양(鼓腹擊壤) ᅵ 배를 두드리고 발을 구르며 흥겨워한다는 뜻으로, 태평성대를 형용 하여 이르는 말. ★鼓 **북칠 고**, 腹 **배 복**, 擊 **칠 격**, 壤 **땅 양** 유의어 태평성대 (太平聖代), 강구연월(康衢煙月), 요순지절(堯舜之節), 격양지가(擊壤之歌), 함포 고복(含哺鼓腹), 태평연월(太平烟月)

고육지책(苦肉之策) ᅵ 자기 몸을 상해 가면서까지 꾸며 내는 계책. 어려운 상태를 벗어나 기 위해 어쩔 수 없이 꾸며 내는 계책을 이르는 말. ★苦 **쓸 고**, 肉 **고기 육**, 之 **어조사 지**, 策 **방책 책** 유의어 고육지계(苦肉之計), 고육책(苦肉策)

고장난명(孤掌難鳴) ᅵ ❶ 외손뼉만으로는 소리가 울리지 아니함. 혼자의 힘만으로 어떤 일 을 이루기 어려움을 이르는 말. ❷ 맞서는 사람이 없으면 싸움이 일어나 지 아니함을 이르는 말. ★孤 **외로울 고**, 掌 **손바닥 장**, 難 **어려울 난**, 鳴 **울 명** 유의어 독불장군(獨不將軍), 독장난명(獨掌難鳴), 조지양익(鳥之兩翼)

곡학아세(曲學阿世) ᅵ 학문을 굽혀 세속(世俗)에 아첨함. 정도(正道)를 벗어난 학문으로 세 상에 아첨함을 이르는 말. ★曲 **굽을 곡**, 學 **학문 학**, 阿 **아첨할 아**, 世 **세상 세** 유의어 어용학자(御用學者)

골육상쟁(骨肉相爭) ᅵ 가까운 혈족끼리 서로 싸움. ★骨 **뼈 골**, 肉 **고기 육**, 相 **서로 상**, 爭 **다툴 쟁** 유의어 골육상잔(骨肉相殘), 동족상잔(同族相殘)

공중누각(空中樓閣) ᅵ 공중에 떠 있는 누각[=신기루(蜃氣樓)]. ❶ 내용이 없는 문장이나 쓸데없는 의론. ❷ 진실성이나 현실성이 없는 일. ❸ 허무하게 사라지는 근거 없는 가공의 사물. ★空 **빌 공**, 中 **가운데 중**, 樓 **다락 루**, 閣 **누각 각** 유의어 과대망상(誇大妄想)

과유불급(過猶不及) ᅵ 정도를 지나침은 미치지 못하는 것과 같다는 뜻의 말. ★過 **지날 과**, 猶 **같을 유**, 不 **아닐 불**, 及 **미칠 급** 유의어 교왕과직(矯枉過直)

과하탁교(過河坼橋) | 다리를 건너고 나서 그 다리를 부수어 목재를 훔쳐감. 극도의 이기심이나 배은망덕함을 비유해 이르는 말. ★過 **지날 과**, 河 **물 하**, 坼 **허물 탁**, 橋 **다리 교** 유의어 배은망덕(背恩忘德)

관포지교(管鮑之交) | 관중과 포숙아의 사귐. 우정이 아주 돈독한 친구 관계를 이르는 말. ★管 **대롱 관**, 鮑 **절인 고기 포**, 之 **어조사 지**, 交 **사귈 교** 유의어 문경지교(刎頸之交), 금란지교(金蘭之交), 단금지교(斷金之交), 수어지교(水魚之交), 교칠지교(膠漆之交), 막역지우(莫逆之友) 반의어 시도지교(市道之交)

교각살우(矯角殺牛) | 쇠뿔을 바로잡으려다가 소를 죽임. 잘못을 고치거나 흠을 없애려다가 정도가 지나쳐 오히려 일을 그르침. ★矯 **바로잡을 교**, 角 **뿔 각**, 殺 **죽일 살**, 牛 **소 우** 유의어 과유불급(過猶不及), 교왕과직(矯枉過直)

교언영색(巧言令色) | 발라맞추는 말과 알랑거리는 낯빛. 환심(歡心)을 사기 위해 아첨하는 교묘한 말과 보기 좋게 꾸미는 표정을 이르는 말. ★巧 **교묘할 교**, 言 **말씀 언**, 令 **좋을 령**, 色 **빛 색** 반의어 성심성의(誠心誠意), 눌언민행(訥言敏行)

구밀복검(口蜜腹劍) | 입에는 꿀을 바르고 뱃속에는 칼을 지녔음. 말로는 친한 듯하나 속으로는 해칠 생각이 있음을 이르는 말. ★口 **입 구**, 蜜 **꿀 밀**, 腹 **배 복**, 劍 **칼 검** 유의어 면종복배(面從腹背), 소리장도(笑裏藏刀), 소중유검(笑中有劍)

구반문촉(毆槃捫燭) | 장님이 쟁반을 두드리고 초를 어루만져 본 것만 가지고 태양에 대해 말함. 남의 말만 듣고 지레짐작으로 이렇다 저렇다 논하지 말라는 말. ★毆 **때릴 구**, 槃 **쟁반 반**, 捫 **어루만질 문**, 燭 **촛불 촉** 유의어 도청도설(道聽塗說)

구사일생(九死一生) 아홉 번 죽을 뻔하다 한 번 살아난다는 뜻으로, 여러 차례 죽을 고비를 겪고 간신히 목숨을 건짐. ★九 **아홉 구**, 死 **죽을 사**, 一 **한 일**, 生 **날 생** 유의어 기사회생(起死回生)

구우일모(九牛一毛) | 아홉 마리의 소 가운데서 뽑은 한 개의 털. 많은 것 중에 매우 적은 것을 이르는 말. ★九 **아홉 구**, 牛 **소 우**, 一 **한 일**, 毛 **털 모** 유의어 창해일속(滄海一粟), 창해일적(滄海一滴), 대해일적(大海一滴)

군맹무상(群盲撫象) | 여러 소경이 코끼리를 어루만진다는 뜻. ❶ 범인(凡人)은 모든 사물

273

을 자기 주관대로 그릇 판단하거나 그 일부밖에 파악하지 못함의 비유. ❷ 범인의 좁은 식견의 비유. ★群 무리 군, 盲 소경 맹, 撫 어루만질 무, 象 코끼리 상 동의어 군맹모상(群盲摸象), 군맹평상(群盲評象)

궁여지책(窮餘之策) | 궁한 나머지 생각다 못하여 짜낸 계책. ★窮 궁할 궁, 餘 남을 여, 之 어조사 지, 策 꾀 책 유의어 궁여일책(窮餘一策)

권모술수(權謀術數) | 목적 달성을 위하여 수단과 방법을 가리지 아니하는 온갖 모략이나 술책. ★權 저울질할 권, 謀 꾀할 모, 術 꾀 술, 數 꾀 수 유의어 권모술책(權謀術策)

권선징악(勸善懲惡) | 착한 일을 권장하고 악한 일을 징계함. ★勸 권할 권, 善 착할 선, 懲 징계할 징, 惡 악할 악 유의어 창선징악(彰善懲惡), 권계(勸誡)

금의환향(錦衣還鄕) | 비단옷을 입고 고향에 돌아온다는 뜻. 출세를 하여 고향에 돌아가거나 돌아옴을 비유적으로 이르는 말. ★錦 비단 금, 衣 옷 의, 還 돌아올 환, 鄕 시골 향 유의어 금의주행(錦衣晝行)

낙정하석(落穽下石) | 함정에 빠진 사람에게 돌을 떨어뜨림. 어려운 처지에 놓인 사람을 도와주기는커녕 도리어 괴롭힘을 비유적으로 이르는 말. ★落 떨어뜨릴 낙, 穽 함정 정, 下 아래 하, 石 돌 석 유의어 하정투석(下穽投石)

난형난제(難兄難弟) | 누구를 형이라 하고 누구를 아우라 하기 어려움. 두 사물이 비슷하여 낫고 못함을 정하기 어려움을 이르는 말. ★難 어려울 난, 兄 형 형, 難 어려울 난, 弟 아우 제 유의어 난백난중(難伯難仲), 막상막하(莫上莫下), 백중세(伯仲勢), 춘란추국(春蘭秋菊)

남가일몽(南柯一夢) | 남쪽 나뭇가지의 꿈. ❶ 덧없는 한때의 꿈. ❷ 인생의 덧없음을 비유하여 이르는 말. ★南 남녘 남, 柯 가지 가, 一 한 일, 夢 꿈 몽 유의어 한단지몽(邯鄲之夢), 일장춘몽(一場春夢)

남부여대(男負女戴) | 남자는 짐을 등에 지고, 여자는 짐을 머리에 인다는 뜻으로, 가난한 사람이나 재난을 당한 사람들이 살 곳을 찾아 이리저리 떠돌아다니는 것을 비유적으로 이르는 말. ★男 사내 남, 負 질 부, 女 여자 여, 戴 일 대

유의어 풍찬노숙(風餐露宿)

녹의홍상(綠衣紅裳) | 연두저고리와 다홍치마. 곱게 차려입은 젊은 여자의 옷차림을 이르는 말. ★綠 **푸를 녹**, 衣 **옷 의**, 紅 **붉을 홍**, 裳 **치마 상** **유의어** 침어낙안(沈魚落雁)

누란지위(累卵之危) | 알을 쌓아 놓은 것처럼 위태로운 형세를 비유적으로 이르는 말. ★累 **포갤 누**, 卵 **알 란**, 之 **어조사 지**, 危 **위태할 위** **유의어** 간두지세(竿頭之勢), 백척간두(百尺竿頭), 위기일발(危機一髮), 일촉즉발(一觸卽發), 초미지급(焦眉之急), 풍전등화(風前燈火)

다기망양(多岐亡羊) | 갈림길[=기로(岐路)]에서 양을 잃었다는 뜻. ❶ 학문의 길이 다방면으로 갈려 진리를 찾기 어려움. ❷ 방침이 많아 도리어 갈 바를 모름. ★多 **많을 다**, 岐 **갈림길 기**, 亡 **잃을 망**, 羊 **양 양** **유의어** 망양지탄(亡羊之歎)

단사표음(簞食瓢飮) | 대나무로 만든 밥그릇에 담은 밥과 표주박에 든 물. 청빈하고 소박한 생활을 이르는 말. ★簞 **소쿠리 단**, 食 **밥 사**, 瓢 **표주박 표**, 飮 **마실 음** **유의어** 단표누항(簞瓢陋巷)

단순호치(丹脣皓齒) | 붉은 입술과 하얀 치아. 아름다운 여자를 이르는 말. ★丹 **붉을 단**, 脣 **입술 순**, 皓 **흴 호**, 齒 **이 치** **유의어** 경국지색(傾國之色), 화용월태(花容月態), 침어낙안(沈魚落雁)

당랑거철(螳螂拒轍) | 사마귀[螳螂]가 앞발을 들고 수레바퀴를 가로막음. 제 역량을 생각하지 않고, 강한 상대나 되지 않을 일에 덤벼드는 무모한 행동거지를 비유적으로 이르는 말. ★螳 **사마귀 당**, 螂 **사마귀 랑**, 拒 **막을 거**, 轍 **수레 철** **동의어** 당랑지부(螳螂之斧)

당랑규선(螳螂窺蟬) | 눈앞의 이익에만 정신이 팔려 뒤에 닥친 위험을 깨닫지 못함을 이르는 말. ★螳 **사마귀 당**, 螂 **사마귀 랑**, 窺 **엿볼 규**, 蟬 **매미 선** **유의어** 당랑재후(螳螂在後)

대동소이(大同小異) | 큰 차이 없이 거의 같음. ★大 **큰 대**, 同 **같을 동**, 小 **작을 소**, 異 **다를 이** **유의어** 오십보백보(五十步百步)

도불습유(道不拾遺) | 길에 떨어진 물건을 주워 가지지 않음. 형벌이 준엄하여 백성이 법을 범하지 아니하거나 민심이 순후함을 비유하여 이르는 말. ★道 **길 도**, 不 **아닐 불**, 拾 **주울 습**, 遺 **잃을 유** 유의어 요순지절(堯舜之節), 태평성대(太平聖代)

도청도설(道聽塗說) | 길에서 듣고 길에서 말함. 길거리에 퍼져 돌아다니는 뜬소문을 이르는 말. ★道 **길 도**, 聽 **들을 청**, 塗 **길 도**, 說 **말씀 설** 유의어 가담항설(街談巷說), 유언비어(流言蜚語)

동병상련(同病相憐) | 같은 병을 앓는 사람끼리 서로 가엽게 여김. 어려운 처지에 있는 사람끼리 서로 딱하게 여겨 동정하고 돕는다는 말. ★同 **같을 동**, 病 **병 병**, 相 **서로 상**, 憐 **불쌍히 여길 련** 유의어 유유상종(類類相從), 양과분비(兩寡分悲)

동상이몽(同床異夢) | 같은 자리에 자면서 다른 꿈을 꿈. 겉으로는 같이 행동하면서도 속으로는 각각 딴생각을 하고 있음을 이르는 말. ★同 **같을 동**, 床 **평상 상**, 異 **다를 이**, 夢 **꿈 몽** 유의어 동상각몽(同牀各夢), 표리부동(表裏不同), 면종복배(面從腹背)

득롱망촉(得隴望蜀) | 농을 얻고 나니 촉을 갖고 싶어 함. ❶ 인간의 욕심은 끝이 없음을 이르는 말. ❷ 한 가지 소원을 이룬 다음 또다시 다른 소원을 이루고자 함을 비유. ❸ 만족할 줄 모름의 비유. ★得 **얻을 득**, 隴 **땅 이름 롱**, 望 **바랄 망**, 蜀 **나라 이름 촉** 유의어 계학지욕(谿壑之慾), 차청차규(借廳借閨), 기마욕솔노(騎馬欲率奴)

등고자비(登高自卑) | 높은 곳에 오르려면 낮은 곳에서부터 오른다는 뜻. ❶ 일을 순서대로 하여야 함. ❷ 지위가 높아질수록 자신을 낮춤. ★登 **오를 등**, 高 **높을 고**, 自 **스스로 자**, 卑 **낮을 비**

마부작침(磨斧作針) | 도끼를 갈아서 바늘을 만듦. ❶ 아무리 어려운 일이라도 참고 계속하면 언젠가는 반드시 성공함의 비유. ❷ 노력을 거듭해서 목적을 달성함의 비유. ❸ 끈기 있게 학문이나 일에 힘씀의 비유. ★磨 **갈 마**, 斧 **도끼 부**, 作 **만들 작**, 針 **바늘 침** 유의어 마부위침(磨斧爲針), 우공이산(愚公移山), 수적천석(水滴穿石)

마이동풍(馬耳東風) | 말의 귀에 동풍[=춘풍(春風)]이 불어도 전혀 느끼지 못한다는 뜻. ❶ 남의 말을 귀담아 듣지 않고 그대로 흘려버림. ❷ 무슨 말을 들어도 전혀 느끼지 못함. ❸ 남의 일에 상관하지 않음. ★馬 **말 마**, 耳 **귀 이**, 東 **동녘 동**, 風 **바람 풍** 〔유의어〕 우이독경(牛耳讀經), 오불관언(吾不關焉), 대우탄금(對牛彈琴)

마중지봉(麻中之蓬) | 삼밭에 나는 쑥이라는 뜻으로, 구부러진 쑥도 삼밭에 나면 저절로 꼿꼿하게 자라듯이 좋은 환경에 있거나 좋은 벗과 사귀면 자연히 주위의 감화를 받아서 선인(善人)이 됨을 비유해 이르는 말. ★麻 **삼 마**, 中 **가운데 중**, 之 **어조사 지**, 蓬 **쑥 봉** 〔반의어〕 근묵자흑(近墨者黑), 근주자적(近朱者赤)

막역지우(莫逆之友) | 서로 거스름이 없는 친구라는 뜻으로, 허물이 없이 아주 친한 친구를 이르는 말. ★莫 **없을 막**, 逆 **허물 역**, 之 **어조사 지**, 友 **벗 우** 〔참고〕 친한 친구 관련 한자성어 : 지음(知音), 지란지교(芝蘭之交), 지기지우(知己之友), 절현(絶絃), 백아절현(伯牙絶絃), 문경지우(刎頸之友), 담수지교(淡水之交), 단금지교(斷金之交), 금석지계(金石之契), 관포지교(管鮑之交), 고산유수(高山流水)

망양보뢰(亡羊補牢) | 양을 잃고서 그 우리를 고침. ❶ 실패한 후에 일을 대비함. ❷ 이미 어떤 일을 실패한 뒤에 뉘우쳐도 소용이 없음. ★亡 **망할 망**, 羊 **양 양**, 補 **기울 보**, 牢 **우리 뢰** 〔유의어〕 사후약방문(死後藥方文), 실마치구(失馬治廏), 갈이천정(渴而穿井), 만시지탄(晩時之歎) 〔반의어〕 거안사위(居安思危), 곡돌사신(曲突徙薪), 유비무환(有備無患)

맥수지탄(麥秀之歎) | 보리 이삭이 무성함을 탄식함. 고국(故國)이 멸망한 것으로 인한 탄식. ★麥 **보리 맥**, 秀 **팰 수**, 之 **어조사 지**, 歎 **탄식할 탄** 〔유의어〕 망국지탄(亡國之歎), 맥수지탄(麥秀之嘆)

명약관화(明若觀火) | 불을 보듯 분명하고 뻔함. 더할 나위 없이 명백함. ★明 **밝을 명**, 若 **같을 약**, 觀 **볼 관**, 火 **불 화** 〔유의어〕 불문가지(不問可知)

명재경각(命在頃刻) | 거의 죽게 되어 곧 숨이 끊어질 지경에 이름. ★命 **목숨 명**, 在 **있을 재**, 頃 **기울 경**, 刻 **때 각** 〔유의어〕 풍전등화(風前燈火), 명재조석(命在朝夕)

목불식정(目不識丁) | 아주 간단한 글자인 '丁' 자를 보고도 그것이 '고무래'인 줄을 알지 못

함. 아주 까막눈임을 이르는 말. ★目 **눈 목**, 不 **아닐 불**, 識 **알 식**, 丁 **고무래 정** 유의어 숙맥불변(菽麥不辨), 어로불변(魚魯不辨), 판무식(判無識), 일자무식(一字無識)

무릉도원(武陵桃源) | 도연명의 《도화원기》에 나오는 말로, '이상향', '별천지'를 비유적으로 이르는 말. ★武 **호반 무**, 陵 **큰 언덕 릉**, 桃 **복숭아나무 도**, 源 **근원 원** 유의어 별건곤(別乾坤), 별세계(別世界), 별유천지(別有天地), 선계(仙界), 이상향(理想鄕)

문전성시(門前成市) | 문 앞이 시장을 이룬다는 뜻. 권세가나 부잣집 문 앞이 방문객으로 시장을 이루다시피 붐빈다는 말. ★門 **문 문**, 前 **앞 전**, 成 **이룰 성**, 市 **저자·도시·시가 시** 반의어 문전작라(門前雀羅)

문전작라(門前雀羅) | 문 앞에 참새 그물을 친다는 뜻. 권세를 잃거나 빈천해지면 문 앞에 새 그물을 쳐놓을 수 있을 정도로 방문객의 발길이 끊어진다는 말. ★門 **문 문**, 前 **앞 전**, 雀 **참새 작**, 羅 **벌일 라** 반의어 문전성시(門前成市)

미봉지책(彌縫之策) | 두루 대충대충 꿰맴. 눈가림만 하는 일시적인 계책(計策). ★彌 **두루 미**, 縫 **꿰맬 봉**, 之 **어조사 지**, 策 **꾀 책** 유의어 고식지계(姑息之計), 동족방뇨(凍足放尿), 임시변통(臨時變通), 하석상대(下石上臺)

미생지신(尾生之信) | 미생의 믿음이란 뜻. ❶ 우직하게 약속만을 굳게 지킴. ❷ 융통성이 없는 어리석음을 비유하여 이르는 말. ★尾 **꼬리 미**, 生 **사람 생**, 之 **어조사 지**, 信 **믿을 신** 동의어 포주지신(抱柱之信)

반식재상(伴食宰相) | 자리만 차지하고 있는 무능한 대신을 비꼬아 이르는 말. ★伴 **짝 반**, 食 **먹을 식**, 宰 **재상 재**, 相 **정승 상** 유의어 시위소찬(尸位素餐)

반의지희(斑衣之戲) | 때때옷(=고까옷)을 입고 하는 놀이라는 뜻. 늙어서도 부모에게 효양(孝養)함을 이르는 말. 부모를 위로하려고 색동저고리를 입고 기어가 보임. ★斑 **아롱질 반**, 衣 **옷 의**, 之 **어조사 지**, 戲 **희롱할 희** 유의어 노래지희(老萊之戲), 반포지효(反哺之孝)

발본색원(拔本塞源) | 근본을 빼내고 원천을 막아 버린다는 뜻. 사물의 폐단을 없애기 위해서 그 뿌리째 뽑아 버림을 이르는 말. ★拔 **뺄 발**, 本 **밑 본**, 塞 **막힐 색**,

源 근원 원 유의어 삭주굴근(削株堀根), 전초제근(剪草除根)

방약무인(傍若無人) | 곁에 사람이 없는 것 같이 여긴다는 뜻. 주위의 다른 사람을 전혀 의식하지 않은 채 제멋대로 마구 행동함을 이르는 말. ★傍 곁 방, 若 같을 약, 無 없을 무, 人 사람 인 유의어 안하무인(眼下無人), 오만불손(傲慢不遜)

배수지진(背水之陣) | 물을 등지고 친 진지라는 뜻. 목숨을 걸고 어떤 일에 대처하는 경우를 비유적으로 이르는 말. ★背 등질 배, 水 물 수, 之 어조사 지, 陣 진 칠 진 유의어 파부침주(破釜沈舟)

백년하청(百年河淸) | 백 년을 기다린다 해도 황하(黃河)의 흐린 물은 맑아지지 않는다는 뜻. ❶아무리 오래 기다려도 사물(事物)이 이루어지기 어려움을 이르는 말. ❷확실하지 않은(믿을 수 없는) 일을 언제까지나 기다림(기대함)을 비유하는 말. ★百 일백 백, 年 해 년, 河 물 하, 淸 맑을 청 유의어 부지하세월(不知何歲月)

백아절현(伯牙絶絃) | 자기를 알아주는 참다운 벗의 죽음을 슬퍼함. ★伯 맏 백, 牙 어금니 아, 絶 끊을 절, 絃 줄 현 유의어 지기지우(知己之友), 지음(知音)

부창부수(夫唱婦隨) | 남편이 주장하고 아내가 이에 잘 따름. 또는 부부 사이의 그런 도리. ★夫 지아비 부, 唱 부를 창, 婦 지어미 부, 隨 따를 수 유의어 남창여수(男唱女隨), 여필종부(女必從夫)

불치하문(不恥下問) | 손아랫사람이나 지위나 학식이 자기만 못한 사람에게 모르는 것을 묻는 일을 부끄러워하지 아니함. ★不 아닐 불, 恥 부끄러워할 치, 下 아래 하, 問 물을 문 유의어 공자천주(孔子穿珠)

사고무친(四顧無親) | 사방을 돌아보아도 일가친척이 없음. 의지할 만한 사람이 아무도 없음. ★四 넉 사, 顧 돌아볼 고, 無 없을 무, 親 친할 친 유의어 고립무의(孤立無依), 고성낙일(孤城落日), 사고무인(四顧無人)

사면초가(四面楚歌) | 사방에서 들려오는 초나라 노래란 뜻. ❶사방 빈틈없이 적에게 포위된 고립무원(孤立無援)의 상태. ❷주위에 반대자 또는 적이 많아 고립되어 있는 처지. ❸사방으로부터 비난받음을 비유하는 말. ★四 넉 사,

面 방면(쪽) 면, 楚 초나라 초, 歌 노래 가 [유의어] 진퇴유곡(進退維谷), 낭패불감(狼狽不堪)

사불급설(駟不及舌) | 네 마리 말이 끄는 빠른 수레도 사람의 혀에는 미치지 못함. 소문은 빨리 퍼지므로 말조심해야 함. ★駟 사마(=네 필의 말이 끄는 수레) 사, 不 아닐 불, 及 미칠 급, 舌 혀 설 [유의어] 구시화문(口是禍門), 구화지문(口禍之門)

사생취의(捨生取義) | 목숨을 버리고 의를 좇는다는 뜻. 목숨을 버릴지언정 옳은 일을 함을 이르는 말. ★捨 버릴 사, 生 날 생, 取 가질 취, 義 옳을 의 [유의어] 살신성인(殺身成仁)

살신성인(殺身成仁) | 자기의 몸을 희생하여 인(仁)을 이룸. ★殺 죽일 살, 身 몸 신, 成 이룰 성, 仁 어질 인 [유의어] 사생취의(捨生取義), 살신입절(殺身立節)

삼순구식(三旬九食) | 삼십 일 동안 아홉 끼니밖에 먹지 못함. 몹시 가난함. ★三 석 삼, 旬 열흘 순, 九 아홉 구, 食 먹을 식 [유의어] 증진부어(甑塵釜魚)

새옹지마(塞翁之馬) | 세상만사가 무상하므로, 인생의 길흉화복을 예측할 수 없음. 길흉화복의 덧없음. ★塞 변방 새, 翁 노인 옹, 之 어조사 지, 馬 말 마 [유의어] 전화위복(轉禍爲福)

서리지탄(黍離之歎) | 나라가 멸망하여 옛 궁궐터에는 기장만이 무성한 것을 탄식함. 세상의 영고성쇠가 무상함을 탄식하며 이르는 말. ★黍 기장 서, 離 떠날 리, 之 어조사 지, 歎 탄식할 탄 [유의어] 맥수지탄(麥秀之嘆)

서제막급(噬臍莫及) | 배꼽을 물려고 해도 입이 닿지 않음. 일이 그릇된 뒤에는 후회하여도 아무 소용이 없음을 비유한 말. ★噬 씹을 서, 臍 배꼽 제, 莫 아닐 막, 及 미칠 급 [유의어] 후회막급(後悔莫及)

선우후락(先憂後樂) | 세상의 근심할 일은 남보다 먼저 근심하고 즐거워할 일은 남보다 나중에 즐거워함. 지사(志士)나 어진 사람의 마음씨를 이르는 말. ★先 먼저 선, 憂 근심할 우, 後 뒤 후, 樂 즐길 락 [유의어] 선의후리(先義後利), 선공후사(先公後私)

설상가상(雪上加霜) | 눈 위에 서리가 덮인다는 뜻. 난처한 일이나 불행한 일이 잇따라 일

어남을 이르는 말. ★雪 눈 설, 上 위 상, 加 더할 가, 霜 서리 상 [유의어] 전호후랑(前虎後狼) [반의어] 금상첨화(錦上添花)

소탐대실(小貪大失) | 작은 것을 탐하다가 큰 것을 잃음. ★小 작을 소, 貪 탐낼 탐, 大 큰 대, 失 잃을 실 [유의어] 교왕과직(矯枉過直), 교각살우(矯角殺牛)

수서양단(首鼠兩端) | 구멍에서 머리만 내밀고 좌우를 살피는 쥐. ❶ 진퇴·거취를 정하지 못하고 망설이는 상태. ❷ 두 마음을 가지고 기회를 엿봄. ★首 머리 수, 鼠 쥐 서, 兩 두 양, 端 살필 단 [유의어] 좌고우면(左顧右眄)

수수방관(袖手傍觀) | 손을 소매에 넣고 보고만 있음. 간섭하거나 거들지 아니하고 그대로 버려둠. ★袖 소매 수, 手 손 수, 傍 곁 방, 觀 볼 관 [유의어] 오불관언(吾不關焉), 마이동풍(馬耳東風)

순망치한(脣亡齒寒) | 입술을 잃으면 이가 시리다는 뜻. ❶ 가까운 사이의 한쪽이 망하면 다른 한쪽도 온전하기 어려움을 이르는 말. ❷ 서로 도우며 떨어질 수 없는 밀접한 관계, 또는 서로 도움으로써 성립되는 관계를 비유하여 이르는 말. ★脣 입술 순, 亡 잃을 망, 齒 이 치, 寒 찰 한 [유의어] 조지양익(鳥之兩翼), 거지양륜(車之兩輪)

십벌지목(十伐之木) | 열 번 찍어 아니 넘어가는 나무가 없음. ❶ 어떤 어려운 일이라도 끊임없이 노력하면 기어이 이루어 내고야 만다는 뜻. ❷ 아무리 마음이 굳은 사람이라도 여러 번 계속하여 말을 하면 결국 그 말을 듣게 된다는 뜻. ★十 열 십, 伐 칠 벌, 之 어조사 지, 木 나무 목 [유의어] 마부위침(磨斧爲針), 우공이산(愚公移山), 적소성대(積小成大), 적토성산(積土成山), 점적천석(點滴穿石), 철저성침(鐵杵成針)

십일지국(十日之菊) | 한창때인 9월 9일이 지난 9월 10일의 국화라는 뜻으로, 이미 때가 늦은 일을 비유적으로 이르는 말. ★十 열 십, 日 날 일, 之 어조사 지, 菊 국화 국 [유의어] 만시지탄(晩時之歎), 사후약방문(死後藥方文), 실마치구(失馬治廐)

아전인수(我田引水) | 자기 논에 물 대기. 자기에게만 이롭게 되도록 생각하거나 행동함을 이르는 말. ★我 나 아, 田 밭 전, 引 끌 인, 水 물 수 [반의어] 역지사지(易地思之)

약육강식(弱肉强食) ㅣ 약한 자가 강한 자에게 먹힌다는 뜻. 강한 자가 약한 자를 희생시켜서 번영하거나, 약한 자가 강한 자에게 끝내는 멸망됨을 이르는 말. ★弱 **약할 약**, 肉 **고기 육**, 强 **굳셀 강**, 食 **먹을 식** 유의어 적자생존(適者生存), 우승열패(優勝劣敗)

양두구육(羊頭狗肉) ㅣ 밖에는 양 머리를 걸어 놓고 안에서는 개고기를 판다는 뜻. ❶ 거짓 간판을 내거는 일. ❷ 좋은 물건을 내걸고 나쁜 물건을 파는 일. ❸ 겉과 속이 일치하지 않음. ❹ 겉으로는 훌륭하나 속은 전혀 다른 속임수를 비유하는 말. ★羊 **양 양**, 頭 **머리 두**, 狗 **개 구**, 肉 **고기 육** 유의어 양질호피(羊質虎皮), 표리부동(表裏不同)

양약고구(良藥苦口) ㅣ 좋은 약은 입에 쓰다는 뜻. 좋은 충고는 귀에 거슬린다는 말. ★良 **좋을 양**, 藥 **약 약**, 苦 **쓸 고**, 口 **입 구** 동의어 충언역어이(忠言逆於耳), 간언역어이(諫言逆於耳)

언중유골(言中有骨) ㅣ 말 속에 뼈가 있음. 주의를 기울이지 않고 들으면 예사로운 언어 표현이나 그 속에 그저 흘려들을 내용이 아닌 속뜻(=깊은 의미)이 들어 있음을 이르는 말. ★言 **말씀 언**, 中 **가운데 중**, 有 **있을 유**, 骨 **뼈 골** 유의어 언중유향(言中有響)

엄이도령(掩耳盜鈴) ㅣ 제 귀를 막고 방울을 훔침. 얕은꾀로 남을 속이려 하나 아무 소용이 없음. 방울 소리가 제 귀에 들리지 않으면 남의 귀에도 들리지 않으리라는 어리석은 생각. ★掩 **가릴 엄**, 耳 **귀 이**, 盜 **훔칠 도**, 鈴 **방울 령** 유의어 엄목포작(掩目捕雀)

여도지죄(餘桃之罪) ㅣ 먹다 남은 복숭아를 임금에게 먹인 죄. 같은 행동이라도 사랑을 받을 때와 미움을 받을 때가 각기 다르게 받아들여질 수 있음을 비유하는 말. ★餘 **남길 여**, 桃 **복숭아 도**, 之 **어조사 지**, 罪 **허물 죄** 유의어 여도담군(餘桃啗君)

연하고질(煙霞痼疾) ㅣ 자연의 아름다운 경치를 몹시 사랑하고 즐기는 성벽(性癖). ★煙 **안개 연**, 霞 **노을 하**, 痼 **고질 고**, 疾 **병 질** 유의어 천석고황(泉石膏肓), 연하지벽(煙霞之癖)

연하일휘(煙霞日輝) │ 안개와 놀과 빛나는 햇살. 아름다운 대자연의 풍경. ★煙 **안개 연**, 霞 **노을 하**, 日 **날 일**, 輝 **빛날 휘** 유의어 강호연파(江湖煙波), 산자수명(山紫水明), 청풍명월(淸風明月)

염화시중(拈華示衆) │ 꽃을 따서 무리에게 보임. 말이나 글에 의존하지 않고 이심전심(以心傳心)으로 뜻을 전하는 일. ★拈 **집을 염**, 華 **꽃 화**, 示 **보일 시**, 衆 **무리 중** 유의어 이심전심(以心傳心), 불립문자(不立文字), 교외별전(敎外別傳), 염화미소(拈華微笑), 심심상인(心心相印)

옥석혼효(玉石混淆) │ 옥과 돌이 뒤섞여 있다는 뜻. ❶ 훌륭한 것과 쓸데없는 것이 뒤섞여 있음. ❷ 선과 악, 현명함과 우매함이 뒤섞여 있음. ★玉 **옥 옥**, 石 **돌 석**, 混 **섞을 혼**, 淆 **뒤섞일 효** 유의어 옥석구분(玉石俱焚), 옥석동쇄(玉石同碎)

온고지신(溫故知新) │ 옛것을 익히고 그것으로 미루어 새것을 안다는 뜻. ★溫 **익힐 온**, 故 **옛 고**, 知 **알 지**, 新 **새로울 신** 유의어 박고지금(博古知今), 전거가감(前車可鑑)

와각지쟁(蝸角之爭) │ 달팽이 더듬이 위에서의 싸움. ❶ 대국에는 아무런 영향이 없는 쓸데없는 다툼을 비유적으로 이르는 말. ❷ 하찮은 일로 승강이하는 짓을 비유적으로 이르는 말. ❸ 인간 세계의 비소함을 비유적으로 이르는 말. ★蝸 **달팽이 와**, 角 **뿔 각**, 之 **어조사 지**, 爭 **다툼 쟁** 동의어 와우각상(蝸牛角上), 와각상쟁(蝸角相爭), 와우지쟁(蝸牛之爭)

와신상담(臥薪嘗膽) │ 섶 위에서 잠을 자고 쓸개를 핥는다는 뜻. 목적을 달성하기 위해 온갖 고난을 참고 견딤을 비유적으로 이르는 말. ★臥 **누울 와**, 薪 **섶 신**, 嘗 **맛볼 상**, 膽 **쓸개 담** 유의어 회계지치(會稽之恥), 절치액완(切齒扼腕)

용두사미(龍頭蛇尾) │ 용의 머리와 뱀의 꼬리. 출발은 야단스러운데, 끝판으로 갈수록 보잘것없이 흐지부지되는 것. ★龍 **용 용**, 頭 **머리 두**, 蛇 **뱀 사**, 尾 **꼬리 미** 반의어 시종일관(始終一貫)

우공이산(愚公移山) │ 우공이 산을 옮김. 어떤 큰일이라도 끊임없이 노력하면 반드시 이루어짐을 이르는 말. ★愚 **어리석을 우**, 公 **접미사 공**, 移 **옮길 이**, 山 **뫼 산** 유의어 마부작침(磨斧作針), 수적천석(水滴穿石), 적토성산(積土成山)

읍참마속(泣斬馬謖) | 울면서 마속을 벤다는 뜻. ❶ 법의 공정을 지키기 위해 사사로운 정을 버림을 이르는 말. ❷ 큰 목적을 위해 자기가 아끼는 사람을 가차 없이 버림. ★泣 울 읍, 斬 벨 참, 馬 말 마, 謖 일어날 속 유의어 일벌백계(一罰百戒)

이관규천(以管窺天) | 대롱을 통해 하늘을 봄. 소견이 좁음. 우물 안 개구리. ★以 써 이, 管 대롱 관, 窺 엿볼 규, 天 하늘 천 유의어 정저지와(井底之蛙), 관중지천(管中之天)

이란투석(以卵投石) | 계란으로 바위를 침. 약한 것으로 강(强)한 것을 당해 내려는 어리석은 짓. ★以 써 이, 卵 알 란, 投 던질 투, 石 돌 석 유의어 이란격석(以卵擊石), 한강투석(漢江投石)

이여반장(易如反掌) | 손바닥을 뒤집는 것 같다는 뜻. 일이 매우 쉬움을 이르는 말. ★易 쉬울 이, 如 같을 여, 反 돌이킬 반, 掌 손바닥 장 동의어 여반장(如反掌)

일거양득(一擧兩得) | 한 가지 일로써 두 가지 이익을 거둔다는 뜻. ★一 한 일, 擧 움직일 거, 兩 두 양, 得 얻을 득 동의어 일거양획(一擧兩獲), 일전쌍조(一箭雙鵰), 일석이조(一石二鳥)

자가당착(自家撞着) | 자기 스스로 언행의 앞뒤가 맞지 않아 맞부딪침. ★自 스스로 자, 家 집 가, 撞 부딪힐 당, 着 붙을 착 유의어 자기모순(自己矛盾), 모순당착(矛盾撞着), 모순(矛盾), 이율배반(二律背反)

자두연기(煮豆燃萁) | 콩을 삶기 위하여 같은 뿌리에서 자란 콩꼬투리를 태움. 형제끼리 서로 시기하고 다툼을 비유적으로 이르는 말. ★煮 삶을 자, 豆 콩 두, 燃 사를 연, 萁 콩깍지 기 유의어 골육상잔(骨肉相殘), 이혈세혈(以血洗血)

자승자박(自繩自縛) | 자기의 줄로 자기 몸을 옭아 묶음. 자기가 한 말과 행동에 자기 자신이 옭혀 곤란하게 됨. ★自 스스로 자, 繩 줄 승, 自 스스로 자, 縛 묶을 박 유의어 자업자득(自業自得), 자업자박(自業自縛), 자작지얼(自作之孼)

적반하장(賊反荷杖) | 도둑이 도리어 매를 듦. 잘못한 사람이 아무 잘못도 없는 사람을 나무람. ★賊 도둑 적, 反 되돌릴 반, 荷 멜 하, 杖 지팡이 장 유의어 객반위주(客反爲主), 아가사창(我歌査唱)

전전반측(輾轉反側) | 잠을 못 이루고 이리저리 뒤척인다는 뜻. 걱정거리로 마음이 괴로워 잠을 이루지 못함을 이르는 말. 원래는 미인을 사모(思慕)하여 잠을 이루지 못함을 이르는 표현임. ★輾 돌아누울 전, 轉 구를 전, 反 되돌릴 반, 側 곁 측 **유의어** 오매불망(寤寐不忘), 전전불매(輾轉不寐)

정저지와(井底之蛙) | 우물 밑의 개구리. 소견이나 견문이 몹시 좁은 것. ★井 우물 정, 底 밑 저, 之 어조사 지, 蛙 개구리 와 **유의어** 좌정관천(坐井觀天)

조령모개(朝令暮改) | 아침에 명령을 내렸다가 저녁에 다시 고친다는 뜻. 법령을 자꾸 고쳐서 갈피를 잡기가 어려움을 이르는 말. ★朝 아침 조, 令 영령 령, 暮 저물 모, 改 고칠 개 **유의어** 고려공사삼일(高麗公事三日), 작심삼일(作心三日), 조령석개(朝令夕改)

줄탁동기(啐啄同機) | 병아리가 알에서 나오기 위해서는 새끼와 어미닭이 안팎에서 서로 쪼아야 함. 스승은 깨우침의 계기만 제시할 뿐이고, 나머지는 제자가 스스로 노력하여 깨달음에 이르러야 함. 깨달음에도 때가 있어 깨달아야 할 때 깨닫지 못하면 헛일임. ★啐 빠는 소리 줄, 啄 쫄 탁, 同 한가지 동, 機 기회 기 **유의어** 줄탁동시(啐啄同時)

중원축록(中原逐鹿) | 중원은 중국 또는 천하를 말하며, 축록은 서로 경쟁한다는 말. 영웅들이 다투어 천하를 얻고자 함을 뜻함. ★中 가운데 중, 原 벌판 원, 逐 쫓을 축, 鹿 사슴 록 **유의어** 각축(角逐)

천려일실(千慮一失) | 천 가지 생각 가운데 한 가지 실책. 지혜로운 사람이라도 많은 생각을 하다 보면 하나쯤은 실책이 있을 수 있다는 말. ★千 일천 천, 慮 생각할 려, 一 한 일, 失 잘못 실 **유의어** 지자일실(智者一失) **반의어** 천려일득(千慮一得)

천양지차(天壤之差) | 하늘과 땅 사이와 같이 엄청난 차이. ★天 하늘 천, 壤 땅 양, 之 어조사 지, 差 다를 차 **유의어** 운니지차(雲泥之差), 천양지판(天壤之判)

천재일우(千載一遇) | 천 년에 한 번 만날 수 있는 기회란 뜻. 좀처럼 만나기 어려운 기회를 이르는 말. ★千 일천 천, 載 해 재, 一 한 일, 遇 만날 우 **동의어** 천재일시(千載一時), 천재일회(千載一會), 천세일시(千歲一時)

청출어람(靑出於藍) | 푸른색이 쪽빛보다 푸르듯이, 얼음이 물보다 차듯이 면학을 계속하면 스승을 능가하는 학문의 깊이를 가진 제자도 나타날 수 있다는 말. 여기서 제자가 스승보다 뛰어나다는 뜻인 '청출어람(靑出於藍)'이 나왔음. ★靑 푸를 청, 出 날 출, 於 어조사 어, 藍 쪽 람 [유의어] 후생각고(後生角高)

청풍명월(淸風明月) | 맑은 바람과 밝은 달. 맑고 아름다운 자연. ❶ 결백하고 온건한 성격을 평하여 이르는 말. ❷ 풍자와 해학으로 세상사를 논함을 비유하여 이르는 말. ★淸 맑을 청, 風 바람 풍, 明 밝을 명, 月 달 월 [유의어] 강호연파(江湖煙波), 산자수명(山紫水明), 연하일휘(煙霞日輝)

초록동색(草綠同色) | 풀빛과 녹색은 같은 빛깔이란 뜻으로, 같은 처지의 사람과 어울리거나 기우는 것. ★草 풀 초, 綠 푸를 록, 同 한가지 동, 色 빛 색 [유의어] 동병상련(同病相憐)

촌철살인(寸鐵殺人) | 한 치의 쇠붙이로도 사람을 죽일 수 있다는 뜻. 간단한 말로도 남을 감동하게 하거나 남의 약점을 찌를 수 있음을 이르는 말. ★寸 마디 촌, 鐵 쇠 철, 殺 죽일 살, 人 사람 인 [유의어] 정문일침(頂門一針)

타산지석(他山之石) | 다른 산의 쓸모없는 돌이라도 옥(玉)을 가는 데에 소용이 된다는 뜻. ❶ 다른 사람의 하찮은 언행일지라도 자기의 지식이나 인격을 닦는 데에 도움이 됨의 비유. ❷ 쓸모없는 것이라도 쓰기에 따라 유용한 것이 될 수 있음의 비유. ★他 다를 타, 山 뫼 산, 之 어조사 지, 石 돌 석 [유의어] 절차탁마(切磋琢磨), 공옥이석(攻玉以石)

태산북두(泰山北斗) | 태산(泰山)과 북두칠성을 아울러 이르는 말. 세상 사람들로부터 존경받는 사람을 비유적으로 이르는 말. ★泰 클 태, 山 뫼 산, 北 북녘 북, 斗 말 두 [유의어] 태두(泰斗)

태평성대(太平聖代) | 어진 임금이 잘 다스리어 태평한 세상이나 시대. ★太 클 태, 平 평평할 평, 聖 성스러울 성, 代 시대 대 [유의어] 강구연월(康衢煙月), 고복격양(鼓腹擊壤), 도불습유(道不拾遺), 요순지절(堯舜之節)

토사구팽(兔死狗烹) | 토끼 사냥이 끝나면 사냥개는 삶아 먹힌다는 뜻. 쓸모가 있을 때는 긴요하게 쓰이다가 쓸모가 없어지면 헌신짝처럼 버려진다는 말. ★兔 토

끼 토, 死 죽을 사, 狗 개 구, 烹 **삶을 팽** 유의어 감탄고토(甘呑苦吐), 염량세태
(炎凉世態)

파사현정(破邪顯正) | 부처의 가르침에 어긋나는 사악한 도리를 깨뜨리고 바른 도리를 드
러냄. 그릇된 생각을 버리고 올바른 도리를 행함. ★破 **깨뜨릴 파**, 邪 **간사
할 사**, 顯 **드러낼 현**, 正 **바를 정** 유의어 위정척사(衛正斥邪)

표리부동(表裏不同) | 마음이 음흉하고 불량하여 겉과 속이 다름. ★表 **겉 표**, 裏 **속 리**, 不
아닐 부, 同 **같을 동** 유의어 구밀복검(口蜜腹劍), 양두구육(羊頭狗肉), 양질호피
(羊質虎皮)

필부필부(匹夫匹婦) | 평범한 남녀. ★匹 **혼자 필**, 夫 **사내 부**, 匹 **혼자 필**, 婦 **여자 부** 유의어
갑남을녀(甲男乙女), 선남선녀(善男善女), 우부우부(愚夫愚婦), 장삼이사(張三李
四), 초동급부(樵童汲婦)

한단지몽(邯鄲之夢) | 한단에서 꾼 꿈이라는 뜻. 인생의 덧없음과 영화(榮華)의 헛됨을 이
르는 말. ★邯 **땅 이름 한**, 鄲 **땅 이름 단**, 之 **어조사 지**, 夢 **꿈 몽** 유의어 남가
일몽(南柯一夢), 일장춘몽(一場春夢)

함흥차사(咸興差使) | 심부름을 가서 오지 아니하거나 늦게 온 사람을 이르는 말. ★咸 **다
함**, 興 **일 흥**, 差 **부릴 차**, 使 **부릴 사** 유의어 종무소식(終無消息)

형설지공(螢雪之功) | 반딧불과 눈빛으로 이룬 공. 가난을 이겨내며 반딧불과 눈빛으로 글
을 읽어가며 고생 속에서 공부하여 이룬 공을 일컫는 말. ★螢 **반딧불 형**,
雪 **눈 설**, 之 **어조사 지**, 功 **공로 공** 유의어 형창설안(螢窓雪案)

호각지세(互角之勢) | 역량이 서로 비슷비슷한 위세. ★互 **서로 호**, 角 **뿔 각**, 之 **어조사 지**,
勢 **형세 세** 유의어 백중지간(伯仲之間), 막상막하(莫上莫下), 난형난제(難兄難弟)

호사다마(好事多魔) | 좋은 일에는 흔히 방해되는 일이 많음. 또는 그런 일이 많이 생김.
★好 **좋을 호**, 事 **일 사**, 多 **많을 다**, 魔 **마귀 마** 유의어 시어다골(鰣魚多骨)

호사유피(虎死留皮) | 범이 죽으면 가죽을 남기는 것과 같이, 사람도 죽은 뒤에 이름을 남
겨야 한다는 말. ★虎 **범 호**, 死 **죽을 사**, 留 **머무를 유**, 皮 **가죽 피** 유의어 인
사유명(人死留名), 표사유피(豹死留皮)

혼비백산(魂飛魄散) | 넋이 날아가고 넋이 흩어짐. 몹시 놀라 어찌할 바를 모름. ★魂 넋 혼, 飛 날 비, 魄 넋 백, 散 흩을 산 유의어 혼불부신(魂不附身)

혼정신성(昏定晨省) | 저녁에는 잠자리를 보아 드리고, 아침에는 문안을 드림. 자식이 아침저녁으로 부모의 안부를 물어서 살핌. ★昏 어두울 혼, 定 정할 정, 晨 새벽 신, 省 살필 성 유의어 반포지효(反哺之孝), 조석정성(朝夕定省), 출필고반필면(出必告反必面)

황구유취(黃口乳臭) | 젖내 나는 어린아이같이 어려서 아직 젖비린내가 난다는 뜻으로, 어리고 하잘것없음을 비난조로 이르는 말. ★黃 누를 황, 口 입 구, 乳 젖 유, 臭 냄새 취 유의어 구상유취(口尙乳臭)

후안무치(厚顏無恥) | 얼굴이 두껍고 부끄러움이 없음. 뻔뻔스러워 부끄러움이 없음. ★厚 두터울 후, 顏 낯 안, 無 없을 무, 恥 부끄러워할 치 유의어 강안(强顏), 철면피(鐵面皮)

흥진비래(興盡悲來) | 즐거운 일이 지나가면 슬픈 일이 닥쳐온다는 뜻. ❶ 세상일이 순환됨을 가리키는 말. ❷ 세상의 모든 일에 너무 자만하거나 낙담하지 말라는 뜻. ❸ 흥망과 성쇠가 엇바뀜을 일컫는 말. ★興 흥겨울 흥, 盡 다할 진, 悲 슬플 비, 來 올 래 반의어 고진감래(苦盡甘來)

희대미문(稀代未聞) | 썩 드물어 좀처럼 듣지 못함. ★稀 드물 희, 代 시대 대, 未 아닐 미, 聞 들을 문 유의어 미증유(未曾有), 전대미문(前代未聞), 파천황(破天荒)

1

밑줄 친 관용 표현 중, 올바르지 않은 것은?

① 왕년에 한가닥 해 보지 않은 사람이 어디 있어.

② 갑자기 차가 달려드는 바람에 간담이 내려앉는 줄 알았다.

③ 남성복은 수요가 적다고 해서 여성복으로 가닥을 잡고 있습니다.

④ 그녀와 남편은 남편의 외도로 회복하기 어려울 정도로 골이 깊어졌다.

2

〈보기〉를 참고할 때, ㉠과 같은 특성을 보이는 것끼리 바르게 묶은 것은?

> ┌─ 보기 ┌
>
> 둘 이상의 단어가 어휘적으로 긴밀하게 결합하여 하나의 구성단위처럼 인식되는
> 경우가 있다. 아래 ㄱ에서 보는 바와 같이 '무거운 짐'은 '무거운' 대신 '가벼운, 큰'
> 등이 쓰일 수 있고, '짐'은 '돌, 책임' 등과 자유롭게 대체될 수 있다. 그러나 '무거운
> 침묵'은 ㄴ과 같이 '가벼운, 큰' 등이 '무거운'을 대신하여 쓰이기 어렵고, ㄷ에서 확
> 인되듯이 '무거운 짐'과 달리 앞뒤 순서를 바꾸면 부자연스럽거나 의미가 달라진다.
> 즉, ㉠'무거운 침묵'은 고정된 형식으로 '정적이 흐르는 상태가 매우 심하다'는 일정
> 한 의미를 나타낸다.

ㄱ. {무거운/ 가벼운/ 큰⋯⋯} {짐/ 돌/ 책임⋯⋯}

ㄴ. {무거운 / *가벼운 / *큰⋯⋯} 침묵

ㄷ. 짐이 무겁다. / 침묵이 *무겁다.

*는 부자연스러운 어휘.

① 꽃다운 나이, 높다란 나무

② 진정한 친구, 싯누런 들판

③ 차가운 공기, 막다른 골목

④ 뜨거운 눈물, 새파란 젊은이

3　문장의 의미에 어울리지 <u>않는</u> 관용 표현은?

① 지금쯤 그는 <u>등이 달아서</u> 앉아 있을 것이다.

② 부모님의 <u>낯이 깎일</u> 만한 행동은 하지 마라.

③ 그들은 <u>코를 떼고</u> 필요한 사항만을 논의하였다.

④ 그들은 술 몇 잔으로 그의 <u>속을 뽑으려</u> 하였다.

4　밑줄 친 부분을 자연스럽게 고쳐 쓴 결과가 적절하지 <u>않은</u> 것은?

① 그녀의 새청 맞은 목소리가 다시금 <u>귓전에 때리는</u> 것 같았다.

　→ 그녀의 새청 맞은 목소리가 다시금 <u>귓전을 때리는</u> 것 같았다.

② 아직도 그녀의 생생한 목소리가 <u>귓전에 울리는</u> 듯하다.

　→ 아직도 그녀의 생생한 목소리가 <u>귓전을 울리는</u> 듯하다.

③ 어머니가 한 말이 아직도 <u>귓전을 맴돌았다.</u>

　→ 어머니가 한 말이 아직도 <u>귓전에 맴돌았다.</u>

④ 그녀의 목소리가 아직도 <u>귓전에 아른거리네요.</u>

　→ 그녀의 목소리가 아직도 <u>귓전을 아른거리네요.</u>

5　㉠의 상황을 〈보기〉와 같이 표현할 때, (　　　)에 들어갈 말로 가장 적절한 것은?

"제가 혼자 산 속에서 지키고 있는데 많은 도적들이 갑자기 들이닥쳤습니다. ㉠ 박살날 것 같아 죽을힘을 다해 달아나 겨우 목숨을 보존하게 되었습니다. 이 보물이 아니었다면 제가 어찌 이런 위험에 처했겠습니까? 운명이 이리도 험한데 어찌 빨리 죽지 않는고!"

> **보기**
> "(　　　　)이었으나 겨우 도망했습니다."

① 자승자박(自繩自縛)　② 명재경각(命在頃刻)
③ 사고무친(四顧無親)　④ 오리무중(五里霧中)

6 다음 속담의 의미를 잘못 풀이한 것은?

① 삼밭에 쑥대 – 나쁜 사람과 가까이 지내면 나쁜 버릇에 물들기 쉬움.

② 눈 오는 날 거지 빨래한다. – 눈이 내리는 날은 날씨가 대개 포근함.

③ 섣달 그믐날 시루 얻으러 가다니 – 되지도 않을 일에 애를 쓰는 미련한 짓.

④ 봄 꿩이 제 울음에 죽는다 – 제 허물을 제가 드러냄으로써 화를 스스로 불러옴.

7 다음 글과 뜻이 가장 잘 통하는 한자성어는?

　　인간의 마음은 갈대와 같은지라 갈팡질팡하기 일쑤고, 같은 일도 해석하기에 따라 '이현령비현령(耳懸鈴鼻懸鈴)'이 되기 일쑤다. 그동안 당국의 고환율 정책은 나름대로 효과가 있는 것으로 평가되었다. 자동차나 IT산업이 어느 정도의 실적을 내고 경쟁력을 가지게 된 것도 따지고 보면 환율이 고공행진을 한 덕택이다. 다른 나라들은 서브프라임 모기지(비우량 주택담보대출)로 인한 불황에 시달릴 때, 우리나라가 그럭저럭 수렁에서 탈출할 수 있게 된 것도 역시 고환율의 공이 크다. 그런데 경기가 살아나고 웬만큼 살 만해지자 졸지에 상황은 바뀌었다. 그동안 충신 대접을 받던 고환율이 이제는 역적으로 몰리고 있다. 고환율이 '물가상승의 주범'으로 낙인이 찍히고 있으니 말이다.

① 방휼지쟁(蚌鷸之爭)　　② 세답족백(洗踏足白)

③ 여도지죄(餘桃之罪)　　④ 십일지국(十日之菊)

8 유사한 뜻을 지닌 말의 연결로 보기 어려운 것은?

① 등고자비(登高自卑) – 천 리 길도 십 리

② 득롱망촉(得隴望蜀) – 말 타면 종 두고 싶다

③ 고장난명(孤掌難鳴) – 종잇장도 맞들면 낫다

④ 계란유골(鷄卵有骨) – 재수 없는 놈은 뒤로 자빠져도 코가 깨진다

9 ㈀~㉣과 한자성어의 연결이 적절하지 <u>않은</u> 것은?

"이건 너희들이 알 바 아니다. 대체로 남에게 무엇을 빌리러 오는 사람은 ㉠ <u>으레 자기</u>
<u>뜻을 대단히 선전하고, 신용을 자랑하면서도 비굴한 빛이 얼굴에 나타나고, 말을 중언</u>
<u>부언하게 마련이다.</u> 그런데 저 객은 형색은 허술하지만, 말이 간단하고, 눈을 오만하게
뜨며, ㉡ <u>얼굴에 부끄러운 기색이 없는 것으로 보아,</u> ㉢ <u>재물이 없어도 스스로 만족할</u>
<u>수 있는 사람이다.</u> 그 사람이 해 보겠다는 일이 작을 일이 아닐 것이매, ㉣ <u>나 또한 그를</u>
<u>시험해 보려는 것이다.</u> 안 주면 모르되, 이왕 만 냥을 주는 바에 성명은 물어 무엇하겠
느냐?"

-박지원, 〈허생전〉

① ㉠: 허장성세(虛張聲勢)　　② ㉡: 자신만만(自信滿滿)

③ ㉢: 안분지족(安分知足)　　④ ㉣: 수주대토(守株待兔)

10 다음 글의 '뱃사공'을 비판하는 말로 가장 적절한 것은?

　몹시 추운 겨울날이었습니다. <u>뱃사공</u>은 어린 아들을 데리고 배를 저어 멀리 나아갔습
니다. 힘겹게 노를 젓는 뱃사공의 얼굴에는 땀이 줄줄 흘러내렸습니다. 그는 겉옷을 훌
훌 벗어 던졌습니다.

　그리고 선창 안으로 뛰어 들어가 아들에게 소리쳤습니다.

　"얘야, 덥구나. 어서 옷을 벗어라!"

　뱃사공은 아들의 겉옷을 훌훌 벗기고 속옷만 입은 채로 두었습니다. 노를 젓던 뱃사
공의 온몸은 또다시 땀으로 흠뻑 젖었습니다. 그는 몸에 착 달라붙은 속옷마저 훌렁 벗
어 던졌습니다.

　"어휴, 덥다 더워!"

　선창 안으로 또 뛰어 들어간 뱃사공은 아들의 남은 옷마저 홀랑 벗겨 버렸습니다.

　뱃사공은 더 힘 있게 노를 저어갔습니다. 몸에선 더운 김이 무럭무럭 피어올랐습니
다. 그러나 불쌍한 어린 아들이 선창 안에서 꽁꽁 얼어 죽은 줄은 몰랐습니다.

① 역지사지(易地思之)　　② 유비무환(有備無患)

③ 자가당착(自家撞着)　　④ 면종복배(面從腹背)

1 ①   2 ④   3 ③   4 ④   5 ②
6 ①   7 ③   8 ①   9 ④   10 ①

| 해설 |

1 '한가닥'이란 단어는 없다. '속된 말로 사람이 어떤 방면에 뛰어난 재주나 솜씨가 있다'의 뜻으로는 '한가락 하다'를 쓴다. ② 간담이 내려앉다: 몹시 놀라다. ≒ 간담이 떨어지다.

2 '새파란 젊은이'는 '젊은이가 새파랗다'가 불가능한 예이다. 한편 '뜨거운 눈물'은 '눈물이 뜨겁다'로 바꿀 수 있지만, 그러면 의미가 달라지는 예이다. '뜨거운 눈물'은 눈물의 온도를 나타내는 어구가 아니라, 감정이나 열정 따위가 격렬함을 나타내는 어구이기 때문이다.

3 '코를 떼다'는 '무안을 당하거나 핀잔을 맞다'의 뜻으로 쓰는 관용구이다. ①등이 달다: 마음대로 되지 아니하여 몹시 안타까워하다. ②낯이 깎이다: 체면이 손상되다. ④속을 뽑다: 일부러 남의 마음을 떠보고 그 속내를 드러나게 하다.

4 '아른거리다'는 자동사이며, '귓전에 아른거리다'가 자연스러운 연어 구성이다.

5 명재경각(命在頃刻): 거의 죽게 되어 곧 숨이 끊어질 지경에 이름. ①자승자박(自繩自縛): 자기의 줄로 자기 몸을 옭아 묶는다는 뜻으로, 자기가 한 말과 행동에 자기 자신이 옭혀 곤란하게 됨을 비유적으로 이르는 말. ③사고무친(四顧無親): 의지할 만한 사람이 아무도 없음. ④오리무중(五里霧中): 오 리나 되는 짙은 안개 속에 있다는 뜻으로, 무슨 일에 대하여 방향이나 갈피를 잡을 수 없음을 이르는 말.

6 삼밭에 쑥대: 쑥이 삼밭에 섞여 자라면 삼대처럼 곧아진다는 뜻으로, 좋은 환경에서 자라면 좋은 영향을 받게 됨을 비유적으로 이르는 말.

7 여도지죄(餘桃之罪): 같은 행동이라도 사랑을 받을 때와 미움을 받을 때가 각기 다르게 받아들여질 수 있다는 것을 비유하는 말. 미자하(彌子瑕)가 위(衛)나라 군주에게 총애를 받았다가 미움을 받게 되었던 고사에서 유래한 말이다. 사랑을 받을 때는 임금의 수레를 타고 나가고, 먹던 복숭아를 왕에게 주었어도 '다리가 잘리는 죄임에도 불구하고 어머니를 생각하여 수레를 타고 나가다니 효자로다.', '자기가 다 먹고 싶은 데도 불구하고 나를 생각해서 남겨주다니 얼마나 나를 생각하는 것인가?'라고 생각하더니, 사랑함이 식자, 그것에 대해서 거짓말을 하고 수레를 타고 나갔고, 먹다 남은 복숭아를 주었다 하여 벌을 주었던 것이다.

8 등고자비(登高自卑): 높은 곳에 오르려면 낮은 곳에서부터 오른다는 뜻으로, 일을 순서대로 하여야 함을 이르는 말. / 천 리 길도 십 리: 그리운 사람을 만나러 갈 때에는 먼 거리도 아주 가깝게 느껴진다는 말.

9 수주대토(守株待兔): 한 가지 일에만 얽매여 발전을 모르는 어리석은 사람을 비유적으로 이르는 말. 중국 송나라의 한 농부가 우연히 나무 그루터기에 토끼가 부딪쳐 죽은 것을 잡은 후, 또 그와 같이 토끼를 잡을까 하여 일도 하지 않고 그루터기만 지키고 있었다는 데서 유래한다.

10 뱃사공은 자신의 처지와 아들의 처지가 다름을 인식하지 못하는 우를 범하고 있다.